중국 현대언어학 대표논문집

中國 現代言語學 代表論文集

중국 현대언어학 대표논문집

中國 現代言語學 代表論文集

조서형 편역

박문사

편역자 서문

이 책은 중국 북경대학北京大學과 중국사회과학원中國社會科學院에서 오랜 기간 연구하고 교육에 힘쓰고 계시는 중국의 저명한 언어학자들의 논문을 엄선하여 번역한 편역서이다. 편역자는 고려대학교 언어학과를 졸업하고 중국으로 건너가 북경대학의 중문과와 중국사회과학원의 언어학 및 응용언어학과에서 수학하고 석사학위와 박사학위를 받았다. 그 과정에서 편역자가 큰 깨달음과 각성을 얻었던 언어학적 이론과 실천에 대해 언젠가는 반드시 한국의 학계와 동학 및 후학들에게 소개하고 싶은 과제 의식을 늘 가지고 있었는데 마침 박문사에서 좋은 기회를 주셔서 번역고가 세상에 나올 수 있게 되었다.

중국의 현대 언어학은 지금으로부터 120 여 년 전인 1898년 마젠중馬建忠을 기원으로 한다. 마젠중의 『마씨문통馬氏文通』으로부터 현대적인 연구 방법을 통한 중국어의 연구가 본격적으로 시작되어 북경대학의 왕리王力, 주더시朱德熙와 뤼슈샹呂叔湘 등을 거쳐 본고의 주요 저자인 루젠밍陸儉明, 선자쉬안沈家煊, 귀루이郭銳 등을 대표 학자로 하여 발전해 왔다. 중국에는 훌륭한 학자들이 셀 수 없이 많지만 북경대학과 중국사회과학원의 학자들이 중국의 현대 언어학 연구에서 선도적 역할을 한 것은 부인하기 힘들 것이다. 이는 편역자가 이 책의 원고를 선택할 때 기준이 되기도 하였다.

중국의 언어학에서 현대 언어학 외에 한어사라고 하는 중국어사와 응용언어학 분야도 빼 놓을 수 없는 분야일 것이다. 현재 한어사는 북경대학, 청화대학淸華大學, 중국사회과학원과 절강대학浙江大學, 그리고 상하이에 있는 학자들이 심도 깊은 연구를 진행하고 있고 탁월한 연구 성과를 거두고 있으며 응용언어학 분야는 홍콩과 대만, 그리고 북경대학과 중국사회과학원에서 각각 높은 수준의 연구가 진행되고 있어 이 책에서는 관련 논문 중 열띤 토론을 불러 일으켰던 논문을 엄선하여 번역하였다.

이 책은 크게 품사론(제1장, 제2장, 제3장), 한어사(제4장, 제5장, 제6장), 응용언어학(제7장, 제8장, 제9장)의 세 부분으로 이루어져 있는데 편역자는 중국어학의 연구가 발전하기 위해서는 반드시 이 세 가지 측면에서 동시에 연구가 진행되어야 한다고 생각한다. 이 세 가지는 20세기 말로부터 21세기 초까지 중국의 언어학계에서 가장 격렬한 토론이 이루어졌던 분야이며 당시 토론에 참여했던 논문들 중 가장 대표적인 논문을 엄선하여 편역한 것으로 중국 어학을 공부한 동학들은 누구나 한 번 쯤 접해 보았거나 역사적인 토론에 관전자, 학습자, 토론자의 신분으로 참여한 적이 있는 논문일 것이다. 당시 학습자였던 편역자에게도 학문의 밑거름이 된 논문들이며 처음 접했을 때의 설렘을 평생 간직할 만한 논문들이기도 하다. 이러한 논문들이 있었기 때문에 편역자는 큰 배움을 얻을 수 있었고, 학문에 좀 더 진지하게 임할 수 있었으며, 이를 기초로 하여 학문에 정진하고 앞으로도 잊지 않고 스스로를 비추어 보며 학문을 닦을 수 있올 것이냐.

본 논문 선집은 결코 편역자 한 사람의 힘으로 완수된 것이 아니다. 편역자의 보잘 것 없는 학문에 큰 물줄기와 배경 지식을 주신 모든 은사님들의 가르침이 있었기에 이러한 논문들을 읽을 수 있었고 2015년부터 2017년까지 네 학기 동안 북경외국어대학교 아시아 아프리카 대학 중한 통번역 대학원과 언어문화 대학원 학생들과 함께 논문을 공부하고 토론하며 논문들에 담긴 의미와 가치를 더욱 체감할 수 있었다. 또한 번역 과정에서 북경대학과 중국사회과학원의 선배이자 중국사회과학원 한어사 연구실 연구원인 제6장의 저자 리밍李明 교수는 고대 중국어에 익숙하지 않은 편역자의 셀 수 없는 질문에 밤낮을 가리지 않고 성실히 답변을 해 주어 한어사 부분의 번역에 크게 도움을 주었으며 그 과정에서 많이 배우고 번역고에 대한 확신을 가질 수 있게 되었다.

편역자가 석사 과정에 갓 입학했을 때 중국어 수준이 나쁘지 않았음에도 불구하고 전공 서적과 논문을 읽는 것이 매우 힘들었던 기억이 있다. 그럴 때 인터넷 검색을 통해 발견한 어설프게 번역된 논문들의 조각들은 큰 힘이 되었다. 이 책이 초보 학자들과 모든 학자들에게 그렇게 도움이 되고 학문적으로 유효한 자료가 될 수 있으리라 믿는다.

이렇게 훌륭한 논문들을 접하고 번역하는 것만으로도 대단한 기쁨이 되지만 이 조그만 결실이 한국의 중국어학 분야의 발전과 동학 및 후학들의 중국어학 학습에 일조가 되었으면 더없이 기쁠 것이다. 그러나 편역자의 소양이 부족한 탓으로 대량의 오역과 착오가 예상

되는 것도 사실이며 모든 잘못은 편역자 한 사람의 책임임을 밝혀 둔다. 또한 중국의 현대언어학을 논할 때 왕리王力, 주더시朱德熙, 뤼슈샹呂叔湘 등의 학자들이 위대하다고 일컬어지는 이유는 몇 년의 시간이 지나서도 다시 보고 참고하고 또 다시 몇 십 년이 흘러도 참고할 수 있는 불후의 중국 언어학적 이론과 실천을 이룩한 분들이기 때문이다. 편역자가 이 책에 실릴 논문을 선정할 때 그러한 논문이 되리라고 판단한 논문을 선정하려고 노력하였으나 편역자의 부족과 전공에 대한 편향성으로 그렇지 못했다면 이 또한 편역자의 책임이다. 앞으로도 끊임없이 수정, 보완하고 역주의 내용도 더욱 다양하고 풍부하게 할 수 있는 기회가 있을 것이다.

마지막으로 편역자의 학문의 등대가 되어주시고 이 책이 출판되도록 기회를 주시고 도와주신 고려대학교 명예교수 정광 교수님, 흔쾌히 출판을 결정해 주시고 출판에 많은 도움을 주신 박문사의 윤석현 대표님, 한국어와 고대 중국어, 근대 중국어가 혼재된 원고에 결코 쉽지 않은 책임 교정 작업을 진행해 주신 박문사의 출판 관계자들에게 감사의 말씀을 전한다.

更子年 仲夏

彦州路 一角에서

編譯者 曺瑞炯

목차

제1장

중국어 품사의 특징은 무엇인가?

루젠밍(陸儉明)

1. 주요 선행 논의

중국에서 현대 언어학이 유입, 발전된 이후, 중국어 품사에 대해서 지속적인 논의가 이어져 왔다. 최근에는 중국어 품사에 대한 인식이 초기에 비해 많이 심화되었고 때로는 격렬한 논쟁을 불러일으키기도 하였다. 중국어 품사에 대한 기존의 논의에는 다음 다섯 가지의 공통점을 발견할 수 있다.

첫째, 품사라는 것은 언어에 객관적으로 존재하는 실재로서 중국어 문법과 통사론 연구에서 피해 갈 수 없는 문제이다.

둘째, 품사라는 것은 단어를 어떤 기준에 따라 분류하여 문법적이고 통사적인 체계로 귀납하는 것이다.

셋째, 품사는 층위성을 가진다.

넷째, 품사 분류는 상대성을 가진다. 여기서 말하는 상대성이란 품사 분류의 기준과 품사의 개수 등에 적용되는 상대성이다.

다섯째, 분류가 완료된 품사는 개별성과 함께 연관성을 가지는 연속체continuum으로서 존재한다.

중국 언어학계에는 품사와 품사 분류에 대해 이상과 같은 공통된 인식이 존재하지만 중국어 품사의 특성에 대해서는 아직 공통된 결론을 도출해내지 못했다. 본고에서는 앞으로 언어학자들이 좀 더 연구하고 상호 교류를 통해 서로 다른 의견들을 치열하게 나누어 볼 것을 기대한다.

중국 언어학계에서 그동안 중국어 품사의 특징에 대해 명확하게 지적한 학자는 단 네 분뿐으로 가오밍카이高名凱, 뤼슈샹呂叔湘, 주더시朱德熙, 선자위안沈家煊이 그들이다. 이 네 분의 학자들은, 중국어는 다른 굴절어와 같이 품사를 분류할 수 있는 어휘의 형태 표지와 형태 변화를 가지지 않는다는 점에서 인식을 같이한다. 이중, 뤼슈샹은 중국어가 엄격한 형태 변화를 가지지 않는다는 점을 지적하면서 어휘 각각의 통사 기능에 따라 어휘의 품사를 분류해야 한다고 주장하고 중국어 품사의 특징에 대해 더 이상 논의하지 않았다. 가오밍카이는 "중국어 어휘에는 품사의 구분이 없다"고 강조하였고 이는 유명한 "중국어 무품사론"으로 오랫동안 회자되었다.[1] 주더시와 선자쉬안은 중국어의 품사에 대해 다수의 인상 깊은 논의를 펼쳤고 다음 절에서는 가오밍카이, 선자쉬안, 주더시 세 분의 학자들의 관점에 대해 논평할 것이다.

2. 가오밍카이 선생의 관점

가오밍카이 선생은 재능 있고 웅변 능력이 출중한 언어학자였다. 중국 언어학계에서 통사론과 이론언어학의 발전에 크나큰 공헌을

---

1 역자 주: 일찍이 칼그렌(Klas Bernhard Johannes Karlgren), 마스페로(Henri Maspero) 등의 서방 학자들이 중국어와 중국학에 대해 연구하면서 이와 같은 주장이 있어 왔다. 『마씨문통(馬氏文通)』(1898)의 저자인 마젠중(馬建忠)과 『신저국어문법(新著國語文法)』(1924)의 저자 리진시(黎錦熙)도 중국어 단어 자체에는 품사가 없다는 견해를 밝혔다.

하신 분이며 숭국 이론언어학의 창시자이자 기초를 다진 분이다. 가오 선생이 학계에 남긴 가장 큰 공헌 중 하나는 중국어 품사에 대한 독특한 관점인, 유명한 "중국어의 어휘에는 품사 구분이 없다"는 견해를 남긴 것이다. 이를 두고 학계에서는 "중국 무품사론"으로 이름 짓고 오랫동안 연구 대상으로 삼아 왔다. 가오 선생은 어떻게 이런 품사관을 가지게 된 것일까?

1950 년대에 중국 언어학계에서 중국어 품사 문제에 대한 대 토론이 벌어졌다는 것은 주지의 사실인데 당시의 토론은 외국 학자들로부터 유발된 것이었다. 프랑스의 마스페로와 스웨덴의 칼그렌 등의 학자들은 중국어에 형태 변화가 없다는 이유로 중국어에는 통사 범주와 품사가 없다고 주장했다. 그러나 구소련의[2] 콘라디August Conrady는 중국어에 형태 변화가 없다는 것은 틀렸으며 중국어는 풍부한 형태를 가지고 있고 통사 범주와 품사 역시 가지고 있다고 주장하였다. 가오 선생은 1953년, 『중국어문(中國語文)』10월호에서 「중국어의 품사 분류에 대하여」라는 논문을 실어 콘라디의 관점에 대해 반박했다. 가오 선생은 콘라디가 언급한 중국어의 형태는 진정한 형태로서의 형태가 아니므로 중국어 어휘에서는 품사를 구분할 수 없다고 밝혔는데 가오 선생이 자신의 주장을 증명하기 위해 사용한 삼단논법은 다음과 같다.

품사는 어휘의 형태로써 구분하는 것이다.

---

2 역자 주: 독일의 한학자.

중국어의 실사(實詞)는 품사를 구분할 정도의 충분한 형태를 가지지 않는다.

따라서 중국어의 실사는 품사를 분류할 수 없다.

가오 선생의 논문은 중국 언어학계에 다시 한 번 품사 분류에 대한 논쟁의 폭풍을 일으켰다. 가오 선생이 콘라디의 견해를 부정한 것은 가오 선생 자신이 마스페로의 제자였기 때문만이 아니라 자신이 세운 중국어 품사에 대한 견해에서 비롯된 것이었다. 당시에 가오 선생의 관점에 대해 완전히 지지하는 학자는 극히 적었고 대부분은 반대하거나 임시 보류하는 태도였다. 수많은 설전이 오고간 대 토론 속에서 가오 선생은 7 편의 글을 속속 발표하여 자신의 관점을 충분히 밝히며 "중국어에는 형태가 존재한다."거나 "중국어의 실사를 품사 분류할 수 있다."는 주장을 반박하는 동시에 다른 학자들의 합리적인 의견을 수렴하였다.

이전에 저자는 가오 선생이 인도-유럽어족을 보는 관점으로 중국어를 연구했기 때문에 "중국어 무품사론"라는 결론에 도달했다고 생각했었는데 지금에 와서 냉정하게 생각해 보면 가오 선생의 결론은 중국어의 언어 실제에 부합한다고 할 수 밖에 없다. 가오 선생은 일찍이 1950 년대부터 중국어 문법을 연구하는 데 서방의 언어 연구를 모방하지 말 것이며 중국어의 특징에 의거하여 연구해야 한다고 학자들에게 호소해 왔다.[3] 가오 선생이 중국의 학자들에

---

3 高名凱(1953), 「關于漢語的詞類分別」, 『中國語文』 10月號.

게 전하는 독립적이고 창조적인 길을 가야 한다는 이 호소는 정확한 것 같다.

가오 선생은 중국어 실사에서 품사 분류가 불필요하다거나 품사 분류를 할 수 없다고 고집하지 않았다. 가오 선생은 중국어에는 인도-유럽어(이하 인구어)와 똑같은 통사 범주와 품사 구분이 없다고 주장했을 뿐이다. 그러므로 가오 선생의 삼단논법 중 마지막 결론 부분을 "따라서 중국어의 실사에는 인구어와 똑같은 품사 분류가 존재하지 않는다."라고 바꾸면 더 적절할 것 같다.

만약 한 언어가 굴절어에 속하는 언어라면 어휘의 형태 변화에 따라 품사를 분류할 수 있을 것이다. 중국어는 고립어에 속하는 언어로서 형태에 의하여 분류할 수 있는 품사가 존재하지 않는다. 그러나 분류는 과학의 기본이며 분류가 없으면 과학도 없으므로 과학적으로 중국어 문법을 연구하기 위해서는 중국어의 어휘를 분류해야한다. 그렇다면 중국어의 어휘는 어떻게 분류해야 할까? 라는 피할수 없는 문제에 직면하게 된다. 가오 선생이 당시에 좀 더 나아가 중국어 품사 분류의 방법을 제시했다면 많은 학자들의 오해를 불러일으키지 않았을지도 모른다. 하지만 세월은 우리를 기다려주지 않았고 가오 선생의 품사 분류에 대한 설명을 이제 들을 수 없게 되었다. 아마도 가오 선생은 당시 중국 언어학계의 여러 가지 제약과 연구 수준 때문에 품사 분류의 방법을 제시하지 못한 것이 아닐까 생각해 본다. 다행히도 반세기가 지난 후인 지금은 중국어 품사에 대한 인식 수준이 월등히 높아졌다.

3. 선자쉬안 선생의 관점

특히 선자쉬안은 2007 년부터 9 편의 논문을 발표하여 중국어 품사에 대한 자신의 견해를 밝혀오고 있다.[4] 선 선생의 관점의 핵심은, 영어에는 명사와 동사, 형용사가 서로 독립적으로 분리된 품사이나, 중국어에서는 명사와 동사, 형용사가 서로 포함관계에 있다는 것이다. 중국어의 형용사는 동사로 사용될 수 있고, 중국어의 동사는 명사로 사용될 수 있다. 즉, 중국어의 형용사는 동사의 하위분류이고, 중국어의 동사는 명사의 하위분류이다. 인구어와 중국어의 명사와 동사, 형용사의 관계는 다음과 같다.(<그림 1> 참조)[5]

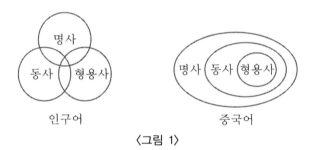

〈그림 1〉

4 선자쉬안 선생이 저술한 9 편의 논저는 다음과 같다. 1.「漢語里的名詞和動詞」, 『漢藏語學報』(2007) 2.「我看漢語的詞類」,『語言科學』(2009) 3.「我只是接着向前跨了半步-再談漢語里的名詞和動詞」,『語言學論叢』(2009) 4.「英漢不定詞的分合和名動分合」,『中國語文』(2010) 5.「朱德熙先生最重要的學術遺產」,『語言教學與研究』(2011) 6.「漢語語法研究擺脫印歐語的眼光」,『語法六講』(2011) 7.「名動詞的反思: 問題和對策」,『世界漢語教學』(2012) 8.「詞類的實驗研究呼喚語法理論的更新」,『當代語言學』(2013) 9.「朱德熙先生最重要的學術遺產」, 沈陽 主編『走向當代前沿科學的現代漢語語法研究』, 商務印書館 (2013)

5 沈家煊(2009)

선 선생의 이러한 주장은 어디로부터 나온 것일까? 선 선생은 세 가지의 예를 들어 설명하였다.

    (1) 他開飛機.   (2) 他開飛機.   (3) 開費機很容易.

       그는 비행기를 조종한다   *비행기를 조종하는 것은 쉽다*

  *He fly a plane.   *He flies plane.   *Fly a plane is easy.

  He flies a plane.   He flies a plane.   Flying a plane is easy.

선 선생은 위의 세 가지 예로부터 다음과 같은 전제를 도출해 냈다.

一. "他開飛機(그는 비행기를 조종한다)"에서 "開"와 같은 중국어 동사는 문장에서 서술어인 문장 성분이 될 때 인구어와 같은 서술화(敍述化) 과정(영어의 fly가 flies로 변형되는 과정)을 거치지 않는다. 중국어의 동사는 그 자체로 서술어이다.

二. "他開飛機"에서 "飛機"와 같은 중국어 명사는 문장에서 지칭어(주어 또는 목적어)의 역할을 할 때 인구어와 같은 지칭화(指稱化) 과정(영어의 plane이 a plane, the plane(s), planes 등으로 변형되는 과정)을 거치지 않는다. 중국어의 명사는 그 자체로 지칭어이다.

三. "開飛機很容易(비행기를 조종하는 것은 쉽다)"에서 "開"와 같은 중국어 동사는 문장에서 주어 또는 목적어와 같은 명사성 어휘로 사용될 때 인구어와 같은 "명사화(名詞化)"나 "명물화(名物化)" 과정(영어의 fly가 flying 또는 to fly로 변형되는 과정)을 거치지 않는다.

위의 세 가지 전제를 통해 선자쉬안은 다음과 같은 결론을 내린다.

"중국어의 동사(서술어)는 명사(지칭어)이기도 하고 명사의 하위분류
이다", "중국어의 동사는 모두 동적인(dynamic) 명사로서 명사와 동
사의 두 가지 특성을 가진다." 이것이 바로 "명동포함(名動包含)" 이론
이다.

또한 선 선생은 "명동포함(名動包含)" 이론으로 그동안 해결하지
못했던 중국어 문법의 여러 가지 문제들을 합리적으로 해결할 수 있
다고 지적한다. 예컨대, 중국 언어학계에서는 "這本書的出版(이 책
의 출판)" 중, "出版(출판)"라는 단어가 동사인지 아니면 동사에서
명사로 변환된 단어인지에 대해 오랜 논쟁을 펼쳐왔다. 선 선생은
이런 논쟁은 "불필요하고 무의미한" 논쟁이라고 한다. "出版"은 그
자체로 명사이고 명사구인 "這本書的出版"에서는 "出版"의 명사적
통사 기능이 발현된 것이다. 그러나 주술 구조인 "這本書剛出版(이
책은 막 출판되었다)"에서는 "出版"의 동사적 통사 기능이 발현된
것으로 차이를 보인다.

이러한 선자쉬안 선생의 견해는 어떠한가? 우리는 중국어 품사의
특성을 어떻게 보아야 하는가? 이제 필자의 의견을 밝히고자 한다.
선 선생은 한 가지 문제에 대해 놓치고 있다.(<그림 2, 3> 참조)

(一) 그림 2의 큰 동그라미(명사)에서 중간 동그라미(동사, 즉, 동적인 동사)를 뺀 나머지 큰 고리 부분(R1)는 무엇인가?

(二) 중간 동그라미(동사)에서 가장 작은 동그라미(형용사)를 뺀 나머지 고리 부분(R2)는 무엇인가?

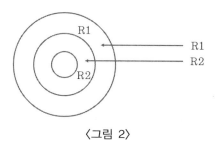

〈그림 2〉

아마 사람들은 R1은 당연히 명사이고 R2는 동사라고 할 것이다. 다음 그림과 같이 말이다.

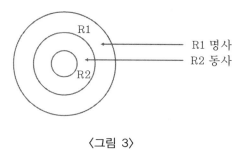

〈그림 3〉

그러나 우리가 확실히 해야 할 것이 있다. 큰 고리 R1에 포함되는 명사는 본래의 큰 동그라미에 포함된 명사와 그 외연과 내포 의미가 다르다. 마찬가지로 작은 고리 R2에 포함되는 동사 역시 본래 중간 동그라미에 포함된 동사와 그 외연과 내포 의미가 달라진다. 사실 일반적으로 학계에서 말하는 명사는 R1을 가리키고 동사는 R2를 가리키며 형용사는 중심에 있는 가장 작은 동그라미이다. 그렇다면 중국어의 명사와 동사, 형용사는 서로 독립적인 품사이며 포함 관계가 성립되지 않는다.

그렇다면 선 선생이 말하는 큰 동그라미가 대표하는 명사는 무엇이고, 중간 동그라미가 대표하는 동사는 무엇인가? 실제로 선자쉬안의 큰 동그라미는 일반적으로 학계에서 말하는 명사, 동사, 형용사의 세 품사를 포함한 실사이고 중간 동그라미는 일반적으로 학계에서 말하는 동사, 형용사를 포함한 서술어이다.

또한 그동안 학계에서 펼쳐왔던 "這本書的出版" 중 "出版"의 품사에 대한 논쟁은 큰 동그라미(명사)와 중간 동그라미(동사) 간의 논쟁이 아니라 R1과 R2와의 논쟁이다. 따라서 선 선생의 "명동포함(名動包含)" 이론은 "出版"의 품사를 구분하는 논쟁에 도움이 되지 않는다.

또한 선 선생은 자신의 "명사-동사-형용사 층층 포함" 이론을 입증하기 위하여 중국어의 "男人"과 "女人", 영어의 *man*과 *woman*의 비유로서 영어와 중국어가 다르다는 점을 설명했지만 이 비유는 적절하지 않다고 본다. 지면 관계 상 자세한 설명은 생략한다.

4. 수더시 선생의 관점

다음으로 주더시 선생의 견해에 대해 살펴볼 것이다. 주 선생은 1950년대부터 주어와 목적어 위치에 나타나는 동사와 형용사가 명사화 과정을 거친다는 의견에 단호히 반대해왔다.[6] 1980년대에 이르러 동사와 형용사가 주어와 목적어 역할을 하더라도 여전히 동사와 형용사로서 존재한다는 주 선생의 견해는 더욱 굳어진 것 같다.[7] 우리는 주 선생의 견해로부터 다음과 같은 결론을 내릴 수 있다. 그것은 중국어의 품사는 그 통사 기능과 일대일 대응이 아니라는 것이다. 그림으로 표현하면 다음과 같다. 점선의 의미는 해당 품사 중 일부분이 해당 통사 기능을 담당한다는 뜻이다.(<그림 4> 참조)

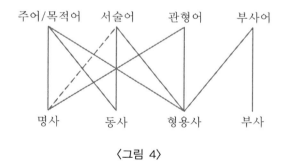

〈그림 4〉

이러한 관점을 바탕으로 주 선생은 주어와 목적어의 위치에 나타

---

6 朱德熙, 盧甲文, 馬眞(1961), 「關于動詞形容詞的“名物化”問題」, 『北京大學學報』 (人文科學報) 第4期.

7 朱德熙(1985), 『語法答問』, 商務印書館: 北京.

나는 동사와 형용사가 여전히 동사와 형용사의 지위를 가지고 있다고 보았다.

그리고 필자 역시 이 관점을 견지하고 있었다. 그런데 21 세기에 들어서, 필자의 생각이 조금씩 바뀌기 시작했다. 몇 년 전, 필자는 국내외의 외국인 학생들과 외국인 중국어 교사들을 대상으로 설문조사를 실시한 적이 있다. 설문조사 내용은 다음과 같다.

(4) a. <u>参觀</u>是必要的.   [주어]

　　　 참관은 꼭 필요한 것이다

　 b. 那展覽會? 我同意<u>参觀</u>.   [목적어]

　　　 그 전람회? 나는 참관하는 것에 동의한다

필자는 서로 다른 모국어 화자인 학생 41인과 서로 다른 전공을 수학한 외국인 중국어 교사들에게 다음과 같은 문제를 내 보았다.

동사인 "参觀(참관(하다))"이 주어와 목적어 위치에 나타나는 경우, 당신은 어떤 견해에 동의하겠습니까?

A. 동사 "参觀"이 주어와 목적어 위치에 나타나는 경우 "参觀"은 명사로 변환된다.

B. 동사 "参觀"이 주어와 목적어 위치에 나타나더라도 "参觀"은 여전히 동사이다. 이는 서방 언어와 다른 중국어만의 독특한 특징이다.

설문조사 결과, 30인의 학생과(73%) 9인의 교사가(64%) A에 동의한다는 답을 했고, 이는 필자의 주목을 끌지 않을 수 없었다.

이론적으로 A와 B는 모두 문제될 것이 없다. 그러나 A와 B에는 본질적인 차이가 존재한다.

A의 관점에서 본다면, 통사 성분과 품사의 일대일 대응이 이루어진다. 주어의 역할을 하는 것은 명사성을 가지며, 서술어는 동사성을 가진다. 관형어는 주로 형용사성을 가진 어휘가 담당할 것이며, 부사어는 주로 부사성을 가진 어휘가 담당할 것이다. A의 관점을 따른다면 통사 규칙이 매우 간단해질 것이다. 그러나 다량의 어휘들이 여러 품사를 겸하게 되는 문제가 발생할 것이다.

B의 관점에서 본다면 통사 성분과 품사는 일대일 대응이 이루어지지 않는다. 주어의 위치에 명사성 어휘 뿐 아니라 동사성 어휘와 형용사성 어휘도 나타나 주어 역할을 할 수 있다. 서술어의 위치에도 동사성 어휘 뿐 아니라 형용사성 어휘와 명사성 어휘도 서술어의 자리에 나타날 수 있다. 관형어의 위치에는 형용사성 어휘뿐이 아닌 명사성 어휘와 동사성 어휘까지 관형어가 될 수 있다. B를 따른다면 하나의 어휘가 여러 품사를 겸하게 되는 문제는 해결되지만 통사 규칙이 복잡해질 것이다.

그렇다면 우리는 주어와 목적어의 위치에 나타난 "參觀"의 품사에 대해 어떤 결론을 내려야 하는가?

중국어의 주어와 목적어 위치에 나타나는 동사와 형용사에 대해 우리는 A관점인지 B관점인지 가볍게 결론을 내릴 수 없을 것 같다. 이제는 이러한 언어적 상황을 甲과 乙로 나누어 좀 더 세분된 기준으로 다시 한 번 생각해야 할 때가 온 것 같다. 다음 동사를 예로 들어 보자.

상황 甲: 주어 위치에 나타나는 동사가 명사화 과정을 거친 상황

(5) a. 游泳對身體有好處.

　　수영(하는 것)은 건강에 이롭다

　b. 偷盜是一種違法的行爲.

　　훔치는 것은 위법 행위에 해당한다

여기서 "游泳(수영(하다))"는 이미 수영을 하는 구체적인 동작을 의미하지 않는다. 이때, "游泳"은 하나의 운동에 대한 명칭 또는 사건(event)의 명칭이다. 그리고 "偷盜(훔치다)"는 이미 구체적인 어떤 행동을 의미하는 것이 아니라 위법 행위로 규정된 하나의 범주를 지칭한다. 따라서 (5)에 나타난 "游泳"과 "偷盜"는 영 파생 (0-derivation) 명사화를 거쳤다고 할 수 있다.

상황 乙: 주어 위치에 나타나는 동사가 여전히 동사인 상황

(6) a. 你說吧, 干有什麼好處? 不干有什麼害處?

　　말해 봐, (그 일을) 하는 것에는(하면) 무슨 좋은 일이 있고, 하지 않는 것에는(하지 않으면) 무슨 나쁜 일이 있지?

　b. 抄襲是很不道德的.

　　(남의 것을) 베끼는 것은 부도덕한 행위이다

(6)의 a와 b문장에서 표면적으로는 동사인 "干(하다)"와 "不干(하지 않다)", "抄襲(베끼다)"가 주어의 역할을 담당하고 있는 것 같이 보이지만, 본질적으로 소절(small clause)가 주어의 역할을 하고 있다. 즉, (6)에서 주어의 역할을 하고 있는 "干"과 "不干", "抄襲" 앞에는 모두 보이지 않는 또 다른 주어가 생략되어 있는 것이다. 생략된 주어를 복구하면 (7)과 같은 문장이 된다.

(7) a. 你說吧, 我們干有什麼好處? 我們不干有什麼害處?

말해 봐, 우리가 (그 일을) 하는 것에는(하면) 무슨 좋은 일이 있고 우리가 (그 일을) 하지 않는 것에는(하지 않으면) 무슨 나쁜 일이 있지?

   b. 你抄襲別人的文章是很不道德的.

네가 남의 것을 베끼는 것은 부도덕한 행위이다

이러한 중국어의 언어 상황은 본질적으로 인구어의 상황과 일치한다. 인구어에도 위와 같은 상황이 발생할 때가 있으나, 인구어에서는 동작을 나타내는 동사가 주어와 목적어로 사용될 때 명사화를 거치는 것, 즉, 형태 변화로써 이러한 상황이 실현되는 것이다.

그렇다면, 동사와 형용사가 주어와 목적어의 역할을 하는 것은 중국어의 독특한 특성이라기보다 언어 보편적인 현상일 것이다. 이중에서 중국어의 개별성을 찾는다면 그것은 동사와 형용사가 직접 주어와 목적어의 역할을 담당하는 것이 아니라 대량의 영 파생과 대량의 생략에 있는 것이다.

_ 29

5. 결론

만약 이 글을 읽는 독자 여러분들이 중국어 품사의 진정한 특질이, ① 대량의 영 파생이 발생하는 것과 ② 대량의 생략이 발생하여 동사와 형용사가 주어와 목적어의 위치에 자리할 수 있다는 필자의 의견에 동의한다면, 우리는 다시 다음과 같은 과제에 직면하게 된다.

(一) 동사와 형용사가 주어와 목적어의 위치에 나타날 때 어떤 경우에 동사와 형용사가 영 파생을 통해 명사로 변환되고, 어떤 경우에 소절 내에서 주어가 생략되고 서술어였던 동사와 형용사는 그대로 남아 있게 되는가?

(二) 같은 이유로, "NP的VP"(예를 들어, 這本書的出版, 狐狸的狡猾(여우의 교활함)) 중의 VP(出版, 狡猾)은 어떤 상황에서 영 파생을 통해 명사로 변환되는가?(예를 들면, 大米的出口(쌀의 수출), 陳校長的報告(진 교장의 보고)) 또한 어떤 상황에서 동사와 형용사가 앞에 생략된 NP와 주술 구조를 형성하며, 이때 주술 구조 중간에 삽입된 "的"으로 인해 새로운 "的"자 구조를 형성하게 되는가?(예를 들어, 春天的到來(봄날의 도래), 狐狸的狡猾)

필자는 본고를 통하여 이전의 연구 성과에 대해 우선 겸손하게 배우는 동시에 스스로 비판적 사고를 할 수 있어야 한다는 것을 말하고 싶다. 독자들, 특히 우리 젊은 학자들은 과거의 연구 성과에 대해 비판하면 안 된다고 생각하면 안 된다. 이전의 연구는 역사적, 시기적 조건과 연구 환경에 제한을 받을 수밖에 없고 더구나 누구에게나 소홀하거나 생각지 못한 부분이 있는 법이기 때문이다.

제2장

내가 생각하는 중국어의 품사

선자쉬안(沈家煊)

1. 서론

통사론 연구는 먼저 품사에서부터 시작해야 할 것이다. 그 이유는 품사가 통사 구조 연구의 불가결한 "도구"이자 통사 이론의 "재료"이기 때문이며, 이러한 "도구"를 가지고 좀 더 효율적으로 통사론을 연구할 수 있게 된다. 과거에 어떤 이는 "품사를 분류하는 것은 어휘 본연의 특징 자체가 분류할 만한 것이고 또 분류할 필요가 있기 때문에 분류하는 것"이라고 하였다. 이에 대해 뤼수샹呂叔湘(1954, 1979: 32)은[1,2] "그것은 형태 변화가 풍부한 언어에 적용할 수 있는 말이나 중국어에 적용하는 것은 적절치 않다. '어휘 본연의 특징 자체'라는 것이 형태의 변화를 의미하기 때문"이라고 강조하고, "또한 형태 변화가 풍부한 언어에서 품사를 분류하는 것은 통사 구조를 더욱 효율적으로 분석하기 위해서라는 말은 맞는 말이다. 어휘는 문장 내에서 어떤 문장 성분으로 작용할 때만 형태 변화를 일으키기 때문이다."라고 하였다. 또 최근에 어떤 이는 어휘가 가진 "고유의 특성詞性"이[3] 있다고 하며, 이는 "어휘 층위의lexical 특성이며, 사전을 편찬할 때 표기해야 하는 특성"이라고 하였다.[4] 그러나 『現代漢語詞典』(第5版)을 편찬할 때 품사를 표기하는 원칙은 "어휘를 통사적으로 분류하여 품사를 나눈다. 품사는 어휘의 기능과 용법을 포괄할 수 있어야 한

---

1 呂叔湘(1954),「關于漢語詞類的一些原則性問題」,『中國語文』第5期.

2 呂叔湘(1979),『漢語語法分析問題』, 商務印書館: 北京.

3 역자 주: 품사를 가리킴.

4 郭銳(2002),『現代漢語詞類研究』, 商務印書館: 北京.

다."는 것이었다.[5] 『現代漢語詞典』은, 품사는 어휘가 속해 있는 문장 속에서 판단할 수 있다고 생각하여 지금까지 품사를 표기하지 않았었다.

1950 년대는 중국어의 품사 분류에 대한 격렬한 토론과 논쟁이 벌어졌던 시기이다. 가오밍카이高名凱(1953)은 중국어가 인도-유럽 어족과 같은 형태 변화가 없으므로 중국어의 실사實詞는 품사를 분류할 수 없다고 하였고, 뤼슈샹(1954)는 품사 분류 없이 어떻게 통사에 대해 연구할 수 있느냐고 반박했다. 이후 논쟁의 초점은 품사 분류를 할 수 있는지 없는지에 대한 것이 아닌, 어떻게 품사 분류를 할 것인지에 대한 문제로 옮겨가게 되었다. 중국 언어학계에 다시 구조주의 언어학의 바람이 불면서 학계의 주류 의견은 어느 정도 모아지게 되는데, 그것은 품사는 해당 어휘의 분포 특성과 통사 기능에 따라 분류해야 한다."는 것이며 본고에서도 이에 동의하는 바이다.

이러한 공통적인 인식이 형성되었지만 중국어 통사론을 연구할 때 우리는 항상 두 가지의 딜레마에 부딪치게 된다. 하나는 어떤 어휘가 하나의 품사에 속해 있다고 하면 그 품사가 담당해야하는 특정한 역할이 없다는 것과,("詞有定類"就"類無定職") 품사가 담당해야 할 특정한 역할이 있으면 그 품사에 속하는 어휘는 품사가 정해지지 않는다는 것과("類有定職"就"詞無定類")[6] 다른 하나는 "최소주의 원칙the priciple of simplicity, POS"을 지키면 "확장 원칙Head Feature Convention,

---

5 徐樞, 譚景春(2006), 「關于漢語語法分析問題(第5版)詞類標注的設明」, 『中國語文』第1期.
6 역자 주: "詞"는 어휘를, "類"는 품사를 가리킨다.

HPC"에 위배되며 "확장 원칙"을 지키면 "최소주의 원칙"에 위배된다는 것이 그것이다. 필자의 언어학 연구 30 년을 돌이켜 보면 전반부에는 첫 번째 딜레마로부터 빠져나오기 위해 힘썼고, 후반부에는 두 번째 딜레마로부터 헤어 나오기 위해 노력했었다. 그리고 이제는 두 가지 딜레마로부터 조금은 자유로운 것 같기도 하다. 만약 이 글을 읽는 독자 중에 아직 이 두 가지 딜레마에 빠져 있는 사람이 있다면 자유로운 의견 교환을 통하여 교류할 수 있었으면 한다.

2. 첫 번째 딜레마

후밍양胡明揚(1995)는 어떤 어휘가 하나의 품사에 속해 있다고 하면 그 품사가 담당해야하는 특정한 역할이 없다는 것과("詞有定類"就"類無定職") 품사가 담당해야 할 특정한 역할이 있으면 그 품사에 속하는 어휘는 품사가 정해지지 않는다는 것에("類有定職"就"詞無定類") 대해 피력한 바 있다.[7] 이때, 역할("職")은 문장 내에서 어떤 성분을 담당하는지에 대한 것이다.

과거 전통적인 언어학에서는 "품사가 담당해야 하는 특정한 역할이 없는 것(類無定職)"에 대해 "품사 전성(詞類轉化)"로 설명했었다. 즉, 주어와 목적어를 담당하는 동사는 이미 "명사화" 과정을 거쳤다는 것이다. 이는 통사 성분에 근거하여 품사를 결정하는 것이

7 胡明揚(1995), 「現代漢語詞類問題考察」, 『中國語文』 第5期.

다. 주어와 목적어로 사용되는 것은 명사이고, 동사는 서술어를 담당한다. 형용사는 관형어를, 부사는 부사어를 담당하는 것이다. 그렇다면 품사와 통사 성분은 명확하게 일대일로 대응되는 것이 가능하고 "품사는 문장 내에서 특정한 역할을 가지지만(類有定職)" 어휘 자체는 품사를 결정할 수 없는(詞無定類) 결과를 낳게 된다. 동일 어휘가 서로 다른 통사 성분을 담당하면서 각각 다른 품사가 되는 것이다.

주더시朱德熙(1985)는 "어휘는 특정한 품사를 가진다(詞有定類)"고 하였지만, 품사와 통사 성분이 일대일로 대응하는 인도유럽어족과 달리 중국어는 품사와 통사 성분이 일대일로 대응되지 않는다는 점을 강조했다.(<그림1, 2> 참조)[8]

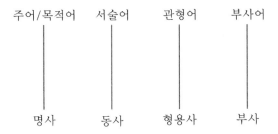

〈그림 1〉 인도유럽어족의 품사와 통사 성분 관계

---

8 朱德熙(1985),『語法答問』, 商務印書館: 北京.

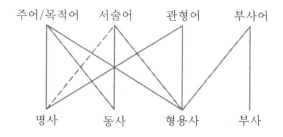

〈그림 2〉 중국어의 품사와 통사 성분 관계

중국어의 상황을 나타낸 <그림 2>에서 동사는 서술어 이외에도 주어와 목적어로 쓰일 수 있고, 형용사는 관형어 이외에도 주어, 목적어, 서술어, 부사어로 쓰일 수 있다. 명사는 주어와 목적어 이외에도 관형어로 쓰일 수 있고 소수의 상황에서 서술어로 쓰일 수도 있다. 부사는 부사어만 쓰일 수 있다. 여기에 조금 더 보충하자면 소수의 상황에서 동사는 관형사로 쓰일 수 있으며(예: 调查工作(조사 업무), 合作项目(협력 사업)), 부사어로 쓰일 수도 있다(예: 拼命跑(목숨 걸고 도망치다), 区别对待(상황에 따라 대처하다)). 때로는 명사도 부사어로 쓰일 수 있는데(예: 集体参加(집단적 참가), 重点掌握(집중 파악) 이러한 명사의 부사적 용법은 서술어로 쓰인 것보다 결코 적지 않다. 따라서 명사, 동사, 형용사의 3대三大 실사는 "특정한 역할이 없고" 품사와 통사 기능이 완전히 분리되는 결과를 낳게 된다. 그러나 품사를 분류하는 것은 통사적인 분석을 하기 위한 것이기 때문에, 품사는 본질적으로 언제나 통사 기능과 관계를 맺어야 할 수 밖에 없다.

중국어의 특징은 동사가 주어와 목적어의 기능을 담당할 때 원형 그대로 나타난다는 명제는 중국어의 동사가 "형태적인 표지" 없이 주어와 목적어로 사용될 수 있다는 뜻이다. 영어의 동사 역시 주어와 목적어로 쓰이지만 중국어와 다른 점은 동사가 주어와 목적어로 사용될 때 동사 뒤에 "-ing"라는 표지를 더하거나 동사 앞에 "to"와 같은 표지를 더하는 과정이 더해질 뿐이다. 졸고에서는(1999: 246)[9] 중국어 품사 분류 및 전성에 대하여 또 다른 방법과 기준을 적용해야 한다고 지적한 바 있는데 그 내용은 다음과 같다. 중국어에서 품사를 분류할 때는 중국어의 형태적 표지가 거의 없는 점을 감안하여 "광의의 형태 표지", 즉, 어휘 간 또는 어휘와 다른 성분의 결합syntagmatic 능력 및 결합 상황을 고려하여 결정해야 한다. 그러나 품사 전성 문제에 있어서는 여전히 "협의의 형태 표지" 의미를 고수해야 한다. 동사가 "명사화" 표지를 더하지 않은 채 주어와 목적어로 사용된다면 그 동사는 여전히 동사이며, "광의의 형태 표지" 여부에 대해서는 고려하지 않는다. 이런 방식에 대해 "중국어의 실사는 품사를 분류할 수 없다"고 주장하는 사람들은 품사 전성에 대해 설명할 때는 이용 가능했던 "협의의 형태" 기준이 품사 분류에서는 이용할 수 없는지에 대해 궁금해 할 것이다. 그 이유는 "협의의 형태" 기준으로는 중국어의 실사에 대해 품사를 분류할 길이 없기 때문이다.

---

9 沈家煊(1999),『不對稱標記論』, 江西教育出版社: 南昌.

3. 관련 표지 모델

졸고(1997, 1999: 257-259)에서는[10] 위에서 언급한 두 가지 딜레마를 해결하기 위해 품사와 통사 성분의 "관련 표지 모델"(關聯標記模式 a model of Correlated Markedness)에 대해 제기한 바 있다. 이 모델은 Croft(1991)의 관련 표지 모델에서 착안한 것이다.[11] Croft는 언어의 통일성[language universal]의 관점에서 언어의 품사, 의미, 화용 기능 간의 관계에 대해 다음과 같은 관련 표지 모델을 제시했다.(<표 1> 참조)

〈표 1〉 품사, 의미, 화용 기능의 관계

품사	명사	형용사	동사
의미	사물	성질	동작
화용 기능	지칭	수식	서술

<표 1>에서 [명사-사물-지칭], [형용사-성질-수식], [동사-동작-서술]로 결합될 경우 "무표적(unmarked)"이다. 그러나 [명사-사물-서술], [동사-동작-지칭], [형용사-성질-서술] 등 다른 방식으로 결합될 때는 "유표적[marked]"이다. 필자는 이를 근거로 품사와 통사 기능에 대하여 다음과 같은 관련 표지 모델을 제시해 보았다.(<표 2> 참조)

---

10 沈家煊(1997), 「形容詞句法功能的標記模式」, 『中國語文』 第4期.
11 Croft, W.(1991), *Syntactic Categories and Grammatical Relations*, University of Chicago Press.

〈표 2〉 품사와 통사 기능의 관련 표지 모델

품사	명사	형용사	동사
통사 기능	주어/목적어	관형어	서술어

<표 2>와 같이 [명사-주어/목적어], [형용사-관형어], [동사-서술어]의 결합이 "무표적" 결합이라면 [명사-서술어], [동사-주/목적어], [형용사-서술어] 등은 "유표적" 결합이다. 이와 같이 관련 표지 모델은 인도유럽어족 등 형태 표지가 풍부한 언어에만 적용되는 것이 아니고 중국어와 같은 형태표지가 없는 언어에도 적용할 수 있다. "유표적"인지 "무표적"인지에 대한 판단은 "협의의 형태 표지"만이 아닌 "광의의 형태 표지"인 어휘의 문장 내 분포 범위와 어휘의 사용 빈도 역시 고려해야 한다.

이러한 표지 모델에서 품사와 통사적 기능은 경우에 따라 대응되기도 하고 대응되지 않기도 한다. 명사가 그의 전형적인 기능인 주어와 목적어로 사용될 때는 대응되고, 서술어와 관형어로 사용될 때는 대응되지 않는다. 동사의 경우에는, 서술어로 사용될 때 대응되며, 주어와 목적어 또는 관형어 등 비전형적인 성분으로 사용될 때 대응되지 않는다. 형용사의 경우에는 관형어로 사용될 때 대응되고, 서술어, 주어, 목적어로 사용될 때 대응되지 않는다. 이 모델은 <그림 1>과 같이 품사와 통사 성분이 완전히 대응되는 것과 다르고 <그림 2>와 같이 품사와 통사 성분이 완전히 분리된 것과도 다르며 <그림 1>의 구도와 <그림 2>의 구도를 결합한 것이라고 할 수 있다. 또한 인도유럽어족 역시 <그림 1>에 완전히 부합하는 것이 아니고

중국어도 <그림 2>에 완전히 부합하지 않는다. 인도유럽어족과 중국어 모두 관련 표지 모델로써 통일적인 설명이 가능하고 표지의 유무에 따라 그 표현 방식이 다를 뿐이다. 즉, 인도유럽어족에서는 주로 어휘의 형태 표지로 표현되는 반면 중국어는 어휘의 분포 범위와 사용 빈도로 표현된다.

  유표와 무표는 정도의 차이로도 설명된다. 한 언어의 내부에서는, 중국어의 예를 들면 명사가 서술어보다 관형어로 쓰이는 것이 더욱 전형적이지 않아서 유표의 정도가 높아진다. 언어 간 비교에서는, 중국어보다 영어에서 명사가 관형어로 쓰이는 유표적 비율이 더 높게 나타난다. 이와 같이 관련 표지 모델은 품사와 통사 성분 간의 관계가 결합될 수도 분리될 수도 있기 때문에 어느 언어에나 또는 언어 간 비교에 자유롭게 적용할 수 있다. 만약 양자 간 대응되지 않으면 유표적 결합으로 설명이 가능하고 양자 간 대응이 이루어지면 무표적 결합으로 설명이 가능하기 때문이다. 물론 대응되는 관계 중에서도 소수의 대응되지 않는 관계가 존재하며, 대응되지 않는 관계 중에서도 소수의 대응되는 관계가 존재하지만 이 또한 모두 설명이 가능하다.

4. 두 번째 딜레마

  그렇다면 이제는 중국어의 품사 문제가 모두 해결된 것인가? 아직은 아니다. 관련 표지 모델은 우리에게 첫 번째 딜레마에서 빠져 나올 수 있는 길만을 제시할 뿐이다. 관련 표지 모델로써 우리는 "중국어의 품사와 통사 기능이 일대일로 대응되지 않는다"는 명제에 대해 반박할 수 있었다. 즉, 이는 중국어만의 특징이 아니며 어떤 언어든 품사와 통사 기능은 대응 관계 및 대응하지 않는 관계 두 가지의 특징을 모두 가지고 있다는 것이다. 그러나 관련 표지 모델은 인도유럽어족과 비교되는 중국어만의 특징에 대해서는 설명하지 못하고 있다. "這本書的出版(이 책의 출판)"의 예를 들어 보면 "出版"은 동사이기 때문에 목적어로 사용될 때 유표적이어야 한다. 그리고 주어와 목적어 위치에 나타날 때는 동사의 특징 중 일부를 잃어버리고 또 일부는 유지되어야 한다. 그렇다면 "出版"은 동사인가? 명사인가? 라는 의문이 다시 한 번 대두될 것이다. 관련 표지 모델로는 동사인 "出版"이 주어와 목적어의 위치에 나타날 때 이미 명사화를 거친 것인지 아닌지에 대해 설명할 수 없다. 다수의 학자들이 명사와 동사는 "연속체continuum"이며 "무 자르듯 자를 수 없다"고 하지만 "出版"이라는 단어가 주어와 목적어로 사용될 때 동사성 60%와 명사성 40%를 가지고 있다든지 명사성 60%에 동사성 40%를 가지고 있다고 말할 수 없는 것이다. 루젠밍陸儉明(2003)은 품사의 특징과 이 품사의 특징이 구체적인 언어 환경에서 실현되는 것은 서로 다른 문제라고 지적하며 품사가 가진 특징 전부가 구체적인 언어 환경에서 발현되는 것을 바라는 것은 무리라고 하였다. 예를 들어 타동사인 "吃(먹다)"의 경우, 술보구조動補構造인 "吃快了(빨리 먹었다), 吃得很飽(배불리 먹었다), 吃不完(다 못 먹는다)"이라는 언어 환경에 놓일 경우, 목적어를 취할 수 없고, 동작상과 결합할 수 없으며, 부정사 "不"의 수식을 받을 수 없으^ㅏ 이에 대해 "吃"의 동사성이 약해 졌다거나 명사화 되었다고 말하지 않는다고 하였다.[12] 이는 매우 타당한 지적이다.

중국어의 품사에 대해 논할 때 우리가 마주 치는 두 번째 딜레마는 "최소주의 원칙the priciple of simplicity, POS"을 지키면 "핵어 확장 규칙 Head Feature Convention, HFC"에 위배되며 "핵어 확장 원칙"을 지키면 "최소주의 원칙"에 위배된다는 것이다. 이에 대해서는 졸고(2007a)에서 자세히 논하였으나[13] 다시 한 번 간략하게 정리해 보려고 한다.[14]

주더시(1985: 77)는 동사와 형용사가 "명물화名物化" 되었다는 이론을 반대하는 주요한 원인에 대해 이러한 품사 분류 체계가 "최소주의 원칙"에 위배되기 때문이라고 밝혔다. "최소주의 원칙"이란 꼭 필요하지 않은 경우 불필요한 처리 단계와 처리 항목을 증가시키지 않는다는 원칙이다.[15] 주 선생은 "어떤 이론이나 체계에 대해 평가할 때 이론의 엄격함과 함께 최소주의 역시 매우 중요한 판단 기준이 된다."고 하였다. 뤼슈샹(1979: 46) 역시 "같은 조건 하에서 같은 품사가 모두 같은 용법을 보인다면 이는 품사 전성이 아니라"고 하였다.[16] 중국어에서는 거의 모든 동사가 주어와 목적어의 위치에 나타날 수 있으니 이는 동사 본연의 특징이라고 귀납하면 될 것이며 명사화 등의 또 다른 처리 항목과 처리 단계를 더할 필요가 없다는 것이

---

12 陸儉明(2003), 「對"NP+的+VP"構造的重新認識」, 『中國語文』第5期.
13 沈家煊(2007a), 「漢語里的名詞和動詞」, 『漢藏語學報』第1期.
14 역자 주: 8절에서 언급하겠지만 "핵어 확장 규칙"은 "내심 구조(endocentric structure) 이론"과 상통하는 규칙이다.
15 朱德熙(1985).
16 呂叔湘(1979), 『漢語語法分析問題』, 商務印書館: 北京.

다. 또한 통사 기능에 따라 품사를 분류하면 품사와 통사 기능이 일대일로 대응되므로 하나의 기준으로 품사 분류가 가능해지니 간단하지 않겠는가 하는 의견을 피력하였다.

이렇듯 "최소주의 원칙"에 따르면 "這本書的出版"에서의 "出版"이 명사화 과정을 거친 것이 아니라 여전히 동사이다. 그러나 "出版"을 동사로 본다면 이는 통사 구조의 "핵어 확장 규칙Head Feature Convention, HFC(이하 확장 규칙)"을 위반하게 된다. "확장 규칙"이란 어떤 통사 성분을 중심으로 구조를 확장하게 되면 확장된 후의 통사 구조는 본래의 통사 성분과 같은 통사적 특성을 가져야 한다"는 것이다. 즉, "出版"이 동사라면 "出版"을 중심으로 확장된 구조인 "這本書的出版" 역시 동사성 구조가 되어야 하는데 "這本書的出版"은 명사성 구조이므로 "내심 구조向心構造" 이론에[17] 위배된다. Lyons(1968: 331)에서는 "모든 언어에서 N과 NP, V와 VP는 필수불가결한 관계로 연관되어 있고(중략) NP와 VP는 단순한 기호가 아니라 NP는 N을 필수 성분으로 가지므로 필히 명사성이어야 하며 VP는 V를 필수 성분으로 가지므로 필히 동사성이어야 한다."면서 "만약 어떤 언어학자가 'NP→V+VP, NP→V, VP→T(관사)+N'라고 주장한다면 이는 상식에 어긋나는 일일 뿐 아니라 이론적으로도 증명할 수 없다."고 하였다.[18] 중국어가 확장 원칙을 위배하는 문제는 현재까지 만족할 만

---

17 施關淦(1981), 「"這本書的出版"中"出版"的詞性-從"向心構造"理論設起」, 『中國語文通訊』第4期.

18 Lyons, J(1968), *An Introduction to Theoretical Linguistics*, Cambridge: Cambridge University Press.

한 해답을 찾지 못하고 있는데 만약 확장 원칙에 부합하려고 한다면 또 다시 최소주의 원칙을 위배하게 될 것이다.

5. 중국어 실사의 "포함 모델"

필자의 생각에는 두 번째 딜레마에서 빠져 나오기 위한 유일한 방법은 중국어의 실사實詞는 "포함 모델包含模式"을 그 특징으로 가지며 이는 인도유럽어족의 "분리 모델"과는 다르다는 것을 증명하는 것이다.(<그림 3> 참조)

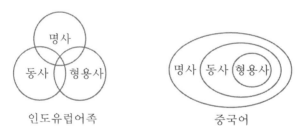

〈그림 3〉 인도유럽어족과 중국어의 명사, 동사, 형용사

인도유럽어족의 명사, 형용사, 동사는 각각 분리되어 있으면서도 서로 교차하는 부분이 있는 반면 중국어의 명사, 형용사, 동사는 서로 포함 관계를 이룬다. 즉 형용사는 동사류에 포함되어 있고 동사는 명사류에 포함되어 있다. 중국어의 명사, 동사, 형용사는 하나의 실사류實詞類에 포함되며 각각의 독립성이 높지 않다. 따라서 "중국어의

실사는 따로 그 품사를 분류할 수 없다"는 논의도 이해할 수 있을 것 같다. 한편 중국어의 명사, 동사, 형용사는 포함 관계를 이루고 있지만 각각 일정 정도의 독립성을 가지고 있다는 점에서 중국어의 실사는 품사를 분류할 수 있다고도 생각할 수 있다. 포함 모델을 통해 우리는 두 번째 딜레마인 "這本書的出版"의 문제를 해결할 수 있다. 즉, "出版"은 동사이면서 명사이기도 하다. 명사화라는 번거로운 처리 과정이 필요치 않아 "최소주의 원칙"에 위배되지 않으며 명사를 중심으로 확장된 명사구이기 때문에 "확장 원칙"에도 부합한다.

최근 중국어의 형용사는 동사의 하위분류라는 것에 대해서 많은 학자들이 인식을 같이 하고 있기 때문에 본고에서는 동사가 명사의 하위분류임을 입증하려고 한다. 다음 절에서는 선자쉬안(2007a)에 대해 다시 한 번 개괄해 보고 추가적인 설명을 더 해 볼 것이다.

6. "실현 관계"와 "구성 관계"

먼저 우리는 중요한 용어인 "실현 관계實現關係"와 "구성 관계構成關係"부터 시작해 보려고 한다. 이 두 가지 용어는 인류학에서 사용되던 용어이다. 인간은 보편적으로 구체적인 개념을 통하여 그에 대응되는 추상적인 개념을 이해하는 인지 방식을 가지고 있다. 이를 두고 "개념적 은유conceptual metaphor"이라고 한다.[19] 또한 같은 은유라고 할

---

19 Lakoff, G. & M, Johnson(1980), *Metaphor we live by,* Chicago, London: University

.끼리도 어떤 그룹에 속한 사람들에게는 "실현적" 은유가 되고, 다른 그룹에 속한 사람들에게는 "구성적" 은유가 된다. 예를 들어, 컴퓨터가 대중화됨에 따라 "바이러스", "방화벽", "데스크톱", "메뉴" 등의 용어들이 일반 사람들에게 익숙한 단어로 자리 잡게 되었다. 그러나 다수의 컴퓨터 전문가들은 이러한 은유적인 명칭에 대해 불편한 시선을 가지며, 이러한 용어들이 과학적이지 않고 본질을 가리게 되므로 사용을 줄여야 한다고 주장한다.[20] 이와 같이 "바이러스", "방화벽" 등의 은유적 용어가 전문가에게는 본인들에게는 구체적인 실체를 가리키는 용어지만 일반인들에게 추상적이고 쉽게 설명하기 힘든 개념을 그들에게 익숙한 개념으로써 설명하는 "설명적explanatory" 은유이다. 이와는 달리 일반인들은 이러한 은유가 아니면 그 개념을 전혀 이해할 수 없으므로 "설명적"이 아닌 은유 자체로 추상적인 개념을 구성하는 "구성적constitutive" 은유가 된다. 경제 용어인 "과열", "연착륙" 등의 용어도 전문가에게는 "설명적"인 은유일 뿐이지만 대중들에게는 "구성적"인 은유가 되는 것이다.

일반적으로 화자가 구체적인 개념을 이용하여 추상적인 개념을 설명하는 것은 청자 역시 구체적인 개념을 이용하여 추상적인 개념을 "인식realize"하기 쉽게 하려는 것이다. 구체적인 개념과 추상적인 개념 간에는 "설명적 관계"가 성립하는데 "설명적 관계"는 추상적 개념이 구체적 개념으로 실현된 것이기 때문에 "실현 관계realization"

---

of Chicago Press.

20 Radman, Z.(1997), *Metaphor: Figures of the Mind*, Boston: Kluwer Academic Publisher.

라고도 부를 수 있다. <그림 4>를 통해 두 가지 관계에 대해 좀 더 알아보자.(<그림 4> 참조)

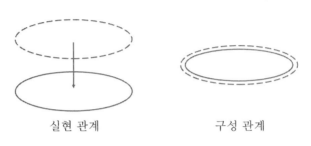

실현 관계   구성 관계

〈그림 4〉 "실현 관계"와 "구성 관계"

점선은 추상적인 개념의 범주를 나타내고 실선은 구체적인 개념의 범주를 나타낸다. 만약 추상적 개념이 구체적 개념으로 실현된다면 "실현되는 과정(화살표)와 방식"이 포함될 것이나, 추상적 개념이 바로 구체적 개념으로 구성되면 실현 과정과 방식이 나타나지 않아도 될 것이다. 통사 범주와 개념에 있어서도 구체적 개념과 추상적 개념이 존재하는데 만약 구체적 개념과 추상적 개념이 서로 대응된다면 통사에서 있어서도 "실현성"과 "구성성"이 구분될 것이다.

7. "포함 모델"에 대한 논증

"실현 관계" 및 "구성 관계"에 대해 알아보았으니 이제 중국어 품사의 포함 모델에 대해 논증해 보려고 한다. 논증의 단계는 다음과 같다.

1) 논증 주제: 서술어가 지칭어로 사용되는 것은 보편적인 인식 규칙에 부합한다.
2) 논증 주제: 중국어에서 서술어가 지칭어로 사용되는 것은 "구성 관계"에 속한다.
3) 결론: 중국어의 서술어는 지칭어의 하위분류이다,
4) 논증 주제: 중국어의 명사가 지칭어로 사용되는 것과 중국어의 동사가 서술어로 사용되는 것은 모두 "구성 관계"에 속한다.
5) 결론: 중국어의 동사는 중국어 명사의 하위분류이다.

7.1 서술어가 지칭어로 사용되는 것은 보편적인 인식 규칙에 부합한다

주더시(1985: 5)는 중국어의 품사와 통사 성분이 일대일로 대응되지 않는다고 했는데, 주더시의 관점 중 한 가지는 매우 정확했다. 그것은 명사가 "특정 조건 하에서" 서술어가 될 수 있다는 것이다. 주더시의 그림에서 명사와 서술어는 다른 실선과 달리 점선으로 연결되어 있다.(<그림 5> 참조)[21]

---

21 朱德熙(1985: 5)

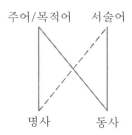

〈그림 5〉 주어/목적어와 서술어, 명사와 동사의 비대칭 관계(주더시, 1985)

그런데 이러한 비대칭 관계는 중국어 특유의 현상이 아닌 언어보편적인 현상에 속한다. 명사는 일반적으로 어떤 사물을 지칭하는 지칭어이며, 동사는 어떤 사건(event)에 대한 서술을 담당하는 서술어이지만, "圖書的出版(도서의 출판)"과 "圖書和出版(도서와 출판)"에서 "出版"은 사건을 지칭하는 지칭어라는 점에는 이견이 없을 것이다. 그러나 반대로 "圖書"를 서술어라고 한다면 이에 동의한다는 의견이 별로 없을 것이다. 이러한 현상은 인간이 인식 활동을 전개할 때 나타나는 보편적인 특징으로 설명할 수 있다. 서술어(동사)가 지칭어(주어/목적어)로 사용되는 것은 일반적인 "은유" 법칙에 부합한다. Lakoff & Johnson(1980: 31)에서는 "인간은 존재론적 은유(ontological metaphor)로서 사건, 동작, 상태 등을 해석하며, 은유를 통하여 사건과 동작은 실체로서 이해된다."고 하였다.[22] 인간은 사건과 동작 등을 실체로서 이해한 후, 그에 대해 지칭하고 가늠하게 된다. 이러한 은유는 구체적인 것으로 추상적인 것을 표현하는 단

---

22 Lakoff, G. & M, Johnson(1980).

방향적인 성질을 가지고 있는데, 이는 인간의 인지 특성상, 구체적인 것을 처리하는 것이 추상적인 것을 처리하는 것보다 용이하기 때문이다. 서술어가 지칭어로 사용될 때는 추상적인 사건과 동작이 구체적인 실체로 은유되는 것인데 반대로 구체적인 실체를 추상적인 사건이나 동작으로 은유하는 것은 특수한 경우에 한한다고 할 수 있을 것이다. 존재론적 은유는 너무나 보편타당한 의식 활동이기 때문에 우리가 인식하지 못하는 경우도 많으나 매우 중요한 은유 현상이라고 할 수 있다.

이와 같은 비대칭 현상은 "동사가 명사로 사용되는 것動詞名用"과 "명사가 동사로 사용되는 것名詞動用"에서 주목할 만한 통사 현상으로 나타난다. Hopper & Thomson(1984)에서는 명사로 사용되는 동사를 "실체로 인식되는 동작이나 사건"으로 표현했지만, 동사로 사용되는 명사에 대해서는 "동작이나 사건으로 인식되는 실체"가 아닌 "실체와 관련된 동작이나 사건"으로 표현하였다.[23] 그렇다면 명사로 사용되는 동사는 전형적인 명사가 아니라 여전히 동사성을 잃지 않은 어휘로 남게 된다. 예를 들면, *We are talking about John not/ soon having a sabbatical*과 같이 영어에서 명사성으로 보이는 "동사-ing" 형식은 여전히 "not"와 다른 부사의 수식을 받을 수 있다. 중국어의 "這本書的出版"에서 "出版" 역시 "不(안/아니)"와 "遲遲(천천히)" 등 부사의 수식을 받을 수 있다. 그러나 동사로 사용되는 명사

---

23 Hopper, P. J. & A. Thompson(1984), *A discourse basis for lexical categories in universal grammar. Languages*, 60.

의 경우, 명사성을 잃어버리고 마치 전형적인 동사처럼 서술어로 사용되는 것을 볼 수 있다. 영어와 중국어에서는 아래 예문과 명사가 시제와 동작상을 표지하는 "-ed", "-s", "了(완료), 着(진행), 過(과거)" 등과 결합하게 된다.

(1) We squirreled away $500 last year.

(2) She breakfasts with the mayor on Tuesday.

(3) 我又大款了一回.(내가 이번에 또 돈을 많이 썼다)

(4) 我還沒有博客過.(나는 블로그를 해 본 적이 없다)

이와 같은 동사의 명사적 용법(動詞名用)과 명사의 동사적 용법(名詞動用)의 비대칭 현상을 그림으로 표시하면 다음과 같다.(<그림 6> 참조)

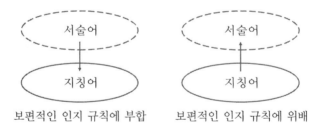

보편적인 인지 규칙에 부합　　　보편적인 인지 규칙에 위배

〈그림 6〉 동사의 명사적 용법과 명사의 동사적 용법의 비대칭 현상

왕동메이(2001 :104)의 통계에 따르면 현대 중국어에서 명사로 쓰이는 동사는 동사로 쓰이는 명사의 57 배에 이른다. 고대 중국어

에서는 동사로 쓰이는 명사의 비중이 현대 중국어보다 높지만 명사로 쓰이는 동사와 비교하면 여전히 낮다.[24] 동사를 명사로 쓰는 경우는 특수한 경우로 취급되기 때문에 품사 "활용"이라고 부르기도 하지만 명사가 동사로 쓰이는 경우는 보편적이기 때문에 "활용"이라고 부르지 않는다. 왕커종(1989)에서는 동사로 쓰이는 명사의 특징과 그 분류에 대해 59 페이지에 달하는 분량을 할애했지만, 명사로 쓰이는 동사에 대한 분량은 3 페이지에 지나지 않을 뿐 아니라, 동사가 명사로 쓰이는 경우 역시 동사로써 관련의 사물을 은유轉指하기 위한 것이다. 예를 들어, "死"는 "死者(죽은 사람)"을 간접 지시 하는 것이고, "居"는 "거주지"에 대한 간접 지시이며, "縛"은 묶는 밧줄을 간접 지시하지만 본래의 동작의 의미로는 사용되지 않는다.[25]

7.2 중국어에서 서술어가 지칭어로 사용되는 것은 "구성적" 이다

동사가 지칭어로 사용될 때, "존재론적 은유"를 통해 추상적인 사건이나 동작이 구체적인 실체 또는 사물로 은유된다는 것을 언급한 바 있다. 여기서 인도유럽어족과 중국어의 차이가 있다면 인도유럽어족에서는 존재론적 은유가 "실현적"인데 반하여 중국어에서는 "구성적"이라는 데 있다.(표3 참조)

---

24 王冬梅(2001), 『現代漢語動名互轉的認知研究』, 中國社會科學院博士論文.
25 王克仲(1989), 『古漢語詞類活用』, 湖南人民出版社: 長沙.

〈표 3〉 지칭어로 사용되는 서술어(존재론적 은유)

인도유럽어족	실현관계
중국어	구성관계

인도유럽어족에서 어휘의 형태 변화가 일어나는 것은 추상적인 동작이나 사건을 구체적인 사물로 변환하는 방식이다. 영어의 예를 보면 다음과 같다.

(5) publish → publication

(6) propose → proposal

(7) excite → excitemant

(8) sell → selling

그러나 중국어에서는 존재론적 은유가 "구성적"이기 때문에 추상적인 개념은 구체적인 개념으로 구성된다. 중국어 화자에게는 하나의 사건이나 동작이 바로 하나의 실체이기 때문에 형태 변화 없이 본래의 형태를 그대로 유지한다. 중국의 "전국 과학기술용어심의 제정위원회全國科技名詞審定委員會, China National Committee for Terms in Sciences and Technologies(2006)"에서 반포한 "중의약학명사中醫藥學名詞"의[26] 예를 들어 보면, "자음(滋陰, 체액을 자양하다)", "보혈(補血, 혈액을 보충하

---

26 역자 주: "중의약학명사"에서 명사는 "명칭" 또는 용어를 가리키지만 품사를 뜻하는 "명사"를 사용한 것과, 다수의 동사가 "명사"로 표현된 중의약학 일람에 포함된 것에 주목할 필요가 있다.

다)", "명목(明目, 눈을 밝게 하다)", "통비(通鼻, 코 막힘을 뚫다)"
등의 두 음절 동사 뿐 아니라, "절(切, 자르다)", "초(炒, 볶다)", "탕
(蕩, 끓이다)", "증(蒸, 찌다)" 등의 한 음절 동사를 포함하는데, 이 동
사들을 영어로 번역할 때, 동사의 원형으로 번역하면 안 될 것이다.
중의약학 뿐 아니라 다른 과목의 용어 역시 같은 현상을 보인다.

Lakoff & Johnson(1980 :30)에 따르면 영어에서 존재론적 은유
의 표현 방식은 다음과 같다.[27]

PUBLICATION IS AN ENTITY

THINKING IS AN ENTITY

HOSTILITY IS AN ENTITY

HAPPINESS IS AN ENTITY

중국어 화자는 (은유 자체가 아니라) 이런 표현 방식에 대해 이해
할 수 없을지도 모른다. PUBLICATION 등의 형태를 보면 하나의
실체인데, 그렇다면 "어떤 실체가 어떤 실체이다"라는 의미로 이것
이 은유라는 것을 이해하지 못할 수도 있다. 중국어 화자에게는 은
유가 구성적이기 때문에 다음이 존재론적 은유이다.

PUBLISH IS AN ENTITY

THINK IS A N ENTITY

---

27 Lakoff & Johnson(1980).

HOSTILE IS AN ENTITY

HAPPY IS AN ENTITY

7.3 중국어의 서술어는 지칭어의 하위분류이다

지난 절에서 서술어가 지칭어로 쓰이는 것은 보편적 인식의 법칙에 부합한다고 하였다.(7.1 참조) <그림 6>에서 화살표는 아래를 향한 것이다.(<그림 6> 참조) 또한 <그림 4>와 같이 중국어에서 서술어를 지칭어로 사용하는 것은 "실현적"이라기보다 "구성적"이다. (<그림 4>, 7.2 참조) 따라서 중국어의 지칭어와 서술어는 포함 관계이고 서술어는 지칭어에 포함되어 있으며 서술어와 지칭어 간에 실현 과정이 필요 없는 반면, 인도유럽어족의 지칭어와 서술어는 비교적 독립적이고 서술어가 지칭어가 될 때 실현 과정을 거친다. 영어의 *publish/publication*과 중국어의 "出版"을 예로 들면 아래 그림과 같다.(<그림 7> 참조)

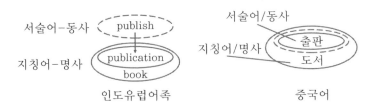

〈그림 7〉 인도유럽어족과 중국어의 지칭어와 서술어와의 관계

7.4 중국어의 명사가 지칭어가 되고 동사가 서술어가 되는 것은 모두 "구성적"이다

일반적으로 "명사"와 "동사"는 통사 범주에 속하고, "지칭어"와 "서술어"는 화용적 범주에 속하며, 전자는 추상적이고 후자는 구체적인 것으로 인식된다. 그리고 통사 범주에 속하는 명사와 동사는 화용적 범주에 속하는 지칭어와 서술어가 추상화된 결과이다. 이를 두고 "화용의 통사화" 즉 "문법화grammaticalization"이라고 한다. 중국어의 명사와 동사는 통사 범주에 속하지만 문법화의 정도가 높지 않으며 이들의 통사적 의미는 "지칭"과 "서술"이다. 그러나 형태의 변화가 풍부한 언어에서 동사가 명사로 사용될 때 형태의 변화로써 품사를 표현한다면 그것은 문법화의 정도가 매우 높다고 할 수 있다. 인도유럽어족에서 화용 범주인 "지칭어"와 "서술어"가 문법화 과정을 거쳐 통사 범주인 nouns와 verbs가 되었다면, 후자는 이미 전자로부터 분리 되어 추상 범주가 된 것이다. 그러나 중국어에서 "명사"와 "동사"는 아직 완전히 추상적인 범주인 통사 범주가 되지 못하고 아직 구체적이고 화용적인 범주에 머물러 있다.

"실현 관계"와 "구성 관계"를 통하여 양자의 관계를 보면 인도유럽어족에서는 추상적인 nouns와 verbs가 실제 화용 상황에서 구체적인 지칭어와 서술어로 실현되는 반면, 중국어에서 명사와 동사는 그러한 실현 과정이 필요 없고 동사와 명사의 구성 자체가 바로 지칭어와 서술어다.(<표 4> 참조, <그림 7>에서는 "-"과 "/"를 사용하여 그 차이를 표시하였다)

〈표 4〉 동사와 명사, 지칭어와 서술어의 관계

인도유럽어족 nouns, verbs 와 '지칭어, 서술어'	실현 관계
중국어 '동사, 명사'와 '지칭어, 서술어'	구성 관계

구체적인 예를 들면 지칭어에서 가장 중요한 개념은 generic과 specific으로 나눌 수 있을 것이다. 영어의 명사 tiger는 문장에서 tigers의 형태로 generic의 의미를 표현할 수 있고 the tiger(s)의 형태로 specific의 의미를 표현할 수 있는데, 중국어의 명사 "老虎(범)"은 문장 내에서 형태 변화 없이 generic과 specific을 모두 표현할 수 있다. 예를 들면,

(6) **generic**

Tigers are dangerous animals.

老虎是危險動物.

범은 위험한 동물이다

(7) **specific**

The tiger is sleeping in the cage.

The tigers are sleeping in the cage.

老虎在籠子里睡覺.

범이 우리 안에서 자고 있다

specific은 다시 한정definite과 비한정indefinite으로 나눌 수 있다. 중

국어에서는 한정과 비한정을 형태 변화 없이 어순으로 구별한다. 예를 들어 "客人來了((그) 손님이 오셨다)"와 "來客人了(손님이 오셨다)"에서 "客人(손님)"의 위치에 따라 한정과 비한정이 구분되는데, 영어에서는 정관사와 부정관사를 구분하여 사용해야 한다.

generic의 경우 또한 영어에서는 형태 변화를 수반하고 중국어에서는 형태 변화가 필요 없다.

(8) The tiger lives in the jungle.

A tiger lives in the jungle.

(9) Tigers live in the jungle.

* Tiger lives in the jungle.

老虎生活在叢林中.

범은 숲속에 산다

(8)과 (9)에서 영어의 동사 *live*는 서술어가 될 때 *live*와 *lives* 두 종류의 실현 형식이 존재하지만 중국어의 "生活(살다)"는 직접 서술어로써 나타난다. 다시 한 번 동사 "出版"에 대해 살펴보자.

(10) 문: (這本書出版不出版?)

답: 這本書出版.

(11) 문: (Will this book be published?)

답: * This book publish.

중국어에서는 "這本書的出版"이 그대로 문법적으로 완벽한 문장이 될 수 있고 "出版" 또한 실현 과정이 필요 없으나 영어에서 *This book publish* 는 *publish* 가 실현 과정을 거치지 않았으므로 비문법적인 문장이다. 주더시(1985:71)에 따르면 중국어에서는 문장 형성 원리와 구의 형성 원리가 기본적으로 동일하며 따라서 문장은 독립적으로 사용할 수 있는 구의 일종이다.[28] 주술 구조로 이루어진 구 또한 다른 종류의 구와 마찬가지로 문장 성분의 역할을 할 때 다른 과정을 거치지 않고 직접 문장 성분이 될 수 있으며 이로써 "최소주의 원칙"을 위배하지 않을 수 있다. 결론적으로 말하자면, 중국어에서는 동사가 문장 내에 진입할 때 동작이나 사건 자체와 무관한 "수"와 "인칭", 심지어 "시제"까지 실현 과정을 거치지 않아도 되며, 동작이나 사건과 관련이 있는 동작상의 표지(이것이 화용적 실현 형식이라고 한다면)조차 그 사용이 수의적이다. 예를 들면, 중국어의 "帶回來(了)兩張參觀卷(입장권을 두 장 가지고 돌아왔다"와 "一邊笑(着)一邊說(웃으며 얘기하다)" 등의 문장에서 완료상을 나타내는 "了"와 진행상을 나타내는 "着"은 있어도 되고 없어도 되는 성분이다.[29] 만약 동작상이 실현 형식이라고 한다 해도 동사 자체의 실현 형식은 아닐 것이다.

---

28 朱德熙(1985).
29 呂叔湘(1979).

재미있는 한 가지 사실은 중세 영어의 *noun*이란 단어는 라틴어의 *nomen*(name, 이름)에서 온 것이다. 라틴어의 *nomen*이 고대 영어의 *name*과 중세 영어의 *noun*으로 분리된 것이다.(『옥스포드 영어 대사전』 참조) 중국어의 "名"과 "名字(이름)", "名詞" 또한 본래 "名稱(이름)"을 의미했으며 "名"과 "稱"은 함께 사용되는 경우가 많았다.[30] 현대 영어의 *noun*을 중국어로는 "名", "名字", "名詞"로 번역하는데 언어학자가 아닌 일반인들에게는 모두 "名稱(이름)"라는 의미로 사용되며, 이는 중국어 화자에게 "名詞"와 "名稱(지칭어)"는 굳이 분리해서 생각할 필요가 없는 개념이라는 것을 뜻한다.[31]

인도유럽어족과 중국어에서 가장 중요한 3가지의 통사 범주, 즉, 문장과 담화, 주어/서술어와 주제/설명, 명사/동사와 지칭어/서술어는 동일한 특징을 보인다.(<표 5> 참조)[32]

〈표 5〉 인도유럽어족과 중국어의 통사 범주 특징

	문장 : 담화	주어/서술어 : 주제/설명	명사/동사 : 지칭어/서술어
인도유럽어족	실현 관계	실현 관계	실현 관계
중국어	구성 관계	구성 관계	구성 관계

---

30 『易經·系辭下』, "其稱名也小.(그 이름도 소(小)였다)" 참조.

31 沈家煊(2008), 「"病毒"和"名詞"」, 中國語言學會第14屆學術年會論文, 8月27日-31日, 浙江 溫州.

32 沈家煊(2007a).

"문장", "주어/서술어", "명사/동사" 등은 문법 이론 연구에 이용되는 가장 중요한 기본 "도구"이자 "재료"이다. 이들에서 중국어와 인도유럽어족이 차이를 보이는 것은 우연이 아닌 두 언어의 통사 체계에 근본적인 차이가 있기 때문이다.

이상에서 중국어의 서술어가 지칭어로 사용되는 것이 존재론적 은유이자 구성 관계라는 것을 논증해 보았다. 추상적인 범주와 그와 대응되는 구체적인 범주의 관계는 인도유럽어족에서는 "실현적"이며, 중국어에서는 "구성적"이다. 이것이 바로 "중국어에는 형태 변화가 결핍되어 있다."는 사실 뒤에 숨어 있는 본질적이고 인지적인 원인이다.

7.5 중국어의 동사는 명사의 하위분류이다

만약 누군가 중국어의 "這本書的出版"에서의 "出版"이 통사적으로 동사인지 명사인지 묻는다면 그는 아마도 인도유럽어족을 바라보는 시선을 버리지 못한 사람일 것이다. 이 질문에 대한 대답은 다음과 같다. 중국어의 명사와 동사는 그 자체로 지칭어와 서술어를 구성하는데 이때 지칭어와 서술어는 화용적 범주이기 때문에 통사적으로 어떤 범주에 속하는지에 대한 질문은 의미 없는 것이다. 중국어의 동사는 서술어 외에도 지칭어로 사용될 수 있고 지칭어로 사용되는 경우에도 구성적이다. 따라서 통사적이라는 용어는 삭제하고, "出版"은 동사(서술어)이기도 하고 명사(지칭어)이기도 하다.

그렇다면 중국어에서는 명사와 동사를 구분할 수 없고, 명사와 동사를 구분하는 것은 의미가 없을까? 이에 대한 대답은 중국어에서 명사와 동사를 구분할 수 있고 명사와 동사를 구분하는 것은 의미가 있다는 것이다. 만약 중국어의 형용사가 동사의 하위분류라고 한다면 동사와 형용사는 구분할 수 있고 동사와 형용사를 구분하는 것은 여전히 의미가 있을 것이다. 같은 이치로 중국어의 형용사가 정적인 static 동사라고 한다면 중국어의 동사는 동적인dynamic 명사라고도 할 수 있을 것이다. 동사의 하위분류로서 형용사가 가진 특징이라면 관형어(수식어)로 사용되는 것이 가장 전형적인 기능이라는 것이다. 같은 이치로 명사의 하위분류로서 동사의 특징은 서술어로 사용되는 것이 가장 전형적인 기능이라는 것이다. 이와 같은 품사 간의 포함 모델은 3 절에서 언급한 관련 표지 모델과 모순되지 않는다.

"문법화"의 관점에서 보면 인도유럽어족의 화용 범주는 이미 통사 범주로 문법화 되었으나 중국어의 화용 범주는 아직 통사 범주가 되지 못한 것 같다. <그림 3>과 같이 인도유럽어족의 3 종 실사류는 마치 세포 분열이 일어난 것처럼 독립적으로 변화하였고 중국어에서는 아직 이러한 세포 분열이 완성되지 않았고 한 품사가 다른 품사를 안고 있는 듯한 포함 관계를 유지하고 있다.

중국어의 통사론에 대해 논할 때, "명사"와 "동사"같은 용어가 이미 보편적이기 때문에 그대로 사용하는 것도 좋지만, 영어의 *nouns*, *verbs*와 완전히 대응되지는 않는다는 점을 기억해야 한다. 중국어와 영어의 "명사"와 "동사"는 다음과 같은 차이가 있는 것이다. ① 영어의 *nouns*와 *verbs*는 지칭과 서술을 표현하고 둘은 "실현적 관계"인 반면, 중국어의 "명사"와 "동사"는 지칭과 서술을 표현하지만 둘은

"구성적 관계"이다. ② 영어에서 *verbs*를 *nouns*로 사용하는 것이 "실현적 관계"라는 것은 *nouns*와 *verbs*가 분리, 독립적이라는 것을 의미하며, 중국어에서 "동사"를 "명사"로 사용하는 것은 "구성적 관계"이므로 "동사"는 "명사"에 포함되어 있는 것이다.

8. "내심 구조 이론"은 중국어에 적용될 수 있을까?

과거 우리는 "내심 구조endocentric 이론"을[33] 중국어에 적용하는 것이 적절치 않을 수도 있고, "내심 구조 이론"으로써는 "這本書的出版"이나 "這種謙虛(이런 겸손함)"와 같은 문장 구조를 분석하기 힘들다고 생각했고 그렇게 주장하는 이들도 다수 있었다. 그러나 이러한 주장은 근거가 부족하고 이론적 개선에도 이용할 수 없는 단점이 있다.[34,35] 본고에서는 내심 구조 이론을 중국어에 적용할 수 있는지 없는지는 전제가 무엇인지에 달려 있다고 생각한다. 즉, 통사 범주에 제한하여 내심 구조 이론이나 핵어 확장 규칙을 논한다면 N과 NP, V와 VP는 모두 통사 범주에 속하므로, 명사와 명사구(지칭어), 동사와 동사구(서술어)가 기본적으로 화용 범주에 속하는 중국어에 이들 이론을 적용하는 것이 적절치 않다고 생각할 수 있다. 그러나 핵어 확장 규칙을 화용 범주까지 확대해 본다면 X구의 성격은 핵어

---

33 역자 주: 4절에서 언급한 "핵어 확장 규칙"과 상통함,

34 施關淦(1988),「現代漢語的向心構造和離心構造」,『中國語文』第4期.

35 吳長安(2006).「"這本書的出版"與向心構造理論難題」,『當代語言學』第3期.

인 X의 성격과 일치해야 하므로 중국어의 언어 현실과 완전히 들어
맞는다. 그 원인은 7절에서 논증한 바대로 중국어의 명사와 동사는
화용 범주를 구성하고 서술어를 지칭어로 사용하는 것 역시 구성 관
계이기 때문이다. 이로써 내심 구조 이론에서 중국어를 따로 예외로
보지 않아도 되게 된다.

또 다른 관점에서 보면 중국어에서 복합어의 구성 원리나 구 구성
원리, 문장 구성 원리는 주로 "개념 혼성conceptual blending"을 통하여 이
루어지는데 이는 인도유럽어족의 단어, 구, 문장이 주로 "파생"을 통
하여 이루어지는 것과 대조적이다.[36,37,38,39,40,41]

개념 혼성의 각도에서 보면 "這本書的出版"은 "這本書的N"(N은
"(이 책의) 표지", "(이 책의) 모양" 등의 사물을 지칭함)과 "出版了
這本書(이 책을 출판하다)"(여기서 "出版"은 동작이나 사건을 서술
함) 등 두 가지 구조가 개념 혼성된 것으로 "這本書的出版" 전체 구
는 "하나의 동작이나 사건을 지칭"한다. "這種謙虛" 또한 . "這種
N"(N은 "(이런) 사과(苹果)", "(이런) 태도" 등의 사물을 지칭함)와
"他很謙虛"("謙虛"는 일종의 성상을 묘사함)의 두 가지 구조가 개념

36 Fauconnier, G. & M. Turner(2003), *The way we think: Conceptual Blending and the Mind's Hidden complexities,* NY: Basic Books.
37 沈家煊(2006a), 「王冕死了父親:的生成方式 - 兼說漢語糅合造句」, 『中國語文』第4期.
38 沈家煊(2006b), 「"糅合"和"截搭"」, 『世界漢語教學』第4期.
39 沈家煊(2006c), 「詞法類型和句法類型」, 『民族語文』第6期.
40 沈家煊(2007b), 「"粉絲"和"海龜"」, 『東方語言學學』第2期.
41 沈家煊(2007c), 「也談"他的老師當得好" 及相關句式」, 『現代中國語研究』第9期.

혼성되어 "這種謙虛"라는 전체 구는 "일종의 성상을 지칭"한다.

개념 혼성에서는 두 가지 개념 중 일부분을 취하여 연결하는데 이때 다른 부분은 억제된다. "這本書的出版"에서 억제된 성분은 첫 번째로 "出版了這本書" 문장에 나타나는 시제와 동작상이므로 "這本書的出版了"와 같은 문장은 성립되지 않는다. 두 번째로 억제된 성분은 "這本書的N"의 명사성 특징으로 "這本書的遲遲不出版(이 책의 지지부진한 출판 (상황))"과 같은 구는 성립된다. "這種謙虛"에서 억제된 성분은 "他很謙虛"에 나타나는 정도 부사이기 때문에 "這種很謙虛"와 같은 문장은 성립되지 않지만 "這種N"의 명사성 특징 또한 억제되었으므로 "這種不謙虛"와 같은 문장은 성립된다.(<그림 8> 참조)

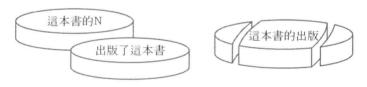

〈그림 8〉 "這本書的N"과 "出版了這本書."의 개념 혼성

요점은 내심 구조 이론(핵어 확장 규칙)의 전제는 "중심 성분이 전체의 성격을 결정한다는 것, 즉, 전체의 성격과 중심 성분의 성격이 같다는 것"인데, 개념 혼성 이론의 전제는 "중심 성분이 전체 구조의 성격을 모두 결정하는 것은 아니"라는 것이다. 따라서 혼성된 개념은 어떤 경우 분석이 불가능할 수도 있고 확장 전 상태로 환원하기 힘들 경우도 있다. 예를 들어 "大樹큰 나무"는 중심 성분인 "樹나무"의

확장이라고 할 수 있지만 "大車(짐수레)"는 "一輛小大車(작은 짐수레 한 대)"의 용법으로 미루어 보아 "車"의 확장이라고 하기 어렵다. 하지만 "*一棵小大樹(*작은 큰 나무)"는 성립되지 않는데 그 이유는 "大車"의 개념 혼성 정도가 "大樹"의 개념 혼성 정도보다 높기 때문이다. 중국어와 영어와 같은 인구어의 차이점은 *the publication of this book*은 개념 혼성 정도가 낮아 분석이 가능하고 중심 성분이 확장되기 전으로 환원이 가능한 반면, "這本書的出版"은 개념 혼성 정도가 높아 분석이 불가능하고 중심 성분이 확장되기 전으로 환원하기 어렵다는 것이다.

이러한 개념 혼성의 정도 차이는 왜 발생하는 것일까? 에 대한 대답은 개념 혼성의 방식이 다른 것에서 찾을 수 있다. 개념 혼성의 방식은 "직접적 방식"과 "간접적 방식"으로 나뉘며 직접적일 경우 개념 혼성의 정도가 높아지고 간접적일 경우 개념 혼성의 정도가 낮아진다. 중국어의 "這本書的出版"은 서술어 "出版"이 지칭어 "出版"과 구성 관계를 이루므로 직접적 개념 혼성의 결과물인데 반해 영어의 서술어 *publish*와 지칭어 *publication*은 실현 관계이므로 *the publication of this book*은 간접적인 개념 혼성의 결과물이다.

9. 아이와 구정물

현재 학자들이 중국어 문법을 연구하고 선배 학자들이 남긴 유산들을 정리하는 것은 아이를 목욕시키는 것에 비유할 수 있다. 아이를 목욕시킨 후 구정물과 함께 아이까지 흘려보내 버리면 절대 안 된다. 여기서 절대 흘려보내지 말아야 할 아이는 무엇인가? 주더시 선생과 뤼수샹 선생이 주장한 최소주의 원칙이다. 그 첫 번째는 중국어의 동사가 문장 내에서 주어와 목적어로 작용할 때 명사화 과정을 거치지 않는다는 것이다. 두 번째는 중국어의 구가 문장으로 진입할 때 문장 성분으로 변화하는 과정을 거치지 않는다는 것이다. 이는 중국어와 인도유럽어족을 구분하는 중요한 차이이다. 그렇다면 흘려보내야 할 구정물은 무엇인가? 첫째는 언어 보편적인 통일성을 무시한 채 중국어의 품사와 문장 성분 간에 대응 관계가 부족하다고 주장하는 것이다. 둘째는 인도유럽어족을 바라보는 시각을 버리지 못하고 중국어가 가진 언어적 다양성을 소홀히 한 채 명사와 동사가 전형적인 통사 범주라고 생각하는 것이다. "명사화"와 "구가 문장에 진입할 때 문장 성분으로 변화하는 것"을 부정하며 최소주의 원칙을 지키려 한다면 같은 이치로 중국어의 명사와 동사가 "문법화" 되었다는 것도 부정해야 할 것이다. 현재까지 어떤 학자들은 "명사화"와 "구가 문장에 진입할 때 문장 성분으로 변화하는 것" 등을 지속적으로 언급하고, 또 다른 학자들은 새로운 층위와 과정을 더하여 통사 연구에 나타나는 어려움을 해결하려는 모습이 보이는데 이는 최소주의 원칙을 철저히 위배하는 것이며, 통사 연구 상의 어려움을 해결하기는커녕, 문제를 더욱 복잡하게 만들 뿐이다. 이를 어찌 구정물과 함께 아이를 흘려보내는 것이라고 하지 않을 수 있겠는가?

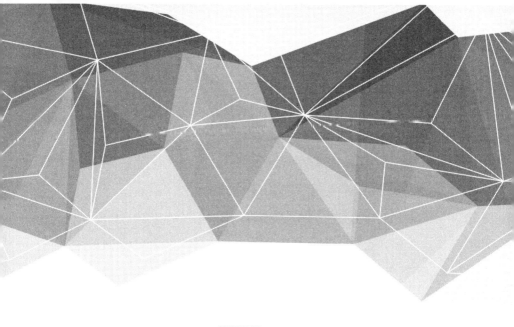

제3장

중국어 품사 분류에 대한 연구

궈루이(郭銳)

1. 서론

그동안 학계에서는 오랜 논의를 거쳐 어휘의 분포 상에 나타나는 특성을 근거로 하여 중국어의 품사를 분류해야 한다는 것에 동의하고 품사 분류의 구체적인 기준을 제시했다. 그러나 이는 기본적으로 이미 분류되어 있는 품사에 대해 품사 분류 기준을 끼워 맞춘 것이고 이 기준에 대해 유효한 논증을 제시하지 못했다. 본고에서는 중국 국가 사회과학 재단의 제 7 차 5 개년 계획의 핵심 연구 프로젝트인 "현대 중국어 품사 연구"[1] 중 제기된 품사 시스템에 대해 논증해 보고 이러한 분포적 특징으로써 품사를 분류하는 이유에 대해 설명할 것이다.

어휘의 분포와 품사의 관계는 여러 요소가 매우 복잡하게 얽혀있기 때문에 품사 간의 공통점과 차이점은 단순히 분포 상의 공통점과 차이점으로써 그 면모를 밝힐 수 없다. 본고에서는 품사의 분류의 실제는 분포 상의 분류가 아닌 통사적 의미상의 분류이고 어휘의 분포적 특징은 품사 본질의 외연일 뿐임과, 품사를 분류하는 것은 통사 기능과 품사 특성 간의 대응 관계를 밝히는 것임을 주장할 것이다. 이를 기초로 본고에서는 현대 중국어의 품사 분류에 대해 논증해 볼 것이다.

---

1 國家社科基金七五重點研究項目"現代漢語詞類研究".

2. 통사적 위치와 품사의 관계

2.1 통사적 위치란 무엇인가?

우리는 어휘의 통사 기능에 따라 품사를 분류할 것이다. 그에 대한 논증을 시작하기 전에 통사 기능과 그와 관련된 개념에 대한 설명이 필요할 것 같다.

우리는 어휘의 분포라는 것을 어떤 어휘가 특정 통사적 위치를 점할 수 있는 능력이라고 본다. 즉, 어떤 어휘가 특정 통사 위치를 점할 수 있는 능력이 바로 어휘의 통사 기능이다. 어휘의 분포와 통사 기능은 일반적으로 문장 성분, 또는 어떤 성분이 출현하는 환경적 위치인 테스트 슬롯(test slot, 鑑定字, 鑑正詞)[2], 예를 들면, "X+목적어", "很(매우)+X", "Num+X" 등으로 표현된다. 이를 문장 성분이라고 칭하기도 하는 것은 "서술어"는 "주어+X"의 X와 등가(等價)인 것처럼 문장 성분을 출현 환경으로 하는 위치와 둥가이기 때문이다. 통사 구조에서 어떤 통사 관계를 가지는 직접 성분이 위치하거나 위치할 수 있는 위치가 바로 통사적 위치인 것이다. 통사적 위치는 층위와 통사 관계에 관한 정보를 포함한다.

Bloomfield(1926)는 어떤 구조에서 순서가 있는 모든 단위는 "위치(position)"라고 하였다.[3] Harris(1951)는 "담화에서 어떤 성분의

---

2 역자 주: 어떤 글자나 어휘가 삽입될 수 있는 통사 위치 또는 조건.

3 Bloomfield, L.(1926), *A set of postulates for science of language. In Language*, Vol. 2.

환경이나 위치는 인접 성분에 의해 구성되는데……(하략)"이라고 하면서 여기서 "인접"이란 해당 성분의 전후, 또는 해당 성분과 동시에 나타나는 성분의 위치라고 하였다.[4] Bloomfield와 Harris의 정의를 보면, 미국 구조주의 언어학에서 위치라는 개념은 문장 성분의 상대적 순서와 위치 관계를 기초로 하는데, 이때 문장 내부의 층위와 문장 성분 간의 통사 관계를 고려하지 않고 전후와 동시 출현 등 문장 성분 간의 표면적 순서와 위치 관계만을 고려한 것이기 때문에 이러한 분포 개념은 지나치게 표면적이라고 할 수 있다. 통사적 위치가 어떤 성분을 분류하는데 사용될 수 있는 근본적인 원인은 통사적 위치가 단어에 대한 선택 제약을 가지고 있기 때문이다. 그리고 이러한 제약은 표면적의 순서와 위치 관계에 의해 결정된다기보다는 문장 내부의 층위와 통사적 관계에 의해 결정되는 것이다. 다음의 예를 보자.

(1)　　　　給我書　　　　　　　　給我哥
　　　　나에게 책을 주세요　　　*나의 형/오빠에게 주세요*

만약 표면적인 순서와 위치 관계만을 고려한다면 "書(책)"과 "哥(형/오빠)"는 같은 위치를 차지하고 있다고 생각할 수 있다. 그러나 (1)의 두 문장은 층위 구조가 달라서 각각 차지하고 있는 통사적 위치가 다르다. 즉, 두 번째 문장의 "我哥(나의 형/오빠)"가 차지하는

4　Harris, Z. S.(1951), *Methods in Structural Linguistics,* Chicago: The University of Chicago Press.

위치는 첫 번째 문장 중 "我(나)"가 차지하는 위치에[5] 상응한다.

다른 예를 보자.

(2)　　　　這三個苹果　　　　　　這三個好吃

　　　　　　이 사과 세 개　　　　　*이 세 개는 맛이 있다*

통사적 관계를 고려하지 않으면 "苹果(사과)"와 "好吃(맛있다)"가 동일한 위치에 출현한다고 생각할 수 있으나 통사적 관계가 다르기 때문에 두 성분이 차지하는 위치는 다르다.

따라서 분포를 정의하는 데 사용되는 통사적 위치는 층위와 통사적 관계를 포함해야 한다.

우리가 말하는 통사적 위치는 본질적으로 통사 관계의 위치이며 동사 관계에 의해 결정되는 위치이기 때문에 문장 내에 표면적으로 출현하는 전과 후 등의 순서에 대해서는 언급하지 않기로 하겠다.

그러면 우리는 왜 늘 문장 내에서의 순서와 위치 관계에 따라 어휘의 분포적 특성을 논할까? 그 이유는 아마도 문장 내의 순서와 위치 관계가 통사적 위치, 즉 통사적 관계와 역할을 반영하는 유일한 표지이기 때문일 것이다. 예를 들어, "很+X"의 구조가 일반적으로 "부사어[6]+중심어"라는 통사 관계를 표시하는 것처럼 말이다. 표면적으로 보면 테스트 슬롯이 규정한 위치는 명시적으로 통사적 관계를 포

5　역자 주: 여격 또는 간접 목적어의 위치이다.

6　역자 주: 중국어의 부사어에 해당하는 상어(狀語)를 가리킨다.

함하지 않지만 일반적으로 통사적 관계는 변이가 거의 없이 유일한 관계이므로 실질적으로 통사적 관계가 포함되어 있는 것이다. 주더시(朱德熙 1982a)는 "인도유럽어족(이하 인구어)의 경우는 품사와 통사적 층위가 통사 구조를 일정 정도 통제하고 있기 때문에 품사와 그 층위에 대해 파악하면 문법에 대해 논할 수 있다."고 하면서 "이 것이 바로 미국의 구조주의 언어학에서 통사 관계를 중시하지 않는 이유 중 하나"라고 하였다.[7] 따라서 통사적 위치를 차지할 수 있는 능력은 문법 성분과 테스트 슬롯이 결정하는 통사적 위치의 두 가지 요소를 결합한 것이라고 할 수 있다.

한편 문법 성분의 통사적 분포는 다음 두 가지 요소로 규정된다. 첫 번째는 직접 성분 간의 통사적 관계와 그로부터 결정되는 직접 성분의 통사적 역할이다. 두 번째는 두 가지의 직접 성분으로 구성된 구조가 출현할 수 있는 범위가 더 증가하거나 그렇지 않은 것이다. 예를 들면 "大型"과 "大量"은 모두 "X+명사"의 구조에 출현할 수 있는데, "大型+명사"의 구조는 다시 "수량[8]+X('大型+명사')" 구조에 출현할 수 있고 "大量+명사"는 출현할 수 없으므로 "大型+명사"는 출현할 수 있는 위치의 범위가 증가하고 "大量+명사"는 출현할 수 있는 위치의 범위가 증가하지 않는 것을 볼 수 있다. 이로써 하나의 구조가 좀 더 구체적인 통사 위치에 출현할 수 있는지 여부에 대해 살펴보면 "大型"과 "大量"은 통사적 위치가 다름을 알 수 있다.

---

7 朱德熙(1982a), 「語法關係和語法分析」, 『中國語文』 第1期.

8 역자 주: "수사+분류사"의 구조.

2.2 통사적 기능의 포괄성 정도

통사적 위치는 구체적인 의미 요소는 배제하는 비교적 추상적인 어휘 조합 범주의 위치이며 추상성의 정도는 높고 낮음이 존재한다. 예를 들어, (3)과 같이 구체적인 어휘 또는 구체적인 품사를 환경으로 하는 위치는 상대적으로 구체적이다.

(3) 수사+분류사   형용사+명사   지시사+명사

     九   本   好   書   這   書

     아홉 권   *좋은 책*   *이   책*

(3)에서 세 쌍의 어휘들이 서로 다른 통사적 위치를 대표할 수 있는 것은 표면적으로는 어휘의 출현 환경을 나타내는 성분의 품사 또는 구체적인 어휘가 달라서인 것 같지만 더욱 근본적인 원인은 구체적인 통사 관계가 다르기 때문이다. 여기에서 구체적인 통사 관계란 수사와 분류사의 관계, 성질과 대상의 관계, 지시와 대상의 관계를 말한다. (3)에 나타난 각각의 성분이 함께 출현하는 환경에서 보면 이러한 통사 관계가 좀 더 명확하게 나타난다.

(4) 這九本好書   *這本九好書   *書好九這本

     이 아홉 권의 좋은 책(이 좋은 책 아홉 권)

구체적인 통사적 위치에 나타나는 통사적 관계는 설명하기가 매

우 복잡하기 때문에 우리는 통사적 관계를 언급하기보다 구체적인 어휘 또는 품사가 형성되는 환경으로 통사적 위치를 설명하곤 한다.

만약 이러한 통사적 위치를 포괄적으로 설명하려면 구체적인 통사적 관계의 차이를 무시하고 주어와 서술어, 서술어와 목적어, 수식어와 피수식어와 같은 추상적인 정도가 더 높은 통사적 관계를 통해 통사적 위치를 포괄하여 "종속어+중심어"라는 더욱 추상적인 통사적 위치를 도출해 낼 수 있다.

이로써 우리는 테스트 슬롯을 그 출현 환경으로 하는 통사적 위치와 특정 문법 성분이 될 수 있는 능력의 차이는 추상성의 정도의 차이라고 말할 수 있다.

2.3 통사적 기능에 근거하여 품사를 분류할 수 있는 이유는 무엇인가?

문장 구조에 나타나는 모든 통사적 위치는 특정 형식에 의해서만 채워질 수 있다.[9] 어휘가 조합될 때는 무작위로 배열되는 것이 아니라 정해진 순서에 따라 조합되는데 이때 통사적 위치가 가지고 있는 어휘에 대한 선택 제약을 통해 실현된다. 즉, 서로 다른 통사적 위치가 허용하는 어휘가 각기 다른 것이다.

조합 위치가 어휘에 대해 선택 제약을 가지려면 근거가 있어야 하고, 만약 조합 위치가 어휘에 대해 선택 제약이 없으면 임의의 어휘

9　Bloomfield, L.(1926).

가 조합의 위치에 진입할 수 있게 된다. 예를 들어, "不(안/아니)+X"에 나타날 수 있는 어휘는 서술적인 성분이며, "수량+X"에 진입할 수 있는 어휘는 지칭성을 가진 어휘이어야 한다. 또한 "在(에)+X"에 나타나는 어휘는 일반적으로 위치를 나타내는 어휘이며, "Num+X"에 나타나는 어휘는 일반적으로 분류사일 것이다. 통사적 위치가 어휘를 선택하는 주요한 근거는 통사적 의미이다. 따라서 분포적 특성을 근거로 분류한 품사는 본질적으로 통사적 의미로 나눈 분류이기도 하다. 어휘가 가진 통사적 의미의 유형이 바로 어휘의 품사적 특성이며, 통사적 위치가 가진 어휘에 대한 선택 제약(어휘의 분포적 특성)이 반영된 품사적 특성에 근거하여 어휘를 분류해야 한다.

품사를 분류하는 것은 어휘의 분포적 특성에 근거하여 어휘의 품사적 특성을 추정하는 것이다. 어떤 어휘들이 같은 통사적 위치에 나타나는 것은 그 어휘들이 가진 통사적 의미가 동일하기 때문이며, 어떤 어휘들이 같은 통사적 위치에 나타나지 못하는 것은 동일한 통사적 의미를 가지지 않았기 때문이다. 다시 말하면, 어휘의 통사적 의미가 어휘의 분포적 특성을 제약하는 주요한 내적 원인이라는 것이다. 어휘의 통사적 의미가 어휘의 기본적인 분포를 결정하기 때문에 어휘의 분포적 특성이 품사의 본질이 아니라고 하더라도 같은 품사에 속한 어휘들은 대략 동일한 분포를 보이게 된다. 분포적 특성은 형태 변화와 마찬가지로 어휘의 통사적 의미의 외연을 표현하는 것이다. 즉, 분포적 특성은 어휘의 통사적 의미를 "반영"하고, 어휘의 통사적 의미는 분포적 특성으로 "표현"되는 관계가 성립한다.

2.4 품사 분류에서 분포적 특성은 어느 정도의 효력을 발휘하는가?

어휘의 분포적 특성은 어휘의 품사 특성을 반영할 수 있지만 분포적 특성과 품사와의 관계는 여러 요소가 매우 복잡하게 얽혀있으며, 다음 세 가지로 나타난다.

(5) 어휘의 분포적 특성은 품사적 특성으로만 결정되는 것이 아니고, 어휘의 어휘 의미, 화용적 요소, 어휘 형성 방식, 운율(prosody) 특징 등이 어휘의 분포적 특성에 관여한다.

(6) 통사적 위치 중 일부는 동일한 품사의 특성을 반영한다. 그러나 이러한 분포 상의 차이는 품사 특성의 차이를 반영하지 못한다. 예를 들어, "很+X"와 "X+極了(매우 X하다)"에서 X는 동일한 어휘 선택 제약을 받지만 기능상의 차이를 보이는 이 두 가지 어휘가 가진 품사의 특성을 반영하지 못한다.

(7) 어떤 통사적 위치는 여러 종류의 품사 성질이 진입하는 것을 허용한다. 예를 들어, 주어의 위치에는 명사, 동사(去是應該的 *가는 것이 마땅하다*), 형용사(驕傲使人落後 *교만은 사람을 뒤처지게 한다*), 구별사(區別詞)(急性好治 *급성은 치료하기 쉽다*)[10] 등의 품

---

10 역자 주: 사람이나 사물의 속성을 나타내고 분류하는 특성을 가진 중국어의 품사. 단독 사용이 불가하고, 서술어로는 사용되지 못하며, 주로 명사를 수식하거나, 명사와 결합하여 관형어로 사용된다. 男, 女, 大, 小, 正, 副, 金, 銀, 慢性, 初級, 野生, 長期, 無償, 有限, 軍用, 大陸性 등이 구별사에 속한다.

사들이 진입할 수 있고, 서술어의 위치에는 동사, 형용사, 상태사
(狀態詞)와[11] 명사(今天陰天 오늘은 흐리다) 등이 진입할 수 있다.

이와 같이 품사는 단순히 분포적 특성 차이로만 나타나지 않는다.
"동일한 기능을 가진 형식은 하나의 형식류(form-class)를 구성한
다."는 Bloomfield(1926)의 단언은 성립하지 않으며 어휘의 분포 상
의 유사성만으로 품사를 분류하는 것은 불가능하다. 우리는 "주어,
목적어, 서술어, 보어,[12] +목적어, 관형어, 부사어, 不+, 很+, 수사+,
在+"등 36 가지 항목의 통사 기능을 가지고 선택적으로 추출한 60
개의 어휘에 대해 분포적 특성을 고찰해 보았다. 그 결과 네 쌍의 어
휘만이 36 가지 항목에서 분포적으로 상동성을 보였다. 분포적 상동
성을 보인 네 쌍의 어휘는 다음과 같다. "人 : 桶(통)", "歲數(연세) :
擧動(행동)", "慢性(만성) : 私人(개인)", "究竟(결국) : 親自(몸소)".
이처럼 분포적 유사성으로 단위 그룹을 군집 분석(cluster analysis)
한 결과, 기존의 품사 분류와 큰 차이가 있다는 것을 알 수 있다. 예
를 들어, 중국어의 상태사인 "花白(희끗희끗한)"과 분포적으로 가장

---

11 역자 주: 과거 상태 형용사로 이르던 중국어의 품사. 일반적으로 2음절 이상이며
중국어의 형용사와 구분되는 점은 중국어에서 형용사를 판단하는 가장 큰 특징인
"很+X", "不+X" 구조에 진입할 수 없다는 것이다. 대부분 서술어로 쓰이며 시제
와 동작상과 결합할 수 없고 많은 경우 "X的" 구조로 사용된다.

12 역자 주: 한국어의 보어와는 달리 중국어의 보어는 주로 동사와 형용사가 서술어
에 대하여 보충 설명을 하는 것이다. 주로 "방식(manner)"을 나타내는 서술어와
함께 "결과(result)"의 의미로 사용된다. 중국어에는 크게 "서술어+得+보어"의
조합식 술보 구조(組合式述補結構)와 "서술어+보어" 형식의 점합식 술보 구조
(粘合式述補結構)의 두 가지 술보 구조가 있다.

근접한 이휘를 10 개 추출해 보면 그것은 "日常, 臨時, 野生, 慢性, 私人, 衆多(많은), 相同(같은), 注定(정하다), 個別, 鋼筆(만년필)" 등이다. 평균연결법(average linkage method)을 이용하여 이중에서 먼저 구별사로 분류되는 어휘들을 분류한다. 또한 중국어의 동사인 "着想(생각하다)"와 분포적 특성에서 가장 근접하는 10 개의 어휘를 보면 "榮幸(영광), 酷熱(혹서), 注定, 休息, 野生, 相同, 洗, 花白, 慢性, 親愛" 등인데 평균연결법으로 이중 형용사로 분류되는 어휘를 "榮幸"과 함께 분류하고 타동사로 분류되는 어휘를 "注定"과 함께 분류한다.

즉, 어휘의 분포적 특성으로써 품사의 특성을 추정하는 것은 거의 불가능하다고 할 수 있다. 그러나 결국 어휘의 품사적 특성이 어휘의 분포적 특성을 제약하는 주요한 요인이고, 어휘의 통사적 의미는 직접적으로 나타나기 어려우므로 어휘의 분포적 특성은 여전히 품사를 분류하는 근본적인 근거로 남게 된다. 우리는 어휘의 분포적 특성으로 품사적 특성을 추정하고, 또 다른 방법을 동원하여 어휘의 분포에 영향을 미치는 비통사적 의미 요소와 품사적 특성과 통사적 위치가 대응되지 않을 때 발생하는 간섭 등을 배제하며, 어휘의 품사적 특성과 어휘의 분포적 특성 간의 복잡하게 얽혀 있는 관계 속에서 품사와 분포 사이에 나타나는 대응 관계를 찾아 그로부터 어휘의 분포적 특성을 근거로 하여 합리적으로 품사를 분류해야 한다.

3. 통사적 기능의 호환성과 선택적 품사 분류 기준

3.1 통사적 기능으로 품사를 분류하는 가치

어휘의 분포적 특성에 근거하여 품사를 분류할 수 있는 이유는 통사적 기능의 차이가 품사적 특성의 차이를 보여줄 수 있기 때문이다. 예를 들어, 어휘 a가 "不+"의 기능을 가지고 "관형어+"의 기능을 가지지 않는 동시에 어휘 b가 어휘 a와 반대라면 우리는 a는 서술어이고, b는 체언이라고 추정해 볼 수 있다. 이 한 쌍의 통사적 기능은 "부등가 기능"이라고 부를 수 있을 것이다. 그런데 또 다른 종류의 통사적 기능의 차이는 품사적 특성의 차이를 나타낼 수 없다. 예를 들어, 어휘 c는 주어의 기능만을 가지고 있고 어휘 d는 목적어의 기능만을 가지고 있다면 두 어휘는 모두 명사일 것이다. 이때는 동일한 품사적 특성이 가진 여러 종류의 통사적 기능을 나타내는 것이므로 "등가 기능"이라고 부를 수 있다. 이러한 등가 기능 간에는 품사적 특성을 구분할 수 없지만 등가 기능을 이용하여 "추출성 기준(析取性標準)"으로 삼아 동일 품사를 내부 분류할 수 있다. 예를 들어 추출성 기준인 "주어|목적어|관형어+"로써 체언을 분류하는 기준을 삼을 수 있다. 등가 기능의 존재로 우리는 모든 분포적 차이가 품사적 특성의 차이를 반영하지 않는다는 것을 알 수 있다.

등가 기능은 전달성이 있어서 일군(一群)의 등가 기능이 형성되는데 이러한 일군의 등가 기능은 품사가 가진 "변별적 기능(區別性功能)"이다. 변별적 기능이란 품사의 특성적 기능을 나타낼 수 있는 기능을 말한다. 예를 들어 등가 기능 군(群), "不+", "没(안/아니)+", "서술어", "+목적어", "+보어"는 동사의 특성을 나타내며, "주어", "목적어", "관형어+"는 명사의 특성을 나타낸다. "주어"는 동사와 형용사에 있어서는 변별적 기능이 아니다. 엄밀히 말하면, 변별적 기능은 어떤 품사의 본질적인(통사적 의미) 기능을 반영한다. 명사의 본질은 지칭인데 "주어", "목적어", "관형어+"는 지칭의 특성을 반영하고 동사의 본질은 서술인데 "不", "서술어", "+목적어"는 서술의 특성을 반영한다.

이와 같이 서로 다른 기능은 서로 다른 품사에 대하여 서로 다른 분류의 가치가 있는 것이며 변별적 기능과 변별적이지 않은 기능이 존재한다. 따라서 한 품사에 존재하는 모든 기능을 등가로 계산하면 안 될 것이며 우리는 변별적 기능만을 이용하여 품사를 분류해 볼 것이다. 또한 이는 우리가 부분적인 분포적 특성만을 이용하여 품사 분류의 기준으로 삼는 원인이기도 하다. 통사적 위치에 어휘에 대한 선택 제약이 있다는 이론에 따르면 어휘의 분포적 특성이 차이를 보이는 근본 원인은 어휘 자체에 통사적 의미상의 차이가 존재하기 때문이다. 그러므로 품사라는 것은 본질적으로 어휘가 가진 통사적 의미의 분류이다. 분포는 통사적 의미의 외연일 뿐이고 분포적 특성의 차이는 차별적이거나 차별적이지 않다. 따라서 분포적 유사성으로만 품사를 분류하는 것은 불가능하고 분포적 특징 중 변별적 기준을 품사 분류의 기준으로 삼는 것이 타당하다.

이론적으로만 보면, 어휘의 모든 기능을 찾아내고 어떤 기능들 사이에 등가 관계가 성립하는지를 확정할 수 있다면 통사적 기능을 하나하나의 등가 기능 군으로 묶을 수 있을 것이다. 이를 기초로 우리는 모든 품사의 변별적 기능을 찾아내어 대부분의 어휘를 서로 다른 품사로 나눌 수 있을 것이다. 따라서 등가 기능에 대해 확정하는 것은 품사 분류의 기준을 찾고 한 언어에 몇 종류의 품사가 존재하는지 확정할 수 있는 관건이다.

3.2 통사적 기능의 호환성과 등가 기능의 확정

3.2.1 통사적 기능의 호환성이 우리에게 주는 정보는 무엇인가?

품사 분류의 기준을 변별적 기능에서 선택해야 한다면, 등가 기능을 확정하는 것은 품사 분류의 관건이 된다. 그러면 등가 기능은 어떻게 확정할 수 있는가? 우리는 통사적 기능의 호환성을 이용하여 품사 분류의 가치를 확정하고 변별적 기능을 찾아낸 후, 그로부터 품사 분류의 기준을 선택해야 한다.

통사적 기능의 호환성compatibility이란 한 그룹의 어휘들이 두 가지 또는 다수의 공통되는 통사적 기능을 가진 것을 말한다. 예를 들면 주어가 될 수 있는 어휘가 목적어도 될 수 있다거나 목적어가 될 수 있는 어휘가 주어도 될 수 있는 경우, "很+" 구조에 진입할 수 있는 어휘가 "+極了"와 "+得很"의 구조에도 진입할 수 있는 경우, "+極了"와 "+得很"의 구조에 진입할 수 있는 어휘가 "很+"에 진입할 수 있는 경우를 말한다. 그러나 호환성이 아주 적은 통사적 기능도 있는데 그것은 "不+"과 "Num+", "수량+"과 "부사어" 등이다. 만약 두 기지 통사적 기능이 높은 호환성을 보이거나 낮은 호환성을 보인다면 그 의미는 무엇일까? 앞에서 언급한 바대로 통사적 위치가 어휘선택을 제약하는 근거는 통사적 의미이다. 그러므로 호환성이 높은 통사적 기능이란 두 가지 이상의 통사적 위치가 동일한 어휘 선택 제약을 가지고 있다는 것이다. 즉, 두 가지 이상의 통사적 위치가 어휘의 통사적 의미에 대하여 같은 요구를 가지고 있으며 같은 품사특성을 반영하기 때문에 등가 기능이 된다. 호환성이 낮거나 호환성이 없는 통사적 기능은 서로 다른 품사적 특성을 반영하므로 부등가 기능이다. 따라서 우리는 통사적 기능의 호환 정도에 따라 통사적기능의 분류 가치를 가늠해 볼 수 있다.

3.2.1 호환성의 계산 방식과 주요 통사적 기능 간의 호환성

우리가 호환성을 계산하는 방식은 다음과 같다. 먼저 호환성의 값을 $0 \leq C \leq 1$로 가정하고, y 기능에 대응되는 x 기능의 일 방향적 unidirectional 호환성을 (Cx-y)로, x 기능에 대응되는 y 기능의 일 방향적 호환성을 (Cy-x)라고 하면, x 기능과 y 기능의 호환성의 총합 (Cx*y)을 계산하는 공식은 다음과 같다.

(8) Cx-y = xy 의 중복 어휘 수/x 의 어휘 수

(9) Cy-x = xy 의 중복 어휘 수/y 의 어휘 수

(10) (Cx*y) = xy 의 중복 어휘 수/(x어휘 수 + y어휘 수 - xy 중복 어휘 수)

구체적으로 계산을 해 보면, 예를 들어 x의 기능을 가진 어휘가 100 개, y의 기능을 가진 어휘가 20 개, 동시에 x와 y의 기능을 가진 어휘가 20 개일 때, 호환성의 총합은 다음과 같다.

(11) Cx*y = 20/(100+20-20) = 20/20 = 1

호환성의 총합을 통하여 우리는 x 기능의 y 기능에 대한 호환성은 알 수 있지만 y 기능의 x 기능에 대한 호환성은 알 수 없다. 우리는 이와 같은 방법을 통하여 중국어 실사의 주요한 기능에 나타나는 호환성을 정리해 보았다.(<표 1> 참고)

〈표 1〉 중국어 실사의 주요 통사적 기능의 호환성 정도

통사적 기능	어휘 수			호환성 정도						등가 여부
x&y	x	y	x&y	Cx-y	등급	Cy-x	등급	Cx*y	등급	
不~&没~	11020	10790	9918	0.90	++	0.92	++	0.83	+	+
不~& 서술어	11020	13261	11000	1.00	++	0.83	+	0.83	+	+
没~& 서술어	10790	13261	10754	1.00	++	0.81	+	0.81	+	+
不|没~& 술어	11809	13261	11788	1.00	++	0.89	+	0.89	+	+
不|没~& 점합식보어 (cohesive complement)	11809	506	497	0.04	--	0.98	++	0.04	--	+
不|没~&조합 식보어 (combinative complement)*	11809	6494	6090	0.52	+	0.94	++	0.50	+	+
不|没~&~ 보어	11809	6820	6748	0.57	+	0.99	++	0.57	+	+
不|没~&~ 목적어	11809	6163	5783	0.49	-	0.94	++	0.47	-	+

不|没~&~ 준목적어	11809	7467	6755	0.57	+	0.90	++	0.54	+	+
不|没~&~ 着了过	11809	10459	10240	0.87	+	0.98	++	0.85	+	+
不|没~& 부사어~	11809	13345	11837	1.00	++	0.89	+	0.89	+	+
不|没~& 很~	11809	2552	2509	0.21	-	0.98	++	0.21	-	+
不|没~& 관형어	11809	23544	3764	0.32	-	0.16	-	0.12	-	-
不|没~& 부사어	11809	1592	462	0.04	--	0.29	-	0.04	--	-
주어& 목적어	31394	33989	30351	0.97	++	0.89	+	0.87	+	+
不|没~& 주어|목적어	11809	34796	6842	0.58	+	0.20	-	0.17	-	-?
술어& 주어|목적어	13261	34796	7481	0.56	+	0.22	-	0.18	-	-?
不|没~& 명사(관형어)~	11790	14298	630	0.05	--	0.04	--	0.02	--	-
술어& 부사어~*	13261	13477	13122	0.99	++	0.97	++	0.96	++	+
부사어&점 합식보어	1573	506	53	0.03	--	0.10	-	0.03	--	-
很~& ~得很	2552	1607	1607	0.63	+	1.00	++	0.63	+	+
很~& ~极了	2552	2012	2012	0.79	+	1.00	++	0.79	+	+
很~& 很不~	2552	1008	985	0.39	-	0.98	++	0.38	-	+
很~& 점합식보어	2552	506	192	0.08	--	0.38	-	0.07	--	+?
很~& 조합식보어*	2552	6494	1558	0.61	+	0.24	-	0.21	-	+
很~& 관형어	2552	23544	709	0.28	-	0.03	--	0.03	--	-
很~& 부사어	2552	1592	273	0.11	-	0.17	-	0.07	--	-
很~&~ 着了过	2552	10459	1888	0.74	+	0.18	-	0.17	-	+
很~& 술어	2552	13261	2533	0.99	++	0.19	-	0.19	-	+
很~&~ 목적어	2552	6163	203	0.08	--	0.03	--	0.02	--	+?

_89

관형어& 부사어	23544	1592	296	0.01	--	0.19	-	0.01	--	-
부사어& 조합식보어*	1550	6494	240	0.15	-	0.04	--	0.03	-	-
수량사& 관형어*	24314	23544	17731	0.73	+	0.75	+	0.59	+	-?
수량사& 부사어*	24314	1592	112	0.00	--	0.07	--	0.00	--	-
주어l목적어 &수량사~*	34796	24314	22887	0.66	+	0.94	++	0.63	+	+
주어l목적어 &관형어	34796	23544	22105	0.64	+	0.94	++	0.61	+	-?
주어l목적어 &부사어	34796	1592	504	0.01	--	0.32	-	0.01	--	-
주어l목적어 &관형어~*	34796	33706	30881	0.89	+	0.92	++	0.82	+	+
주어l목적어 &명사(관형어)~	34796	14538	14124	0.41	-	0.97	++	0.40	-	+

부가 설명
1. *가 표기된 기능의 어휘 수는 표본 통계의 비례로 추산된 것이다.
2. 호환성 등급의 임계 값은 각각 높은 호환성(+) C≥0.5, 아주 높은 호환성(++) C≥
   0.9, 낮은 호환성(-) C<0.5, 아주 낮은 호환성(-) C<0.1 등이다.
3. "x&y"는 기능 x와 기능 y를 동시에 가지는 어휘 수를 나타낸다.
4. "등가" 열의 "+"는 등가를, "-"는 부등가를, "-?"는 호환성이 0.5 이상이지만 관련
   규칙에 따라 부등가로 판단해야 하는 것이고 "+?"는 호환성이 0.5 이하이지만 관
   련 규칙에 따라 등가로 판단해야 하는 것을 말한다.

3.2.2 등가 기능의 확정 방법

등가 기능은 기본적으로 어휘가 가진 분포 상의 호환성을 통해 확
정할 수 있는데 이때 어휘의 분포는 주요하게 어휘의 품사적 특성에
의해 결정되지만 의미, 화용, 운율, 조어법 등의 다른 요소의 영향도
받게 된다. 또한 통사적 위치가 여러 종류의 품사가 진입할 수 있도
록 허용하기도 하며 어휘 역시 여러 종류의 품사적 특성을 가지고
있기도 하므로 어휘의 기능을 분류할 때 호환성에 근거하여 분류하

는 것 이외에 기타 요소가 호환성에 미치는 여러 가지 간섭을 배제해야 한다.

우리는 아래와 같은 규칙에 근거하여 통사적 기능 사이의 등가 관계를 판단한다.

규칙1

만약 두 기능 사이의 일방향성 호환성 정도가 0.5 이하(C<0.5)이면 두 기능은 기본적으로 다른 품사 성질을 반영하는 부등가 기능이라고 추정할 수 있다.[13] 만약 어떤 어휘가 동시에 두 가지 통사적 기능을 가지고 있다면 이 어휘가 동시에 두 가지의 통사적 특성을 가지고 있다고 생각할 수 있다. 그러나 특정 조건 하에서는 이 어휘가 한 가지 이상의 통사적 특성을 가진다고 할 수 없는데 그 이유는 특정 조건 하에서 한 가지 이상의 통사적 특성을 가지는 것이 아니라 어떤 통사적 위치가 다양한 품사의 진입을 허용하기 때문이다. 따라서 통사적 기능의 임의의 일방향성 호환성 정도가 0.5 이상(C>0.5)이면 규칙 2-4를 이용한 검증이 필요하다.

예를 들면, "不~&관형어", "不~&부사어", "관형어&부사어" 등은 각 기능의 호환성 정도가 모두 0.5 이하라서 부등가 기능으로 판단할 수 있다. "수량사~&부사어"는 각 기능의 호환성 정도가 모두 0.1 이하이지만 수량사가 수식하는 단어가 부사어가 되면 통사적 위

---

13 지금까지 아주 높은 호환성 정도를 가진 기능만이 등가 기능이라고 설정했지만 여기에서 다시 호환성 정도 0.5 이하를 부등가 기능의 기준으로 설정한 것도 타당하다고 판단된다.

치와 통사적 특성 간의 관계를 유추해 볼 수 있는 특정한 조건이 될 수 있다. 이러한 경우는 주로 세 가지로 나눌 수 있다. 첫째, "拳頭大(주먹만 한), 碗口粗(그릇만 한 (지름))"와 같이 비유를 나타내는 표현에서 자주 나타난다. 둘째, "電話探訪(전화 인터뷰)", "公款請客(공금으로 접대하는 것)", "掌聲鼓勵(박수로 격려하다)"등과 같이 방식(manner)나 도구(instrument)를 나타내는 표현에서 자주 나타난다. 셋째, "操場去(운동장에 가다)", "學校見(학교에서 만나다)", "主場迎戰對手(홈그라운드에서 상대팀을 만나다)"와 같이 장소(location)와 동작을 나타내는 표현에 자주 나타난다. 이와 같이 비유, 방식, 장소와 같은 기능은 어휘적 현상이 아닌 통사적 현상에 속하므로 이러한 어휘들이 부사적 특성을 가진다고 할 수 없다. 바꿔 말하면 부사어의 위치에 체언이 진입할 수 있는 것이다.

규칙2

어떤 통사적 위치에서 특정 통사적 기능을 가진 어휘와 이와 동일한 통사적 기능을 가지지 않은 어휘가 통사적으로 큰 차이를 보인다면 통사적 기능의 호환성은 이 통사적 위치가 여러 종류의 품사가 진입하는 것을 허용하는 것과 하나의 어휘가 여러 종류의 품사적 특성을 가진 것으로 기인된 것이며 등가 기능이라고 판단할 수 없다. 그러나 이 통사적 위치에서 어휘들이 통사적으로 큰 차이를 보이지 않는다면 등가 기능으로 판단한다. 예를 들어 "不|沒~&주어|목적어"의 단일 기능 사이의 호환성 정도는 각각 0.58과 0.2이다. 그런데 "수량사~"와 서술어, "수량사~"와 보어의 위치에서는 큰 차이를 나타

낸다. "不~"의 위치에 신입할 수 있는 어휘는 보통 "서술어"와 "~보어"의 위치에도 진입할 수 있으나 "수량사~"의 위치에는 진입할 수 없다. 반면 "不~"의 위치에 진입할 수 없는 어휘는 대부분 "수량사~"의 위치에 진입할 수 있고 "서술어"와 "~보어"의 위치에는 진입할 수 없다. 따라서 호환성은 "주어|목적어"의 위치에 다양한 특성을 가진 품사가 진입할 수 있기 때문에 형성된 것이라고 판단할 수 있다.

규칙3

기능 x를 가진 어휘와 기능 y를 가진 어휘 중 상당수가 이중 한 가지 기능에서 "편정구조偏正結構"를[14] 형성할 수 있으면 x와 y의 호환성은 일부의 어휘가 복합적인 품사의 특성을 가지고 있기 때문에 형성된 것이라는 추정이 가능하고 이는 등가 기능으로 판단하지 않는다. 예를 들어 "수량사~&관형어", "주어/목적어|관형어"(桌子(탁자), 節目(프로그램) : 木頭(나무), 電視(텔레비전)"의 두 쌍의 기능상에서 있어서의 호환성 정도는 각각 0.75와 0.94에 달하나 이 어휘들이 직접 성분으로 이루어진 "木頭桌子(나무 탁자)", "電視節目(티브이 프로그램)"을 구성할 수 있으므로 "木頭"와 "電視"가 복합적인 품사의 특성을 가지고 있다고 판단하며 등가 기능이라고 단정하지 않는다.

우리가 이와 같은 규칙을 제기하게 된 원인은 중국어의 편정구조에서 수식어와 피수식어의 위치에 나타나는 어휘들이 다양한 품사적 특성을 보여주는 것을 발견했기 때문이다. 다음 예문을 보자.

---

14 역자 주: 중국어에서 "수식어+피수식어" 통사 구조를 말함.

(11) a. 也干淨(또한 깨끗하다)

　　　也不干淨(또한 깨끗하지 않다), 也很干淨(또한 아주 깨끗하다)

　　b. 干淨衣服(깨끗한 옷),

　　　*不干淨衣服(*깨끗하지 않은 옷), *很干淨衣服(*아주 깨끗(한) 옷)

(12) a. 都認眞(모두 진지하다)

　　　都不認眞(모두 열심이다), 都很認眞(모두 아주 열심이다)

　　b. 認眞學習(열심히 공부하다)

　　　*(不認眞)學習(*안 열심히 공부하다),

　　　*很認眞學習(*아주 열심히 공부하다)

(13) a. 我的木頭(나의 목재)

　　　我的十根木頭(나의 목재 열 개)

　　b. 木頭房子(목재(로 지은) 집)

　　　*十根木頭房子(*목재 열 개(로 지은) 집)

　(11)과 (12)에서 "干淨"과 "認眞"은 피수식어의 위치에 있을 때 부사어의 수식을 받을 수 있으며, 서술어의 위치에 있을 때와 그 특성이 같다. 그러나 수식어의 위치에 있을 때는 부사어의 수식을 받을 수 없어서 서술어의 위치에 있을 때와 그 특성이 다르다. (13)에서 "木頭"의 경우는 피수식어의 위치에 있을 때 수량 구조의 수식을 받을 수 있으며 주어와 목적어의 위치에 있을 때와 그 특성이 같다. 그러나 수식어의 위치에 있을 때는 수량 구조의 수식을 받을 수 없으

므로 그 특성이 달라진다.[15,16,17] 동사적 의미의 관점에서 보면 "干淨" 과 "認眞"은 피수식어의 위치에 있을 때 서술 기능을 가지며 서술 어의 위치에 있을 때와 그 특성이 같고, 관형어와 부사어의 위치에 있을 때는 수식어의 역할을 한다. "木頭"의 경우는 피수식어의 위 치에 있을 때 지칭 기능을 가지며 주어, 목적어의 위치에 있을 때 와 그 특성이 같고 관형어의 위치에 있을 때는 수식어의 역할을 한다.[18]

규칙4

만약 x와 y에 중복되는 어휘 수가 그 사용 빈도에 따라 현저히 감 소하면 x와 y의 관련성은 다중 품사의 특성을 가진 부분적 어휘에 의해 결정된다고 추정할 수 있다.

우리가 이와 같은 규칙을 제기하게 된 원인은 통사적 기능 중 일부 는 어휘의 사용 빈도가 감소함에 따라 감소하며 정적 상관관계positive correlation을 보이는 반면 그렇지 않은 통사적 기능은 어휘의 사용 빈도 와 뚜렷한 관련성이 없거나 역상관관계negative correlation을 보이는 경 우가 있기 때문이다. 표2를 보면 "很(매우)~"과 "관형어"의 호환성 정도는 어휘의 사용 빈도와 정적 상관관계를 보인다. 이는 "관형어" 의 특성을 가진 어휘 수가 어휘 출현 빈도가 감소함에 따라 현저히

---

15 呂叔湘(1979), 『漢語語法分析問題』, 商務印書館: 北京.
16 張伯江(1994),「詞類活用的功能解釋」, 『中國語文』, 第5期.
17 郭銳(1997),「論表述功能的類型及相關問題」, 『語言學論叢』, 第19輯.
18 郭銳(1997).

감소하기 때문이며, "很~"의 경우에는 어휘 출현 빈도가 감소할수록 증가하는 역상관관계를 보인다. 이는 "很~"과 "不~", "很~"과 "~着了過"와의 호환성과 어휘 출현 빈도가 정적 상관관계가 아닌 것과 대비해 볼 수 있다.(<표 2> 참조) 또한 우리는 겸류사兼類詞, multi-category words와[19] 어휘 출현 빈도 역시 정적 상관관계가 있음을 발견하고 (<표 3> 참조) 어휘가 가진 품사적 특성이 많고 적음과 어휘의 사용 빈도 역시 정적 상관관계가 있다고 말할 수 있게 되었다. 그리고 두 가지 통사적 기능의 호환성은 일부 어휘가 다중 품사적 특성을 가지고 있기 때문임도 알게 되었다.

〈표 2〉 호환성 정도와 어휘 출현 빈도의 관련성
기능과 어휘 출현 빈도의 관련성

어휘 사용 빈도 등급	1급		2급		3급		4급		5급		합계		관련 계수	현저성 정도
어휘 수	512		512		512		512		512		2560			
어휘 출현 빈도의 중간 값	3113		535		167		48		4					
	어휘수	호환성 정도	어휘수	호환성 정도	어휘수	호환성 정도	어휘수	호환성 정도	어휘수	호환성 정도	어휘수	호환성 정도		
很~&관형어	282	0.55	169	0.33	126	0.25	85	0.17	45	0.09	707	0.28	0.925	+
很~&不~	459	0.90	474	0.93	487	0.95	484	0.95	482	0.94	2386	0.93	-0.946	+
很~&~着了過	399	0.78	397	0.78	404	0.79	360	0.70	307	0.60	0.73	0.73	0.444	_
	어휘수	비율	어휘수	비율	어휘수	비율	어휘수	비율	어휘수	비율	어휘수	비율		
很~	498	97%	506	99%	508	99%	510	100%	504	98%	2526	99%	-0.873	_
관형어	292	57%	172	34%	126	25%	86	17%	46	9%	722	28%	0.931	+

---

19 역자 주: 어휘의 품사 통용을 가리킴.

〈표 3〉 겸류사의 수와 어휘 출현 빈도의 관련성[20]

어휘 사용 빈도 등급	1급		2급		3급		4급		5급		합계		관련 계수	현저성 정도
어휘 수	7622		7622		7622		7622		7622		38110			
어휘 출현 빈도의 중간 값	2901		401		114		33		6					
겸류사	어휘수	비율	어휘수	비율	어휘수	비율	어휘수	비율	어휘수	비율	어휘수	비율		
	1308	17%	417	5.5%	229	3.0%	136	1.8%	95	1.2%	2185	5.7%	0.996	++

규칙5

등가 기능은 전달성을 가진다. 만약 기능 x와 기능 y가 등가이고 기능 y와 기능 z가 등가라면 기능 x와 기능z 역시 등가이므로 이들은 등가 기능 군을 이루게 된다. 즉, 어떤 두 가지 통사적 기능 사이에 나타나는 호환성 정도가 0.5 이하일 때 이 두 가지 통사적 기능이 특정 기능과 각각 다른 경로로 등가를 이룬다면 이들은 전달성을 통해 등가를 이룰 수 있다. 예를 들어, "很~&점합식 보어"와 "很~&~목적어"는 호환성 정도가 0.5 이하이지만 "很~"과 "不/沒~"이 등가이고 "不/沒~"과 "점합식 보어", "~목적어" 역시 등가이므로 전달성을 통해 "很~"과 "점합식 보어", "~목적어" 역시 등가를 이룰 수 있다.

규칙6

통사적 기능의 포괄성 정도와 통사적 기능이 반영된 품사적 특성의 포괄성 정도는 일치한다. 통사적 기능의 등가 군 중 포괄성 등급

---

20 다의어는 하나의 어휘로 취급하였으므로 통계에 나타난 숫자(38110)는 어휘수의 총합(43330)보다 적다.

이 낮은 기능은 규칙1부터 규칙5에 이르는 규칙에 근거하여 동일 등급의 등가 기능으로 확정할 수 있다. 만약 등가 군 중 포괄성 등급이 높은 기능과 포괄성 등급이 낮은 기능 사이에 동일 기능 호환성 정도가 높은 상황이 나타나면 포괄성 등급이 낮은 기능은 어떤 하위분류를 대표할 수 있다. 이때 어휘의 중첩형식이나 기타 특성을 통해 하위분류를 할지에 대해 참고한다.

상술한 바와 같이, 통사적 성분과 같은 통사적 기능은 구체적인 어휘나 품사를 환경으로 하는 기능보다 포괄성 정도가 높고 통사적 기능이 반영하는 품사적 특성의 포괄성 정도도 구체적인 어휘나 품사를 환경으로 하는 기능보다 높다. 예를 들어 포괄성 등급이 높은 등가 기능인 "주어|목적어|관형어~"가 반영하는 품사적 특성은 체언성이고 포괄적 등급이 낮은 "수사~"와 "在~"의 호환성 정도는 각각 0.01과 0으로 차이가 적으므로 포괄성 정도가 낮은 기능상의 부등가이며 두 종류의 하위분류를 대표한다. 또한 "很~&서술어"의 단일 호환성 정도는 각각 0.99와 0.19로 서로 차이가 크므로 "很~"은 포괄성 정도가 낮은 기능으로 하위분류가 존재한다는 것을 반영한다.

3.3 중국어 실사의 품사 분류 기준

3.3.1 실사의 상위분류

규칙5와 규칙6에 근거하여 중국어의 통사적 기능의 등가성을 확정해 보면 다음과 같이 등가 군(群)을 나눌 수 있다. 등가 군₁은 서술어를, 등가 군₂는 체언을, 등가 군₃은 수식어를 대표한다.

> **등가 군₁** 不~, 沒~, ~着了過, 서술어, 보어, ~보어, ~목적어, ~준목
> 적어, 부사어~, 很~, 很不~, ~极了, ~得很
> **등가 군₂** 주어, 목적어, 관형어~, 수량사~
> **등가 군₃** 수식어[21]

등가 기능 군을 위와 같이 분류했음에도 불구하고 등가 기능 군은 그 자체로 품사를 분류하는 기준이 될 수 없다. 그 이유는 어떤 통사적 위치에 여러 종류의 품사가 진입할 수 있기 때문에 등가 군은 내적으로는 보편성을 가지지만 외적으로는 배타성이 없기 때문이다. 이 점은 부등가 기능의 동시 출현(共現)을 통해 증명될 수 있다. 예를 들어 부등가인 "不~"과 "주어"는 "不去是應該的(가지 않는 것이 마땅하다)"와 같이 동시에 출현할 수 있다.[22] 그렇다면 어떤 통사적 위치에 여러 종류의 품사가 진입할 수 있는지 어떻게 판단하는 게 좋을까? 이는 동시 출현의 층위성을 통해 판단할 수 있을 것이다. 즉, 바깥쪽에 해당하는 외층 기능이 여러 종류의 품사가 진입할 수 있도록 허용한다. 그러므로 품사적 특성을 판단할 때는 층위의 안쪽에 해당

---

21 본고에서는 관형어와 부사어에 대해 각각 다른 기능과의 호환성 정도에 대해 계량적 분석을 진행했으나 관형어와 부사어의 상황을 더하여 "수식어"의 범위에 포함시키지 않았다. "수식어"는 대부분 관형어이며 부사어는 극소수 포함되었다.

22 우리는 전체 구(clause)의 기능을 구에 나타나는 핵(head)의 기능으로 보았다. 예를 들어 "大苹果好吃(큰 사과가 맛있다)" 중에서 "苹果(사과)"는 주어를, "我馬上去圖書館(나는 곧 도서관에 간다)"에서 "去(가다)"는 서술어의 기능을 가진다.

하는 내층 기능을 먼저 살펴봐야 한다. "不//去/是應該的"를 예로 들면 가장 외층에 있는 "주어"의 기능은 여러 종류의 품사가 진입하는 것을 허용하지만 "去"는 "不~"의 기능에 근거하여 서술어로 분류된다. "서술어"와 "관형어~"는 부등가이지만 "小王/黃//頭髮(샤오왕은 노란 머리이다)"에서와 같이 동시 출현이 가능하며 서술어의 기능이 가장 외층에 위치하므로 서술어의 위치에 여러 종류의 품사의 진입을 허용한다고 할 수 있다. 또한 "頭髮(머리카락)"은 내층에 위치한 기능인 "관형어~"에 근거하여 체언으로 분류되어야 한다. "관형어~"와 "부사어~" 역시 부등가 기능이지만 동시 출현이 가능하다.

(14) a. 這本書的/及時//出版 (이 책의 시기적절한 출판)
    b.*及時/這本書的//出版

(15) a. (小王)也/黃//頭髮 (샤오왕도 노란 머리이다)
    b.*(小王)黃/也//頭髮

(14)와 (15)의 예를 보면 "관형어~"와 "부사어~"에는 여러 종류의 품사가 진입할 수 있으며 "出版"은 내층 기능인 "부사어~"에 근거하여 서술어로 분류되고 "頭髮"은 내층 기능에 근거하여 체언으로 분류된다.[23]

말하자면 등가 기능 군은 동일 군 내부 기능 간의 품사 구분은 되지

---

23 郭銳(2000),「表述功能的轉化和"적"字的作用」,『當代語言學』, 第1期.

않는 특성을 표시할 뿐인 것이다. 품사 분류의 기준은 등가 기능 군에서 선택하되 여러 종류의 품사의 진입을 허용하는 통사적 위치에 제한을 두어 외적인 배타성을 가지게 해야 한다. 예를 들면 주어와 목적어가 될 수 있고 관형어의 수식을 받을 수 있으며 등가 군1의 기능을 내층 기능으로 하는 어휘는 체언으로 분류될 것이다. 그 외에, 품사 분류의 기준은 품사를 분류하는 전략과도 관련이 있지만 본고에서는 자세히 논하지 않으려고 한다. 이상의 문제를 모두 참조하면 중국어 실사의 상위분류 기준을 다음과 같이 정할 수 있다.[24]

서술어 不~|没~|很~|很不~|~목적어|~보어|보어|(서술어∧*관형어~)

체언 주어|목적어|관형어~∧*서술어

수식어 수식어∧*(서술어|체언)

3.3.2 기본 품사의 분류

3.3.2.1 규칙6에 따르면 통사적 기능의 포괄성 정도는 그것이 반영되는 품사의 특성의 포괄성 정도와 일치하며 그렇기 때문에 동일 등가 군의 통사적 기능으로 확정한 서술어, 체언, 수식어는 내부적으로 다시 포괄성 정도가 낮은 등가 기능 군을 기준으로 하여 명사,

---

24 이러한 품사 분류 기준을 이용할 때는 생략과 간접지시적(轉指) 용법을 배제해야 한다. 예를 들어 "我不(나는 ~지 않(는)다)"는 생략 용법에 속하므로 "不"을 서술어로 보고 서술어로 분류하는 것은 불가하며 "許多都壞了(대부분이 망가졌다/상했다)"의 예에서 "許多(대부분)"은 문장에 나타나지 않은 사물에 대한 간접지시 용법이므로 "許多"를 주어로 보고 체언으로 분류하지 않아야 한다.

동사와 같은 기본 품사를 추출할 수 있게 된다. 우리는 통사적 기능의 호환성 정도와 관련 규칙에 근거하여 통사적 기능으로 품사를 분류하는 것에 대한 신뢰성을 확보할 수 있다. 먼저 수식어의 주요한 통사적 기능 사이에 나타나는 호환성 정도이다.(<표 4> 참조)

〈표 4〉 수식어의 통사적 기능의 호환성 정도

통사적 기능	어휘 수			호환성 정도						등가
x&y	x	y	X&y	Cx-y	등급	Cy-x	등급	Cx*y	등급	
~양사&~X的명사	54	64	6	0.11	-	0.09	–	0.05	–	-
~양사&~수량사+명사	54	11	5	0.09	–	0.45	-	0.08	–	-
~양사&수량사~명사	54	449	0	0.00	–	0.00	–	0.00	–	-
~수량사+명사&~X的명사	11	64	3	0.27	-	0.05	–	0.04	–	-
~수량사+명사&수량사~명사	11	449	0	0.00	–	0.00	–	0.00	–	-
~X的명사&수량사~명사	64	449	0	0.00	–	0.00	–	0.00	–	-
~양사&준목적어	54	31	5	0.09	–	0.16	-	0.06	–	-
준목적어&~수량사+명사	31	11	0	0.00	–	0.00	–	0.00	–	-
준목적어&수량사~명사	31	449	0	0.00	–	0.00	–	0.00	–	-
준목적어&~X的명사	31	64	13	0.42	-	0.20	-	0.16	-	

부가 설명
양사는 분류사를 말함.

여기에서 먼저 밝혀 두어야 할 문제가 있다. 그것은 바로 우리가 통사적 기능을 정의하는 데 품사의 개념을 사용했다는 것이다. 예를 들면 "수사~", "~방위사" 등이 그것이다. 그렇다면 순환 논증circular argument의 문제는 없을까? 이러한 순환 논증의 문제는 품사의 전체 또는 부분을 먼저 열거하는 방법으로 해결할 수 있다. 바이쉬(1995)는 고정점 이론不動點理論에 근거하여 아직 정의되지 않은 품사를 환경으로 하여 품사를 분류하는 것에 순환 논증의 문제가 존재하지 않는

다는 것을 이론적으로 증명했나.[25]

따라서 본고에서는 아직 정의되지 않은 품사를 환경으로 하여 품사를 분류하는 것에 순환 논증 문제가 없다고 생각한다. 상술한 바와 같이 통사적 위치란 통사 구조 중에서 특정한 통사적 관계를 가지는 직접 성분의 위치로 정의될 수 있다. 그렇기 때문에 어떤 품사를 환경으로 하는 통사적 위치는 본질적으로 통사적 구조로써 결정되는 것이라고 할 수 있다. 예를 들면, "수사X"라는 것은 "수치-계량 단위"라는 구조 관계를 가진 편정구조이다. 따라서 품사로써 통사적 환경을 정의하는 것은 실질적으로 품사 조합이 대표하는 특정한 통사적 관계로써 환경을 정의하는 것이고 통사적 관계는 품사로부터 분리되는 것이다.

3.3.2.2 수식어의 내부에서 "수식어"보다 좀 더 구체적인 기능인 "관형어"와 "부사어"의 호환성 정도는 각각 0.01과 0.19으로 부등가이며 두 가지 등가 군이 이루어진다.

등가 군$_{3.1}$ 관형어   등가 군$_{3.2}$ 부사어

이에 따라 수식어를 한정사와 부사로 분류할 수 있다.

한정사 관형어∧*(서술어|체언)
부사 부사어∧*(서술어|체언)   {馬上, 親自, 特意(특별히), 也}

---

25 白碩(1995), 『語言學知識的計算機補助發現』, 科學出版社.

한정사 내부적으로는 관형어보다 포괄성 정도가 낮은 기능인 "~양사"(三個), "~X的명사"(所有遲到的學生, 지각한 학생 모두), "~수량사 명사"(這三個學生, 이 세 학생), "수량사~명사"(這三臺黑白電視, 흑백텔레비전 세 대) 간의 호환성 정도가 아주 낮아서 거의 부등가 기능으로 판단할 수 있으며, 이에 따라 한정사를 네 종류로 분류할 수 있다.

수사　~양사∧*(서술어|~(수사+양사+명사))　{一, 几, 半, 十}

지시사　~(수사+양사+명사)∧*(서술어|체언)

{每, 任何(어떠한), 其他, 這}

수량사　~X的명사∧* ~(수사+양사+명사)

{許多, 一切, 所有, 倆(둘의)}

구별사　수량사~명사∧* (서술어|체언)　{高等, 公共, 野生, 日常}

위의 네 가지 한정사의 기준의 후반부에 마이너스의 논리곱 기준을 이용한 것은 전반부의 기능을 가질 수 있는 다른 품사를 배제하기 위함이다. 수사에 대한 기준에서 "~양사"의 위치에 형용사, 지시사(大塊(큰 덩이의), 每臺(모든 대수의))도 출현 가능하므로 "*(서술어|~(수사+양사+명사))"로 형용사와 지시사가 포함될 가능성을 배제해야 한다. 지시사에 대한 기준에서는 "~(수사+양사+명사)"의 위치에 서술어(雪白一雙鞋, 흰 신 한 켤레)도 출현 가능하며, 같은 위치에 체언이 출현할 가능성은 거의 없지만 모든 중복 출현 가능성을 배제해야 하므로 체언과 서술어를 함께 배제해야 한다. 수량사에 대한 기

준에서는 "~X的명사"의 위치에 지시사가 출현하는 것이 가능하므로 "~(수사+양사+명사)"를 배제하고, 구별사에 대한 기준에서는 "수량사~명사"의 위치에 체언과 서술어가 출현할 가능성이 있으므로 "*(서술어|체언)"을 배제한다.

통사적 의미에서 보면 수량사는 수량을 나타내는 것이며 수량사의 전체적인 기능은 사실상 "수사+양사"로 구성된 구와 같은 것이기 때문에 "수량사"라는 명칭을 가지게 되었다. 다음의 두 가지 예를 비교해 보자.

許多遲到的學生(많은 지각생) : 十個遲到的學生(열 명의 지각생)
來了三個(세 명이 왔다) :來了許多(많이 왔다)

수식어 중에 부사어의 위치를 점할 수 있는 어휘는 두 가지 있는데, 하나는 항상 피수식어가 되는 성분에 전치하여 부사어로서 나타나므로 부사라고 부르고, 다른 하나는 일반적으로 피수식어 성분에 후치하는 것이다. 이에 대해 주더시(1982b)는 준목적어(準賓語)로 명명했는데 "高一點(좀 더 높이)", "等候片刻(잠시 기다리다)", "深思許久(오래 생각하다)" 등의 예가 바로 준목적어이다.[26] 그런데 부정문에서는 준목적어가 위치를 바꾸어 "一點也不高(조금도 높지 않다)", "片刻不得安寧(잠시도 편치 않다)", "許久未來(오랫동안 오지 않았다)" 등과 같이 전치하게 되는데 이를 수식어로 보고 통사적 관

26　朱德熙(1982b), 『語法講義』, 商務印書館: 北京.

계에서 부사어와 같다고 본다면 "후치 부사어(後狀語)"로 부르는 것을 제안해 볼 수 있다.[27] "許久(오랫동안), 片刻(잠시)"과 같은 어휘들의 통사적 의미 역시 수량이라고 볼 수 있으며 그 통사적 기능은 "等了三天(삼일을 기다리다)/等了許久(오랫동안 기다리다)", "高兩厘米(2 센티미터 더 높다)/高一點(좀 더 높다)" 등과 같이 일부 수량사구와 동일하다. 그리고 일부 "一些(일부), 許多, 很多(매우 많은), 不少(적지 않은), 片刻, 一點" 등의 어휘는 "~X的명사"와 후치 부사어의 위치 모두 나타날 수 있기 때문에 후치 부사어 위치에 나타나는 어휘들 또한 수량사의 범위에 포함될 수 있다고 본다. 그렇다면 수량사 내부의 성질은 균일하지 않은 것 같다. 일부 어휘는 "一切, 所有, 少許(약간의), 倆"과 같이 한정사의 특성만 보이는가 하면 다른 어휘는 "許久, 良久(꽤 오래), 不久(오래지 않아)"와 같이 부사적 특성만을 보이고 또 다른 어휘는 "一些, 許多, 片刻, 絲毫(조금도)"와 같이 한정사와 부사의 특성을 동시에 가지고 있다. 따라서 수량사를 분류하는 기준은 "~X的명새준목적어∧*~(수사+양사+명사)"로 수정하는 것이 좋을 것 같다.

3.3.2.3 체언의 내부에서 "수량사~"와 "~방위사"의 호환성 정도는 아주 높다고 할 수 있으므로 3.2.3에서 제기한 규칙에 의하면 등가 기능이 된다. "在[실사]~"와[28] "수량사~", "在[실사]"와 "~방위

---

27 郭銳(1997).
28 "[ ]"는 수의적 성분을 가리킨다.

사"의 호환성 정도는 0.5가 넘고 이들 기능은 어휘 출현 빈도와 정적 상관관계를 이룬다.(표5 참조) 이중 "在[실사]"는 어휘 출현 빈도가 감소함에 따라 현저히 감소하는 반면 "수량사~", "~방위사"는 어휘 출현 빈도와 큰 관련이 없다. 규칙4에 의하면 호환성은 "在[실사]~"에 진입할 수 있는 어휘가 가진 다중 품사 특성에 의해 나타난다고 볼 수 있지만 이 두 가지 기능이 등가라고는 볼 수 없다.

〈표 5〉 체언의 통사적 기능의 호환성 정도

통사적 기능	어휘 수			호환성 정도						등가
X&y	x	y	X&y	Cx-y	등급	Cy-x	등급	Cx*y	등급	
수사~&在[실사]~	509	1313	6	0.01	-	0.00	-	0.00	-	-
수사~&수량사~	509	21423	207	0.41	-	0.01	-	0.01	-	-
수사~&~방위사	509	22683	250	0.49	-	0.01	-	0.01	-	-
在[실사]~&수량사~	1313	21423	871	0.66	+	0.04	-	0.04	-	-?
在[실사]~&~방위사	1313	22683	1018	0.78	+	0.04	-	0.04	-	-?
수량사~&~방위사	21423	22683	19553	0.91	++	0.86	+	0.80	+	+

위와 같이 체언은 내부적으로 세 가지의 등가 군이 이루어진다.

등가 군$_{2.1}$ 수사~   등가 군$_{2.2}$ 在부[실사]~

등가 군$_{2.3}$ 수량사~, ~방위사

이에 따라 양사, 위치사(位置詞), 명사를 다음과 같은 기준으로 분류할 수 있다.

양사   (一|几)~∧*(주어|수량사~)   {個. 次, 年, 斤}

위치사　在[실사]~∧*~(上|里|以南)

명사　　주어|목적어|관형어~|~방위사∧*(서술어|양사|위치사)

{桌子, 展示, 面積, 地步(정도)}

〈표 6〉 어휘 출현 빈도와　호환성 정도의 관련성(체언)

단어 등급	1급		2급		3급		4급		5급		합계		관련 계수	현저도
총 어휘 수	5541		5542		5542		5542		5542		27709			
어휘 출현 빈도 중간값	1094		142		34		6		0					
	어휘수	비율	어휘수	비율	어휘수	비율	어휘수	비율	어휘수	비율	어휘수	비율		
在[실사]~& 수량사~	450	8.1%	164	3.0%	81	1.5%	36	0.6%	155	2.8%	886	3.2%	0.959	++
在[실사]~& ~방위사	554	10.0%	221	4.0%	110	2.0%	50	0.9%	160	2.9%	1095	4.0%	0.970	++
在[실사]	588	10.6%	225	4.1%	111	2.0%	51	0.9%	162	2.9%	1137	4.1%	0.974	++
수량사~	4289	77.4%	4232	76.4%	4236	76.4%	4279	77.2%	4387	79.2%	21423	77.3%	-0.037	-
~방위사	4766	86.0%	4616	83.3%	4711	85.0%	4711	85.0%	4655	84.0%	23459	84.7%	0.652	-

　　양사를 분류하는 기준에서 "這一地區(이 지역), 几兄弟(형제 몇 명)" 등과 같이 "(一|几)~"에 일부 명사가 진입할 수 있으므로 "*(주어|수량사~)"를 첨가하여 명사가 진입할 가능성을 배제하고, 위치사를 분류하는 기준에서 "在敎室(교실에(서)), 在北京(북경에(서)), 在操場(운동장에(서))" 등과 같이 "在[실사]~"에 일부 명사가 진입할 수 있고 "~방위사"에도 진입할 수 있으므로 이와 같은 어휘들이 명사와 위치사의 품사적 특성을 모두 가지고 있다고 할 수 있다. 본고에서는 "동형 전략(同型策略)"에 근거하여 겸류사보다는 명사로 분류하기로 하고 "*(上|里|以南)"로써 이 부분에 속하는 명사를 배제한다.

명사를 분류하는 기준에는 "수어", "목적어", "관형어~"와 같이 포괄성 정도가 높은 통사적 기능이 있다. 이는 "수량사~", "~방위사"가 품사 내부적으로 보편성이 없기 때문이다. 또한 명사는 체언 중에서 양사와 위치사를 배제한 후, 잔여 성분으로써 명사를 분류할 수 있다.

위치사는 내부적으로 다시 방위사, 장소사, 시간사로 분류할 수 있다. 본고에서 제시한 방법으로 이들을 분류할 수 있으나 지면 관계 상 이에 대한 논증을 생략하고 분류 기준에 대해서만 언급하려고 한다.

방위사 在(체언~)∧*~(上|里|以南) {後頭(뒤), 周圍, 以前, 附近}

시간사 (在~∧等到~|~以来|~的时候)∧*(서술어|명사)

{剛才(방금), 去年(작년), 最近, 拂曉(새벽)}

장소사 在~∧*(~(上|里|以南)|시간사)

{野外, 原地(제자리), 一旁(한쪽), 民間}

3.3.2.4 서술어의 내부에서 "很~"과 "서술어"의 호환성 정도는 각각 0.99와 0.19로 차이가 크고 포괄성 정도도 다르다. 규칙6에 따르면 "很~"은 하나의 하위분류를 대표할 수 있다. 이와 다른 통사적 형태 특성에 대해 고찰해 보니 "很~"에 진입할 수 있는 2음절과 단음절 서술어의 중첩 형식은 대부분 AABB 형식과 AA(성조 있음) 형식이고 "很~"에 진입할 수 없는 2음절과 단음절 서술어의 중첩 형식은 대부분 ABAB 형식과 AA(성조 없음) 형식이다. 따라서 "很~"과

호환성 정도가 극히 높은 "~得很", "~极了", "很不~"는 서술어 내부에서 다른 서술어와 구분되는 하위분류를 이룰 수 있다. "很~"과 "~목적어"의 호환성 정도는 각각 0.08과 0.03으로 아주 낮다. 그런데 "~목적어"에 진입할 수 있는 중첩 형식도 대부분 ABAB 형식과 AA(성조 없음) 형식이기 때문에 등가의 전달성에 따르면 이 두 기능은 비교적 높은 포괄성 정도에서는 등가이고("很~"과 "不~" 등가, "不~"과 "~목적어" 등가) 비교적 낮은 포괄성 정도에서는 부등가이다. 그리고 "很~"과 "~목적어"가 "很喜歡他(그를 매우 좋아한다)"와 같이 동시에 출현하는 경우에는 "~목적어"가 내층에 위치하므로 "~목적어" 우선의 원칙에 따라 이를 동사로 분류해야 한다. 형용사의 분류 기준은 다음과 같다.

형용사　很[不]~∧*(很~목적어)　　　　　　　　{紅, 大, 干淨, 認眞}

"很~"에 진입할 수 있는 어휘 중 상당 부분은 "~목적어"에도 진입할 수 있는데 크게 두 가지로 나뉜다. 하나는 정도를 비교하는 것으로 "高他一頭(그보다 머리 하나가 더 크다), 大他一歲(그보다 한 살 더 많다)"와 같이 "~목적어(비교 대상)+준목적어"와 같은 경우이다. 이때 구조의 정도성은 형용사의 정도성과 일치하며. 다른 하나는 "(臉)紅了半邊(얼굴 반쪽이 붉어졌다), (手上)黑了一塊(손 한 부분이 검게 변했다), (你我)都白了頭髮(너와 나의 머리가 세었다)"와 같이 전체 중 일부분이 변화하는 것을 나타낸다. 비교적 낮은 포괄성 정도에서는 "很~"과 "목적어"가 부등가이나 이러한 현상을 통하여 조건을 찾고 유추하여 규칙1에 근서하여 이를 통사적 현상으로 간주하면 이는 동사가 아닌 형용사의 통사적 기능이라고 볼 수 있다.

나머지 동사와 상태사의 분류는 증명하기가 쉽지 않은데 주요한 원인은 상태사가 가진 통사적 기능이 극히 적고 특별한 기능이 없는 품사이며 동사 간의 차이가 크기 때문에 통사적 기능의 등가성을 통하여 이 두 가지의 품사를 분류하기는 아주 어렵다고 할 수 있다. 그러나 형용사 중 2 음절 서술어를 배제한 중첩 형식은 대부분 ABAB 형식이지만 통사적 의미는 발음으로 나타나는 형식과 다르다. 동사의 경우 "調整, 請示(지시를 요청하다), 商量(의논하다), 硏究" 등의 중첩 형식은 두 번째 나타나는 어휘에 성조가 없이 읽히며 통사적으로 적은 양을 의미하지만 형용사의 경우에는 "雪白(눈처럼 흰), 通紅(붉디붉은), 矮膀(작고 뚱뚱한), 干瘦(깡마른)"과 같이 두 번째로 나타나는 어휘에도 성조가 있고 통사적으로 정도가 깊다는 의미를 나타낸다. 또한 동사는 대부분 "不~", "沒~", "~목적어", "~보어", "着|了|過"에 진입할 수 있으나 형용사는 진입할 수 없으므로 이것으로 동사와 상태사를 분류할 수 있게 된다.

동사　不~|沒~|~목적어|~보어|점합성 보어|(着|了|过)∧*형용사
{吃, 看, 硏究, 應該}

상태사　조합성 보어|술어∧*(동사|형용사)
{通紅, 花白, 酷熱, 卓然(탁월한)}

대부분의 상태사는 형용사의 양화 형식이기 때문에 그동안 상태

사를 형용사로 분류해 오기도 했다. 그런데 형용사로부터 그에 상응하는 양화 형식이 나타나는 것은 통사적 현상과 형태적 현상이 아닌 조어적 형식에 속한다. 또한 상태사와 형용사는 통사적 특성에 큰 차이가 있고, 특히 상태사는 형용사의 가장 근본적인 기능인 "很[不]~"을 가지고 있지 않으므로 따로 분류해야 한다.

3.3.2.5 이상으로 중국어의 15 가지 실사 중 13 가지에 대해 토론해 보았다. 남은 두 가지 품사는 대명사와 의성어인데, 대명사는 화용 기능적인 측면에서 분류된 품사로서 기타 품사와는 다른 층위에 있다고 본다. 일반적인 의미의 품사에서 대명사는 체언, 서술어, 수식어와 그 외의 더 작은 기본 품사에 나누어서 분류되어야 할 것 같다. 이에 대해서는 본고에서 토론하지 않는다. 의성어는 더욱 특별한 품사이므로 의성어가 현재의 품사 체계에서 차지하는 지위에 대해 우리의 인식이 아직 부족하다. 따라서 그에 대한 논증 방법은 이후의 연구 과제로 남아 있다.

4. 결론

품사는 본질적으로 통사적 의미를 기준으로 어휘에 대해 분류를 한 것이며 어휘 분포 상의 분류가 아니다. 그러나 단순히 분포 상의 특성만으로 품사를 분류해서는 안 되지만 분포는 품사적 특성의 외재적 표현이기 때문에 분포와 품사적 특성의 대응 관계를 살펴봄으로써 품사적 특성을 판단할 수 있다. 또한 이러한 대응 관계는 통사적 기능 사이에 나타나는 호환성과 관련 규칙으로 확정할 수 있다. 통사적 기능은 이러한 대응 관계를 통해 등가 군을 이루고 각 품사의 분류 기준도 찾아낼 수 있게 되었다. 어휘의 분포 상의 특징은 품사의 본질이 아니며 실제로 어휘의 분포에는 여러 가지 요소가 영향을 미친다. 분포 상의 특징을 기준으로 품사를 분류하는 것은 한계가 있는데 예를 들면 서술어의 자리에 위치할 수 있는 어휘는 두 종류로서 하나는 "交加(동시에 나타나다), 倍增(배로 증가하다), 參半(반수에 이르다), 奇缺(극히 부족하다)"와 같이 일반적인 동사로 분류되는 어휘이고 다른 하나는 "旖旎(부드럽고 아름답게 나부끼다). 婆娑(하늘거리다), 皚皚(새하얗다), 卓然"과 같이 일반적으로 상태사로 분류하는 어휘이다. 이 두 가지 품사의 어휘는 통사적으로 나누기가 몹시 어려운데 분포 상의 특징에 근거하여 대부분의 동사와 상태사를 해당 품사로 분류하는 것이 가능하다.

품사의 본질이라고 할 수 있는 통사적 의미는 "서술", "지칭(실체, 위치, 계량 단위 등)", "수식" 등 어휘가 가진 의미를 나타내는 양식이다. 본고에서는 품사를 13 가지로 분류했는데 13 가지 품사 모두 본연의 통사적 의미를 가진다. 즉, 명사는 실체 지칭, 위치사는 위치 지칭(장소사는 절대 공간 위치, 시간사는 절대 시간 위치, 방위사는 상대 위치 지칭), 양사는 계량 단위와 등급 단위, 형용사는 성질에 대한 서술, 상태사는 성질에 대한 양화(상태) 서술, 동사는 동작, 관계, 상태의 서술, 수사는 수치 수식, 수량사는 수량 수식, 지시사는 지시 수식, 구별사는 분류성 수식, 부사는 상황 수식을 표현한다. 이러한 어휘의 통사적 의미는 어휘의 분포에 제한을 가하는 근본적인 요소이며, 이는 분포 상의 분류에 따라 품사를 분류할 수 있었던 이유이다.

필자가 수년간 견지했던 분포 상의 특징에 따른 품사관을 포기할수 있었던 것은 오랜 기간 진행한 품사 연구에서 분포 상의 특징을 본질로 한 품사관은 합리화되기 어렵다는 것을 발견했기 때문이다. 또한 통사적 의미를 본질로 한 품사관은 합리적일 뿐만 아니라 이를 출발점으로 분포와 품사적 특성의 대응 관계에 따라 품사 분류 체계를확정할 수 있고 품사 분류 기준을 선택하여 품사 분류에 대한 논증이가능하도록 할 수 있다. 우리는 외부적으로 보편성을 가지고 내부적으로 배타성을 가진 단일적 분포 상의 특징과 분포 상의 유사성을 찾는 데 초점을 맞추지 않는다. 그 대신 분포 상의 특징과 통사적 의미간의 "반영 : 표현" 관계를 통해 같은 분류 가치를 가진 통사적 기능을 기능 군으로 모아 분류 기준을 찾는 데 초점을 두어야 한다고 생각한다. 이러한 방법은 또한 주더시 선생이 창도해 왔던 형식과 의미가서로에 대해 검증하는 방법에도 부합한다. 즉, 품사 분류에 있어서 우리는 형식과 의미가 서로 결합하는 최대한의 한계를 찾아야 한다. 형식과 의미가 최대한 결합하는 것만이 실제 언어 체계에 존재하는 실재이기 때문이다. 통사적 의미를 품사의 본질로 삼으면 형식(분포적특징)과 의미를 겸비한 진정한 품사라고 할 수 있다. 본고는 이러한사상을 바탕으로 분포 상의 기준에 근거하여 엄격하게 품사를 분류하였다. 따라서 품사는 본질적으로 분포에 근거한 분류가 아니지만실제로 분류를 할 때는 분포 상의 특징을 본질로 하는 품사관을 가진학자들보다 더욱 분포에 의존할 수도 있는 가능성이 존재한다.

제4장

의미*의 개념화와 단어화

장샤오위(蔣紹愚)

---

* 역자 주: 여기서 말하는 의미(語義)는 협의의 의미로 어휘(단어)의 의미만을 가리
킨다.

어휘학을 연구할 때 가장 기본이 되는 의문이라면 "의미"란 무엇인가라는 질문일 것이다. 전통적인 언어학에서는 이에 대해 "의미란 어떤 대상이나 현상 또는 관계가 인간의 의식에 반영된 결과물"이라는 해석을 내놓았다. 물론 이는 틀린 말이라고 할 수 없다. 문제는 이러한 반영 과정이 사진을 찍는 것과 같은 기계적인 반영인지 아니면 인간의 의지가 개입되는 능동적인 반영, 즉, 객체에 대한 인간의 인지적 과정인지이다. 만약 객체가 의미로 반영되는 과정이 사진을 찍는 것과 같이 기계적인 것이라면 아마도 모든 언어에서 동일한 사물을 표현하는 어휘는 그 어휘가 가리키는 의미가 완전히 동일하고 발음만 달라야 할 것이다. 그리고 우리는 오랫동안 의미에 대하여 이러한 시각을 견지해 왔다. 마치 여러 종류의 사탕 속에 공통적으로 당분이 존재하지만 사탕 포장은 다른 것처럼 말이다.

예를 들어, 중국어의 "書(shū, 책)"과 영어의 *book*, 일본어의 "本(ほん *hon*, 책)"은 동일한 대상을 가리키기 때문에 의미 역시 동일하며 발음만 다를 뿐이다.

그런데 의미에 대한 이러한 시각은 옳은가? 그른가? 이것이 본고에서 다룰 주요한 내용이다.

1. 2차 분류兩次分類

우리의 토론은 "2차 분류"로부터 시작하고자 한다. "2차 분류"는 의미가 무엇인가 하는 문제와 관련된다. 필자는 「2차 분류」(1999)에서 이 문제에 대해 논의한 적이 있었다.[1] 본고에서는 좀 더 확실한 예를 통해 더욱 간명하게 이 문제에 대해 토론하고자 한다.

먼저 동일한 사물을 반영하는 의미는 모두 동일한지에 대해 알아보자.

예를 들면 중국어의 "書", 영어의 *book*, 일본어의 *ほん*의 의미는 모두 같을까?

중국어의 "書"의 의미에 대해서는 독자들이 이미 잘 알고 있을 것이다. 영어의 *book*의 뜻은 "*a collection of sheets of paper fastened together as a thing to be read, or to be written in*(읽기 또는 쓰기 등의 목적으로 종이를 여러 장 묶어 맨 물건)"으로 정의되어 있으며 *exercise book(공책)*, *note book(노트)*과 같이 중국어에서는 "本子(노트)"로 표현되는 어휘도 *book*의 범위에 포함된다. 그리고 일본어의 *ほん*에는 잡지도 포함되는데 이를 통해 영어의 *book*과 일본어의 *ほん*의 의미는 중국어의 "書"의 의미와는 다르다는 것을 알 수 있으며 이는 발음의 차이만이 아닌 의미의 차이라는 것을 알 수 있다.

다시 한 번 사탕을 예로 들면 포장만 다른 사탕이 아닌 사탕 내부에 포함된 당분도 다른 것이다.

그것은 "사물이 인간의 의식에 반영"되어 의미를 형성할 때 인간의 주관적인 요소가 "능동적으로" "반영"된다는 것을 의미한다. 세상에 존재하는 수많은 사물을 대상으로 인간이 인식하거나 명명할 때 모든 개체에 하나씩 이름을 붙이는 것은 불가능하다. 따라서 인간은 먼저 분류를 거친 류(類)에 대하여 명명하게 된다. 그리고 이

---

1 蔣紹愚(1999), 「兩次分類」, 『中國語文』 第5期.

"류"는 ㄱ 성실이 같거나 비슷한, 적어도 공통점을 가지는 등의 객관적인 근거를 통해 동일 "류"로 분류되며, 인간의 주관적인 인식과도 관련되어 있다. 많은 경우 사물의 분류는 사물 자체로 분류되어 인간의 의식 속으로 반영된다기보다는 인간이 사물의 객관적인 성질에 근거하여 분류하게 된다. 이것은 인간의 인식이 달라지면 분류도 함께 달라짐을 의미한다. 다시 한 번 "책"의 예를 보자. ① 사람들에게 읽혀지기 위해 묶인 단행본, ② 사람들에게 읽혀지기 위해 묶인 연속출판물, ③ 사람들에게 쓰기용으로 제공되는 공책 등등 "책"에 대한 분류도 다양하게 존재할 수 있다. 이와 같이 어휘의 의미는 그 자체로 분류되지 않고 인간이 의식적으로 분류를 가하는 것이며 서로 다른 언어는 그 분류가 다를 수 있다. 중국어 화자는 "책"을 "書, 雜誌, 本子"의 세 가지로 분류할 것이며, 영어 화자는 *book*과 *magazine*의 두 종류로 분류할 것이다. 일본어 화자는 *ほん*과 *ノート*(공책)로 분류할 것이다. 영어와 일본어는 숫자상으로는 두 가지로 분류하지만 분류된 대상은 또 다르다.(표1 참조) 그리고 이와 같은 분류의 차이는 의미의 차이를 야기한다.

분류에는 또한 두 종류가 있는데 본고에서는 이를 1차 분류와 2차 분류로 나누고 하나씩 살펴볼 것이다.

1.1 1차 분류

(1) 서로 다른 언어 또는 동일 언어에서 역사적으로 다른 시기에 속하는 언어는 사물, 동작, 성상에 대해 분류를 가해 각각의 의미 단

위(semantic unit)을 형성하는데 이러한 분류는 언어마다 다르고 동일 언어 내부에서도 역사적으로 다른 시기마다 다를 수 있다. 우리는 1절에서 예로 든 어휘를 표로 정리해 보았다.(<표 1> 참조)

〈표 1〉

	書	本子	雜誌
중국어　書	√		
영어　book	√	√	
일본어　本(ほん)	√		√

(2) 색채어도 분류의 좋은 예가 된다. 태양광이 프리즘을 통과할 때 스펙트럼이 나타나는데 스펙트럼에 나타나는 색은 그 경계가 명확히 분류되지 않는 연속성을 가지고 있다. 인간은 이에 대해 인위적인 분류를 가하는데 분류 결과는 언어와 시기에 따라 다르게 나타난다. 예를 들면, 고대 중국어에서는 다섯 가지 색으로, 현대 중국어에서는 일반적으로 일곱 가지 색으로, 영어에서는 일반적으로 여섯 가지 색으로 필리핀의 Hanunóo어에서는 "빨간색-주황색" 구역을 (ma)rara？로, "노란색-녹색" 구역을 (ma)latuy로, "파란색-보라색" 구역을 (ma)biru로 가리킨다.(<표 2> 참조)

〈표 2〉

중국어	赤	橙(주황색)	黃	綠	靑(푸른색)	藍(파란색)	紫(보라색)
영어	red	orange	yellow	green	blue		purple
Hanunóo		(ma) rara (ma) rara?		(ma) latuy		(ma) biru	

(3) 또 다른 사물에 대해 그 분류가 달라지는 예로는 다음과 같은
것이 있다. 상고 중국어에는 생물의 표피를 표현하는 어휘가 두 가
지 있었다.[2] 즉, 인간의 표피는 "膚(피부)"로 동물과 나무의 표피는
"皮(껍질)"로 표현하였다. 영어에도 표피에 대한 어휘가 두 가지 있
는데 사람과 동물의 표피는 *skin*으로 나무껍질은 *bark*로 표현한다.
표피에 대하여 상고 중국어의 표피에 대한 분류는 숫자상으로는 같
은 두 가지이지만 그 분류가 다르다. 현대 중국어에서는 사람, 동물,
나무의 표피를 모두 "皮"로 표현한다.[3](<표 3> 참조)

⟨표 3⟩

	사람의 피부	동물 가죽	나무껍질
고대 중국어	肤[4]	皮	
현대 중국어	皮		
영어	skin		bark

(4) 동작을 표현하는 어휘에도 분류의 문제가 나타나는데, 예를

---

2 역자 주: 상고 중국어(上古漢語, Old Chinese)는 현대 중국어의 모태가 되는 언어
로 5세기 초엽 이전의 중국어를 말한다.

3 "潤膚乳(로션)"과 같은 특정 어휘에는 상고 중국어의 흔적이 남아 있다.

4 "皮"로써 인간의 피부를 표현하게 된 것은 다음과 같은 역사적 배경이 존재한다.
서한(西漢) 말로부터 동한(東漢) 초, "皮"가 "膚"와 함께 쓰임으로써 "皮膚"가 인
간의 피부를 뜻하게 되는데, 예를 들어 류향(劉向)의『烈女傳·卷6』에는 "(無鹽)皮
膚若漆((무염읍 여자는) 피부가 옻칠한 것처럼 검었다)"라는 문장이 나오며,『論
衡·雷虛』에는 "射中人身, 側皮膚灼剝(몸에 맞으니 피부가 타는 듯 벗겨졌다)"이
라는 문장이 나오는 것이 그 예이다. 진(晉) 시기에 이르러서는『抱朴子·登涉』에
"沙蝨, ⋯⋯初著人, 便入其皮里(이(蝨)는 처음에 사람의 피부 속으로 들어간다)"
와 같이 "皮"만으로 인간의 피부를 지시할 수 있게 되었다.

들면 상고 중국어에서는 사람이 옷이나 모자를 쓰는 동작을 ① 머리에 쓰는 "冠(거성, 去聲)", ② 옷을 입는 "衣(거성, 去聲)", ③ 신을 신는 "履"의 세 가지로 분류했다.[5] 그러나 중고 중국어에서는[6] 모두 "著/着"으로 단일화 되었으며 현대 중국어에서는 머리에 쓰는 "戴"와 입고 신는 "穿"의 두 가지로 나뉜다.

〈표 4〉

상고 중국어	冠	衣	履
중고 중국어	著/着		
근·현대 중국어	戴	穿	

(5) 성상을 표현하는 형용사에도 분류상의 문제가 나타나는데 고대 중국어에서는 가로 방향의 거리를 "長－短"으로, 세로 방향의 거리를 "高－下/卑"로, 사람의 키와 세로 방향은 모두 "高-矮"로 표현했다. 영어에서는 가로 방향의 거리를 "long-short", 세로 방향의 거리를 "high-low"로 표현하며, 사람의 키가 작을 때는 가로 방향처럼 "short"로 표현하고, 키가 클 때는, 다른 단어인 "tall"을 사용한다.

---

5 상고 중국어에서 "履"가 "신을 신다(穿鞋)"의 뜻으로 사용된 예는 다음 몇 가지뿐이다. "儒者冠圜冠者, 知天時; 履句履者, 知地勢(莊子·田子方)(유생이 둥근 갓을 쓰는 것은 천문을 안다는 뜻이고, 모가 난 삼신을 신는 것은 지리를 안다는 뜻이다)", "履爲履之也, 而越人跣行(韓非子·設林上)(신은 발에 신는 것인데 월나라 사람들은 맨발로 다니니)", "此其稱功, 猶嬴勝而履蹻(韓非子·外儲設左下)(이는 신(臣)의 공적에 견주어 보면 큰 공을 세우고도 감발을 치고 짚신을 신은 것과 같습니다)"

6 역자 주: 중고 중국어(中古漢語)는 5세기 초엽부터 13세기 말엽에 이르는 시기의 중국어를 가리킨다.

〈표 5〉

	가로 방향의 거리	세로 방향의 거리	사람의 키
고대 중국어	長－短	高－下/卑	長－短
현대 중국어	長－短	高－低/矮	高－矮
영어	long－short	high－low	tall－short

1.2 2차 분류

1차 분류의 결과에 근거하여 여러 종류의 의미 단위가 형성되는데, 의미 단위의 종류는 ① 홀로 어휘를 형성할 수 있는 경우, ② "皮, 膚, 高, 卑" 등과 같은 원생휘(原生詞), ③ "冠, 衣"와 같은 파생어(派生詞), ④ "着, 穿"과 같이 다른 의미 단위와 결합하여 형성된 다의어(多義詞)[7] 등의 네 가지로 나눌 수 있다. 이중 파생어와 다의어는 1차 분류 후, 서로 긴밀한 관련성을 가진 어휘 또는 단위끼리 묶는 2차 분류를 가하게 되는데 2차 분류 또한 인간의 인식에 기반을 둔 분류이다. 인간은 사물, 동작, 성상의 관계에 대해 여러 가지 관점에서 인식하게 되는데 각 언어마다 또는 동일 언어의 서로 다른 역사적 시기마다 이 관점이 다를 수 있으므로 2차 분류의 결과 또한 다소 달라질 수 있다.

(1) 상고 중국어에서 동사인 "冠v(쓰다)"와 "衣v(입다)"가 명사인 "冠n(머리에 쓰는 것)"과 "衣n(몸에 입는 것)"의 파생어인 것은 당시 사람들의 의식 속에 입고 쓰는 동작과 "冠n, 衣n" 등 동작의 대상이

---

7 역자 주: 필자는 ④와 같은 어휘를 다의어(多義詞)로 서술하였다.

밀접하게 관련되어 있었다는 것을 의미한다. 또한 중고 중국어에서 입는 것(穿着)을 표현하는 "著/着"과 부착(附着)을 의미하는 "著/着"이 다음어(多音詞)를[8] 형성하게 된 것은 중고 중국어를 사용하던 당시 사람들의 의식 속에 옷 따위를 입고 쓰는 동작과 부착된다는 사건이 관련되어 있기 때문이며 따라서 당시 사람들은 입고 쓰는 동작을 옷과 모자, 신 등이 인간의 신체에 부착되는 것과 같이 인식했을 것이다. 근대 중국어와 현대 중국어에서는 입는다는 뜻의 "穿"과 관통하다는 뜻의 "穿過"가 다음어를 형성하는데 이는 사람들의 의식 속에 입는 동작과 관통하는 사건이 관련되어 있기 때문이며 따라서 사람들은 입는 동작은 팔과 다리가 소매와 바지를 관통하고 신는 동작은 발이 신을 관통하는 것과 같다고 인식할 것이다. 이처럼 언어의 화자들이 서로 다른 관점에서 동작과 사물이 형성하는 관계를 인식하는 것에 따라 2차 분류가 이루어진다. 그리고 그 결과인 2차 분류의 차이에 따라 어휘 체계 또한 달라진다.

입는다는 동작에 대한 2차 분류의 차이를 그림으로 보이면 다음과 같다.(<그림 1> 참조)

---

8 역자 주: 다음어(多音詞)는 자형(字形)이 같고 발음 또는 의미가 다른 어휘를 가리킨다.

상고 중국어

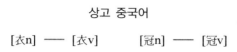

중고 중국어

근/현대 중국어

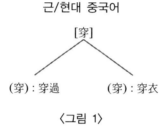

〈그림 1〉

(2) 한 번의 낮과 밤이 지나가는 주기에 대해 고대 중국어에서는 "一日", 현대 중국어에서는 "一天"이라고 한다. 동일한 하루 24 시간이라는 시간 단위에 대해서 고대 중국어에서는 "日(태양)"과 함께 분류하고 현대 중국어에서는 "天(하늘, 날씨)"와 함께 분류한다. 이를 그림으로 보이면 다음과 같다.(<그림 2> 참조)

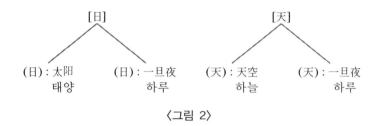

〈그림 2〉

(3) 중국어에서 15분을 "一刻"이라고 한다. 이 또한 시간을 계량하는 단위인데 칼로 새긴다는 의미의 "刻"과 다음어를 형성하였고 영어에서는 15분이 1/4을 뜻하는 *quarter*와 다음어를 형성하였는데 그것은 고대 중국에서는 "刻度(눈금)"을 가진 해시계와 물시계를 통하여 시간을 기록했기 때문에 "刻度"의 "刻"자로 시간을 표시한 것이며, 영어에서는 15분을 한 시간의 1/4로 인식했기 때문에 1/4의 뜻을 가진 *quarter*로 15분이라는 시간 단위를 나타낸 것이다.(<그림 3> 참조)[9]

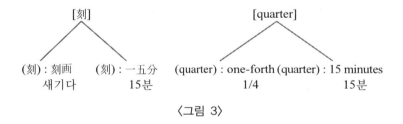

〈그림 3〉

---

9 고대 중국에서는 하루를 12시진으로 나누었고, 또한 하루를 100각(刻)으로 나누었다. 따라서 고대의 "刻"은 15분과는 차이가 있고 한 시진과도 정확한 관계를 가지지 않는다.

(4) 집을 짓는다는 의미를 가진 중국어 어휘는 각 시기마다 다르다. 가장 오래된 어휘는 "築(室)"이며, 진한(秦漢) 이후에는 "盖(屋)", 또는 "起(屋)", "造(房)"을 사용했는데 이것은 서로 다른 관점에서 집을 짓는 과정에 대해 명명한 것이다. 즉, "築"은 공이와 같은 도구를 이용하여 땅을 다지는 행위인데 고대 중국에서 황하 유역에 집을 지을 때 필요한 기초 작업이었다. "盖"는 집을 짓는 마지막 공정인 지붕을 올리는 과정을 강조한 것이며, "起"는 평평한 땅으로부터 집이 지어지는 과정을 중요하게 인식하는 것으로부터 기인한 것이다. "造"는 다의어로서 초기에는 기물을 만드는 것을 모두 "造"라고 하였고 오랜 시간이 지난 후에 집을 짓는다는 의미로 사용되기 시작했으며 "築造(짓다)", "建造(짓다)" 등과 같이 2음절 어휘連綿詞로 사용되었다.[10] 영어에서 집을 짓는다는 어휘는 *build*인데 그 사전적 정의는 *make or construct sth by putting parts or material together* (부품이나 재료로 어떤 것을 만들거나 건설하다)이며 *build a house* 나 *build a ship*과 같은 예로 사용할 수 있다. 이와 같이 서로 다른 어휘들의 기원이 모두 다르기 때문에 2차 분류의 상황도 달라진다. "築室(집을 짓다)"의 "築"과 땅을 다진다는 의미의 "築", "盖房(집을 짓다)"의 "盖"와 덮는다는 의미의 "盖", "起屋(집을 짓다)"의 "起"와 일어나다는 의미의 "起"는 모두 하나의 어휘가 두 가지의 의미 단위를 구성하고 있는 예이다. 영어에서는 *build a house, build a ship*의

---

10 역자 주: 고대 중국어에서는 단음절 어휘가 다수를 차지했으나 시간이 지남에 따라 단음절 어휘가 감소하고 2음절 이상의 어휘가 증가하게 되었다. 따라서 일반적으로 2음절 어휘는 단음절 어휘에 비해 시기적으로 늦다고 볼 수 있다.

*build*와 *build a business, build a new society*의 *build* (세우다, 건설하다) 또한 하나의 어휘가 두 가지의 의미 단위를 구성하고 있는 예이다.(<그림 4> 참조)

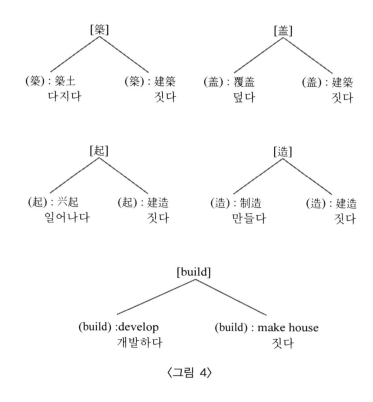

〈그림 4〉

(5) Cruse, A.D.(1986/2009)에서는 영어와 프랑스어의 감각(시각, 청각, 미각, 후각, 촉각) 관련 어휘를 비교하고 이들 어휘의 공통점과 차이점에 대해 설명했는데[11] 이 또한 2차 분류의 예이다.(<표 6> 참조)

〈표 6〉

have experience	pay attention to	have experience	pay attention to
영어		프랑스어	
see	look at, watch	voir	regarder
hear	listen to	entendre	écouter
taste[1]	taste[2]		goûter
smell[1]	smell[2]	sentir[1]	sentir[2]
feel[1]	feel[2]		toucher

인간의 인식 과정에는 감각이 외부를 향해 표출되는 동작(pay attention to)이 존재하는 동시에 또한 외부로부터 획득하는 감각 (have experience)이 존재한다. 그런데 영어와 프랑스어를 비교한 결과 감각 관련 어휘의 분포는 사뭇 다른 점이 있다. 시각의 경우, 영어에는 외부로 표출되는 동작이 *look at*과 *watch*의 두 가지이지만 프랑스어에는 *regarder* 한 가지이다. 미각, 후각, 촉각의 영역의 경우, 영어의 감각은 *taste, smell, feel*의 세 가지이지만 프랑스어는 *sentir* 한 가지 뿐이다. 이것은 1차 분류의 차이를 나타내는 것으로 프랑스어에서는 맛보다, (냄새) 맡다, 느끼는 감각을 동사 *sentir* 한 가지로 표현한다는 것을 뜻한다. 2차 분류의 차이는 영어의 *taste, smell, feel*는 동작과 감각의 의미를 겸하고 있기 때문에 세 가지 어휘 모두 각각 동작과 감각이라는 두 가지의 의미를 가지고 있지만 프랑스어에서는 (냄새) 맡는 동작을 표현하는 *sentir*가 맛보다, (냄새)

---

11 Cruse, A.D.(1986/2009), *Lexical Semantics*, Cambridge University Press/世界圖書出版公司.

맡다, 느끼다의 세 가지 감각을 표현하며 *sentir*가 (냄새) 맡다는 동작의 의미와 맛보다, (냄새) 맡다, 느끼는 감각의 의미의 두 가지 의미를 가진 것이 된다.

1차 분류가 가해진 후에는 사물에 대해 명명하는 과정을 거치게 되는데 어떤 것은 의미와 발음이 확실한 관계가 있으나 어떤 것은 의미와 관계없는 임의의 발음과 결합하는 경우도 있다. 이중 의미와 발음이 확실한 관계를 가지는 것이 2차 분류와 연관이 있게 된다. 예를 들어 입고 쓰는 동작이 의류가 몸에 부착된다는 것에 주목하여 "著/着"으로 명명했다면 입고 쓰는 "著/着"과 부착되는 "著/着"이 2차 분류에서 하나의 분류에 속하게 되는 것이며, 팔과 다리가 소매와 바지로 관통하는 점에 주목하여 입는다는 동사를 "穿"으로 명명했다면 입다의 "穿"과 관통하다의 "穿"이 2차 분류에서 동일한 분류에 속하게 되는 것이다. 집을 짓는 동작 중 땅을 다지는 동작에 중점을 두어 "築"이라고 명명했다면 집을 짓는 "築"과 땅을 다지는 "築"이 2차 분류에 있어서 동일 분류에 속할 것이고, 지붕을 올리는 점에 집중해서 "盖"로 명명했다면 집을 짓는 "盖"와 덮는 동작의 "盖"가 2차 분류에서 함께 분류될 것이다. 이러한 두 번의 분류 중, 1차 분류에서는 서로 다른 언어에서 같거나 다른 원시 의미(義元 semantic primitives)가 형성되고, 2차 분류에서는 각 어휘의 의미 단위의 결합 관계의 차이가 형성된다. 이로써 통시적, 공시적 차이가 있는 각 언어는 서로 다른 어휘 체계를 형성하게 되고 중국어 역사 어휘학에 대한 연구는 통시적으로 상이한 어휘 체계의 차이를 연구하는 것이다.

1.3 선행 연구 개괄

"2차 분류"라는 개념은 필자가 최초로 제기한 것이지만 유사한 개념은 이미 적지 않은 언어학자들이 피력한 바 있다.

Saussure는 *Course In General Linguistics*에서 "사상이 어휘라는 표현의 틀에서 벗어나면 정형화되지 않은 모호한 것일 뿐이다."라고 하며 "어휘의 임무가 미리 규정된 개념을 표현하는 것이라면 모든 언어에 나타나는 어휘의 의미가 완전히 동일해야 할 것이나 실제는 결코 그렇지 않다. 프랑스어에서 "임차하다"와 "임대하다"는 의미 는 모두 louer 하나의 단어로 표현하지만 독일어에서는 "임차하다" 는 *mieten*으로 "임대하다"는 *vermieten*으로 두 단어로 표현하므로 이 두 언어 사이에 동일한 의미를 표현하는 단어가 등가가 아님을 알 수 있다."고 하였고,[12] Humboldt는 *Ueber die Verschiedenheit*에 서 "어휘는 사물을 그대로 복사한 복사물(abdruck)이 아니고 인간의 정신 속에서 사물이 조성한 이미지를 반영한 것이다."라고 하였다.[13]

Bloomfield는 *Language*에서 "서로 다른 언어에서 언어 신호의 최소 단위인 형태소의 실질적 값은 크게 다를 수 있으며 언어 계보 상 매우 가까운 친족 관계의 언어 간에도 그러하다. 독일인은 *reiten* 으로 동물 등에 타는 동작을 나타내고 *fahren*으로 자동차 등 사물에

---

12 Saussure, F.D.(1916), *Course In General Linguistics,* 高名凱 譯(1985),『普通語 言學教程』, 商務印書館: 北京.

13 Humboldt, W.F.(1876), *Über die Verschiedenheit des menschlichen Sprachbaues,* 姚小平 譯(2008),『論人類語言結構的差異及其對人類精神發展的影響』, 商務印 書館: 北京.

타는 것을 의미하는데 영어에서는 *ride* 한 단어로 *reiten*과 *fahren*의 두 가지 의미를 표현한다. (중략) 심지어 서술어와 수사 등 비교적 쉽게 확정할 수 있고 분류할 수 있는 어휘조차도 매우 다른 방식으로 처리되는 경우가 있다."고 하며 "모든 언어에는 언어 전이 현상이 존재하지만 구체적인 의미의 전이는 서로 다른 언어에서 혼용하여 사용하기 어렵다. 프랑스어와 독일어에는 *the eye of a needle*(바늘귀, 아주 작은 틈, 불가능한 시도), *an ear of grain*(곡식의 낟알)이라는 표현이 존재하지 않는다. 또한 *the foot of a mountain*(산기슭)이라는 표현은 모든 유럽언어에서 흔히 나타나는 표현이나 메노미니어 (Menominee)와 (추측이 가능한) 다수의 언어에서는 불가능한 표현에 속한다."고 하였다.[14]

Aitchison은 *Teach yourself Linguistics*에서 "모든 언어는 서로 다른 방식으로 사물을 분류한다는 것을 알 수 있다."라고 한 바 있다.[15]

2. 개념화概念化

개념화conceptualization이란 객관 세계의 사물과 그들의 관계가 인간의 의식 속에 하나하나의 개념으로 형성되는 과정을 뜻한다. 인간은

---

14 Bloomfield, L.(1933), *Language*, 袁家驊 等 譯(1985), 『語言論』, 商務印書館: 北京.

15 Aitchison, J. *Teach yourself Linguistics*, 王曉均 譯(1990), 『現代語言學入門』, 北京語言學院出版社: 北京.

개념화 과정을 통해 능동적으로 객관 세계를 인식하고 어휘의 의미는 이러한 개념을 반영한다. Langacker는 "의미는 개념화 과정과 동일하다."라고 하였고[16] *The MIT Encyclopedia of Cognitive Science*에서는 "의미는 개념화 과정을 통해 특정화된다. 어떤 표현이 대표하는 의미는 화자와 청자의 의식 속에 활성화된 일종의 개념이다."라고 하였다.[17] 이때 의미는 단락, 문장, 어휘 조합(구), 어휘의 의미를 뜻하는데 그중 어휘의 의미라는 뜻이 가장 강하다고 할 수 있으며 개념화와 어휘의 관계는 매우 밀접하다고 할 수 있다.

개념화에 대해 설명하기 전에 먼저 확실히 해야 할 문제는, 개념화 과정을 통해 형성된 결과인 "개념"이 인류 보편적인가에 대한 문제이다.

현재까지 일반적으로 인식되는 해석에 따르면 개념은 인류 보편적이라는 것이며 인류 보편적인 개념이 언어로 반영되는 방식이 다를 뿐이라는 것이다. 이러한 해석은 옳은 것일까?

다이하오이(2002)은 "모든 언어는 서로 다른 개념화 과정을 가진다."고 하였다.[18] 본고에서는 이에 기본적으로 동의하는 바이나 좀 더 정확한 표현이 필요하다고 생각한다. 즉, "모든 언어의 개념화 과정은 완전히 동일하지 않다."고 하면 더 정확할 것 같다. 이는 개념

---

16 Langacker, R.W.(1986), *An Introduction to Cognitive Grammar,* Cognitive Science 10.

17 Keil, F.C. and Wilson, R.A.(1999), *The MIT Encyclopedia of Cognitive Science (MITECS),* A Bradford Book.

18 戴浩一(2002),「槪念結構與非自主性語法: 漢語語法槪念系統的初探」,『當代語言學』第1期.

화 과정의 결과이자 인간의 의식에 형성된 하나하나의 개념은 다시 한 번 조금씩 다른 개념화의 범주(개념장)에 속하게 되는데 이중 주요한 개념과 주요한 개념화의 범주(개념장)은 인류 보편적인 것이나, ① 일부 개념은 특정 민족이나 특정 역사적 시기에만 존재하고, ② 서로 다른 민족과 서로 다른 역사적 시기에 따라 개념의 형성 방식과 이를 통해 형성된 개념이 개념장에서 분포하는 위치 또한 서로 다를 가능성이 있고, ③ 일부 개념의 층위 구조 또한 서로 다른 언어 사이에 완전히 동일하지 않다는 문제가 발생한다. 다음 절에서 이 세 가지 문제에 대해 하나하나 살펴보고자 한다.

2.1 일부 개념은 특정 민족과 특정 역사적 시기에만 존재한다

개념 중에는 인류 보편적이지 않은 것이 존재한다. 개념이란 인간이 객관 세계에 대해 능동적으로 인식하는 과정(이러한 인지 활동은 인간의 주관적인 심리와 감정도 인지의 객체로 포함한다)에 형성되는 것으로, 특정 민족이 처한 생존 환경이나 시대적 배경에 일부 사물이 존재하지 않는다면 이 특정 민족과 시대를 경험한 인간의 의식 중에는 그에 대응하는 개념이 존재하지 않는다.

고대 중국에는 무언가를 타격하는 동작이 있었고 따라서 이에 대응하는 개념이 존재했으며[19] 그 예는 다음과 같다.

---

19 엄밀히 말하면 개념이란 인간의 언어에 존재한다기보다 인간의 의식 속에 존재하

笞 『說文』[20]·"擊也.(치는 것이나)"

　　『新唐書·刑法志』: "漢用竹.(한에서는 대나무를 사용한다)"

挟 『說文』: "挟, 以車挟擊也.(가죽 채찍으로 치는 것이다)"

현대에는 이러한 동작이 존재하지 않으므로 이에 대응되는 개념 또한 당연히 존재하지 않는다. 또한 대나무와 가죽 채찍을 접해 보지 못한 민족의 의식 속에도 이러한 개념이 존재하지 않을 것이다.

어떤 동작은 고금을 통해 지속적으로 존재해 온 것도 있는데 어떤 동작이 존재한다고 해서 그에 대응되는 개념이 필히 존재하는 것은 아닌 경우도 있다.

挨 『說文』: "挨, 擊背也.(등을 때리는 것이다)"

고대 중국어에 "挨"라는 어휘가 등을 때리는 동작을 나타내는 것은 고대인의 의식 속에 대응되는 개념이 존재했다는 것을 말한다. 그러나 현대에는 등을 때리는 동작이 여전히 존재하지만 이 동작은 "뒤통수를 때리"거나 "어깨를 치"거나, "무릎을 때리"고, "눈과 코를 때리"는 동작과 같이 하나의 동작일 뿐 개념화 되지 않는데 그 이유는 개념이라는 것이 포괄적이기 때문이다. 개념은 구체적인 무언가를

는 것이나, 특정 언어의 화자의 의식 속에 어떤 개념이 존재한다는 것은 해당 언어에 대응되는 어휘가 존재할 가능성이 높기 때문에 본고에서는 편의를 위해 "모 언어에 이러한 개념이 존재한다/존재하지 않는다."는 표현을 사용할 것이다.

20 역자 주: 『說文解字』를 말한다.

치거나 때리는 동작에 대해 하나하나 개념화 과정을 거쳐 개념을 형성하지 않는다. 그것은 불가능한 일이라고 할 수 있다. 그러면 혹자는 이러한 의문을 가질 것이다. "뒤통수를 때린다는 것은 임의의 모든 사람의 뒤통수를 대상으로 타격한다는 의미이기 때문에 이미 어느 정도 포괄적인 것이 아닌가? 그렇다면 왜 개념화 되지 못했는가? 개념이 포괄적인 것이라면 어느 정도 포괄적이어야 개념을 형성할 수 있는가?"라는 의문 말이다. 이 문제에 대해서는 한 마디로 답하기 어렵지만 동일한 동작이라 할지라도 시대적 배경과 언어에 따라 개념화 될 수 있는 것이 있고, 또 다른 시대적 배경과 다른 언어에서는 개념화 될 수 없기도 하다. 간략하게 설명하면 특정 동작이 시대적 배경과 언어에서 비교적 자주 나타난다면 화자들이 그것에 주목할 것이고 그에 따라 하나의 어휘 또는 "打屁股(엉덩이를 때리다)"와 같이 하나의 어휘 조합(구)로써 표현할 것이다. 이러한 과정이 바로 개념화의 과정이며 이러한 과정을 거치지 않으면 개념화되기 어렵다.

반대로 현대 중국어에서 사용하는 개념이 고대에 존재하지 않는 경우도 있다.

현대 중국어에서 "摑(빰을 때리다), 抽(채찍으로 때리다), 捅(손가락 또는 막대기로 찌르다)"는 어휘가 존재하는데 이는 인체의 특정 부위를 특정 방식으로 때리는 동작이다. 이러한 동작들은 고대 중국에도 존재했으나 비교적 늦은 시기에 개념화 되었다. 예를 들어 "摑"는 당 시기에 출현했고 곧이어 전에 없던 "批頰(빰을 때리다)"는 표현이 나타났다. 이는 현대 중국어에 "擊背"라는 어휘가 존재하지 않는 것과 같은 이치이다.

영어에 나다나는 "나석"하는 동작을 표현하는 개념 또한 중국어 화자의 의식 속에는 존재하지 않는 것이 많다.

> birch : (자작나무) 회초리로 때리다
>
> truncheon : 경찰봉으로 때리다
>
> conk : 머리를 세게 치다
>
> spank : (손바닥으로) 엉덩이를 때리다

중국에도 자작나무가 있고 중국어 화자 또한 자작나무 회초리로 사람을 때리는 상황이 발생할 수 있겠지만 흔히 볼 수 있는 광경이 아니다. 따라서 "자작나무 가지로 때리"는 동작은 중국어에서 개념으로 자리 잡지 못했다. 중국에서 경찰봉으로 사람을 때리고 머리를 세게 치는 상황이 있을 수 있지만 개념화하지 못한 것이다. 중국어에서 "打屁股"는 하나의 개념이지만 영어의 *spank*와 다른 점은 손바닥이 아닌 몽둥이로 때리는 점이며 "(손바닥으로) 엉덩이를 때리"는 동작은 존재하지만 개념으로 자리 잡지 못했다.

2.2 서로 다른 민족과 서로 다른 역사적 시기에 따라 개념의 형성 방식과 이를 통해 형성된 개념이 개념장에서 분포하는 위치 또한 서로 다를 가능성이 있다

2.1 절에서 예로 든 동작들은 비교적 특수한 것이라 할 수 있다. 따라서 시대적 배경과 언어에 따라 개념화 된 것이 있고 개념화 되지

않은 것이 있다. 그러면 매우 보편적이라고 할 수 있는 사물과 동작, 형상은 동일한 개념으로 형성될까에 대한 문제가 대두된다.

이러한 보편적인 사물과 동작, 형상에 대한 개념 중의 적지 않은 수가 전 인류에 공통적으로 존재한다고 할 수 있으나 이 또한 시대와 민족에 따라 다르게 나타난다. 1.2 절에 서술한 2차 분류는 개념의 유무의 문제가 아닌 개념의 차이에 대한 예로 시대와 민족에 따라 달라지는 개념화에 대한 좋은 예가 될 수 있다.

그러면 왜 인류 보편적인 사물과 동작과 형상이 민족과 시대적 배경에 따라 서로 다른 개념을 형성하고 그로인해 서로 다른 의미를 야기하게 되는 것일까? 그것은 시대와 민족에 따라 동일한 대상에 대해서 인식하는 관점과 개념을 형성하는 방식이 다르기 때문이며 이로써 형성된 개념 또한 달라지는 것이다.

본고의 머리말에서 우리는 의미가 객관적인 세계에 대한 반영이나 기계적이고 사진을 찍는 것과 같은 반영은 아님을 밝혔는데 여기에서 "사진을 찍는 듯한" 이라는 의미는 인간의 주관성이 반영된다는 것을 강조하기 위한 표현이다. 엄밀히 말해 사진을 찍는 동작 또한 인간의 주관적이고 의식적인 동작이다. 같은 상반신을 찍는 동작도 사진사가 의식적으로 선택한 각도와 촬영 기술에 따라 사진이 달라질 것이다. 이와 같이 개념의 형성 과정도 인간이 인지하는 관점과 개념을 형성하는 방식에 따라 형성되는 개념이 달라질 것이다.

이에 대하여 **Langacker**는 매우 적절한 비유를 통하여 말했다.

"개념화의 과정은 서로 다른 블록을 선택하여 순서대로 쌓아 올려 전체를 구성하는 것처럼 블록 쌓기와 같다고 할 수 있다. 하나하나의 블록과 쌓아 올리는 순서가 다름으로써 마지막으로 완성된 전체의 외관이 달라지는 것이다."[21]

그렇다면 개념화 과정에는 어떤 방식들이 존재할까? 이에 대해서는 심도 깊은 연구가 뒤따라야 할 것이다, 현재는 다음 절에서 밝힐 두 가지 방식이 존재하는데 먼저 구체적인 사례를 통해 분석하고 다시 개괄해 볼 것이다.

2.2.1 먼저 현대 중국어, 상고 중국어, 영어에서 "사물을 타격하여 소리가 나게 하다"라는 개념장에는 다음과 같은 어휘가 분포되어 있다.(<표 7> 참조)

〈표 7〉

현대 중국어	敲 [門/窓/鐘/鼓] (문/창문/종/북을 두드리다)				
고대 중국어	考/敂(叩) [門/關/鐘/金石] (문/관문/종/금석을 두드리다)			擊/伐 [鼓] (북을 두드리다)	
영어	tap	knock	bang	strike	beat
	[door/window]			[bell]	[drum]

---

21 Langacker, R.W.(2001), *Dynamic in Grammar,* 李福印(2008),『認知語言學槪論』, 北京大學出版社: 北京에서 재인용.

<표 7>에서 "사물을 타격하여 소리가 나게 하다"는 개념장에서 현대 중국어, 상고 중국어, 영어의 개념과 각각의 어휘들이 개념장에 분포하는 양상이 다름을 알 수 있다.

상고 중국어에서 이 동작은 현대 중국어에서와 같이 "敲(두드리다)"로써 표현하지 않았다. 『說文』에서는 "敲, 橫擿也(가로 방향으로 치다)"라고 하였고 "毃, 擊頭也(머리를 때리다)"라고 하였다. 상고 중국어에서는 "사물을 타격하여 소리가 나게 하다"라는 동작을 "敂 (또는 叩, 扣)"나 "考(攷)"로써 표현하였다. 『說文』에서는 "敂門(문을 두드리다), 敂關(관문을 두드리다), 敂鐘" 또는 "考鐘(종을 치다), 考金石(금석을 두드리다)" 등과 같이 "考, 敂也(두드리다)"라고 하였고 "敂, 擊也(치다)"라고 하였다.

상고 중국어에서는 북을 치다는 동작을 표현할 때 "叩鼓" 또는 "考鼓" 등의 조합은 불가능하며 "擊鼓, 伐鼓", 또는 "鼓" 한 글자만 쓰기도 한다. 『詩經·唐風·山有樞』의 "子有鐘鼓, 弗鼓弗考"는 "弗鼓鼓, 弗考鐘(북을 울리지 않고 종을 치지 않는다)"로 해석해야 한다.

영어에서는 타격하는 대상이 문이나 창문일 경우 일반적으로 *knock*를, 가볍게 두드릴 때는 *tap*을, 세게 치는 동작은 *bang*을 사용한다.

He knocked the window.

He tapped the window with a stick.

He banged on the door until it was open.

타격하는 대상이 종이라면 *strike*, 북이라면 *beat*를 사용한다.

To strike the bell.

To beat the drum.

현대 중국어에는 고대 중국어와 영어에 대응되는 어떠한 타격의 개념도 존재하지 않으며 "敲" 한 가지만 개념으로서 존재하는데 만약 위에 열거한 각종 타격에 대해 표현하려면 각각 다른 수식어와 목적어를 이용하여 표현한다.

타격과 관련된 어휘(개념)은 사실상 "타격", "강도", "대상", "결과(소리)"의 네 가지 요소로만 구성되어 있으며 예를 들어 도구, 방법, 속도 등의 요소는 전혀 고려되지 않았다. 따라서 네 가지의 주요한 요소 외에 기타 각종 요소를 포함하여 고려한다면 "사물을 타격하여 소리를 내는" 동작은 더 많은 소분류로 나누어질 것이다. 예를 들어 객관적인 세계에서 사물이 타격을 받아 나는 소리는 모두 다를 것이므로 이 소리의 차이에 근거하여 타격하는 동작을 분류한다면 아주 작은 독립적이고 셀 수 없는 수의 어휘로 그에 상응하는 개념을 표현해야 할 것이고 "타격하여 소리를 내는" 동작은 매우 방대한 개념 체계를 이룰 것이다. 그리고 이는 인간의 사유로 감당할 수 없고 언어를 통한 교류에 과부하가 걸리는 동시에 막대한 지장을 초래할 것이다. 따라서 우리의 분류는 대략적이고 간략하게 두 부류, 세 부류 또는 하나의 부류로 분류할 필요가 있다. 이러한 대략적인 분류 과정(즉, 인지 과정)에서는 몇 가지 요소만 고려하고 기타 요소는 고려하지 않는 것이 좋다. 그렇다면 어떤 요소를 고려하고 어떤 요소를 고려하지 않아야 하는가? 이는 정해진 규칙이 있다기보다는 언중들의 무언의 약정에 의해 규칙이 형성된다고 보아야 할 것이다. 상고 중국어에서는 타격하는 동작의 대상이라는 요소를 고려했고, 영어에서는 타격 대상과 강도라는 두 가지 요소를 고려한 반면 현대 중국어에서는 대상과 강도 모두 고려하지 않는다. 이는 상고 중국어, 현대 중국어, 영어가 표현하는 "사물을 타격하여 소리를 내는" 개념이 각각 다른 가장 중요한 원인이자 개념장에서 각각 차지하는 분포가 다른 원인이기도 하다.

이러한 개념 형성의 방식은 동일 범주 내에 존재하는 가깝거나 관련된 사물, 동작, 형상을 한 부류로 분류하여 하나의 개념을 형성한다. 그리고 또 다른 가깝고 관련된 사물, 동작, 형상을 한 부류로 분류하여 또 다른 개념을 형성한다. 서로 다른 언어와 시대적 배경이 다른 언어에서 이러한 분류는 달라질 수 있고 그에 따라 형성된 개념도 달라질 수 있다. 이러한 개념의 형성 방식을 (A)라고 하자.

1.1 절에서 언급한 1차 분류는 (A) 방식에 속한다.

2.2.2 다음은 (A)와 다른 개념 형성의 방식이다.

고대 중국어에는 다음과 같은 어휘가 존재했다.

犉, 駍

『說文』에서는 "犉 , 牛之白也(흰 소이다)", "犉, 一曰馬白額(이마

가 힌 말이다)"라고 하였다. 이 어휘들의 개념 형성 방식은 "사물(소/말)", "색(흰색)"이라는 두 가지의 인지적 요소를 결합하여 하나의 개념을 형성하는 것이다. 현대에 이르러 흰 소와 흰 이마를 가진 말이 여전히 존재하지만 대응되는 개념은 사라지고 말았다. 이제는 언중들이 "白的牛(흰 소)"와 "白額的馬(흰 이마를 가진 말)"로 표현한다. 이는 "사물"과 "색"이라는 인지적 요소를 분리하여 서로 다른 개념을 형성한 후 다시 함께 구성하여 사용하는 것이다. 이것이 고금을 통하여 개념 형성 방식이 달라지는 원인이고 형성된 개념도 서로 다른 원인이다.

羔, 駒, 狗, 狗, 牳

『說文』에서는 "羔, 羊子也(새끼 양이다)", "駒, 馬二歲曰駒(두 살이 된 망아지이다)"라고 하였다. 『爾雅』에서는 "未成豪, 狗(털이 자라지 않은 강아지이다)"라고 하였고, 『玉篇』에서는 " 狗, 熊虎之子也(곰이나 범의 새끼이다)"라고 하였다. 『爾雅』에서는 "牛, 其子犢(송아지를 독(犢)이라 한다)"라고 하였는데 곽박(郭璞)의 주석에 따르면 "今靑州呼犢爲 (요즘 청주에서는 송아지를 독(犢)이라 하지 않고 牳라고 한다."고 하였다.

이러한 개념의 형성 방식은 바로 앞에서 예로 든 방식과 동일하다. 즉, "사물(양, 말, 개, 곰/범, 소)"와 "성상(어린~)"의 두 가지 인지적 요소를 결합하여 하나의 개념을 형성하고 " 狗"는 현대에 사라진 개념이며 "狗"는 그 의미가 달라졌다. 이들 고대의 개념이 현대어로는 각각 "小熊/小虎(새끼 곰/ 새끼 범)"과 "小狗(강아지)"로 표현될 것이다. "羔, 駒, 犢"은 현대까지 그 명맥을 이어 왔으나 단독으로 사용하지 않고 "羊羔(새끼 양)", "馬駒(망아지)", "牛犢(송아지)" 등의 어휘 조합에서만 사용된다. 이러한 현상이 나타나는 것은 현대인들은 의식 속에서 사물과 성상을 분리하여 각각 다른 개념으로 간주하는 것을 의미한다. 특히 동물의 새끼를 지칭할 때 "羔, 駒, 犢"과 같이 어휘에 이미 사물의 의미가 포함되어 있으나 다시 한 번 "羊, 馬, 牛"를 따로 개념화하여 원래의 어휘에 전치하게 하는 중복적인 방식을 택하고 있다. 그리고 이것은 고금을 통하여 개념 형성 방식이 달라지는 좋은 예이다.

또한 이러한 어휘 조합 방식은 발음의 문제와도 연관되어 있으나 본고에서는 자세히 설명하지 않는다.

고대 중국어에는 이처럼 "사물"과 "형상"을 결합하여 하나의 개념을 형성하는 경우가 매우 많다. 『爾雅·釋畜』에서는 "膝上皆白, 馵(무릎이 모두 흰색인 말은 馵라고 한다), 四骹皆白, 驓(네 발굽이 모두 흰 말은 驓이다), 前足皆白, 騱(앞발굽이 모두 흰 말은 騱이다), 後足皆白, 翑(뒷발굽이 모두 흰 말은 翑이다), 前右足白, 啟, 左白, 踦(오른쪽 앞굽이 흰 말은 啟이며, 왼 굽이 희면 踦이다), 後右足白, 驤, 左白, 馵(오른쪽 뒷굽이 흰말은 驤이며, 왼쪽이 희면 馵이다)" 『爾雅』의 이 부분은 고대 중국어에서 말(馬)에 대해 명명할 때의 특징을 잘 나타내는 내용으로 자주 인용되는데 이는 개념 형성 과정의 특징을 잘 나타내고 있기도 하다. 말에 대해 이렇게 상세하게 분류한 것에 대해 혹자는 고대인의 유목 생활과 관련이 있지 않나 생각할 것이

다. 그러나 이러한 개념 형성 방식은『爾雅』의 다른 부분에도 자주
나타난다.

『爾雅·釋山』에서는 "山高而大, 崧. 山小而高, 岑. 銳而高, 嶠. 卑而
大, 扈. 小而衆, 巋. (중략) 大山宮小山, 霍. 小山別大山, 鮮. (중략) 多
小石, 磝. 多大石, 礐. 多草木, 岵. 蕪草木, 峐. (중략) 石戴土謂之崔嵬,
土戴石謂之砠(산이 높고 큰 것을 崧이라고 한다. 산이 작고 높은 것
을 岑이라고 한다. 뾰족하고 높은 산은 嶠라고 하며 낮고 큰 산은 扈
라고 한다. 작은 산이 모여 있는 것은 巋이고 (중략) 작은 산을 둘러
싸고 있는 큰 산을 霍이라고 한다. 작은 산이 큰 산과 가까우나 연결
되어 있지 않은 것을 鮮이라고 하고 (중략) 작은 돌이 많은 산을 磝라
고 하며 큰 돌이 많은 산은 礐이라고 한다. 초목이 우거진 산은 岵이
며 초목이 자라지 않는 산은 峐이다. (중략) 돌산에 흙이 있는 것을
崔嵬라고 하고 흙산에 돌이 있는 것은 砠라고 한다)"라고 하였다.

현대 중국어에서와 같이 "사물"과 "형상"을 분리하여 두 가지의
개념으로 "형상"을 대표하는 어휘에 "산(山)"을 더하는 방식으로 명
명했다면 산에 대한 명칭이 이처럼 많아지지는 않았을 것이고『荀子』
에 나오는 용어까지 이용하여 산에 대해 별명을 짓지는 않았을 것이
지만 고대 중국어에서는 "형상"과 "사물"을 결합하여 하나하나의
개념을 형성하였고 산에 대한 명칭과 별명이 많아질 수밖에 없었을
것이다. 따라서 이러한 수많은 산에 관한 명칭과 별명은 고대 중국
어의 개념 형성 방식으로 인하여 결정된 것이라고 할 수 있다.

이것이 두 번째 개념 형성 방식이다. 두 가지의 서로 다른 범주에
서 서로 다르면서도 연관성이 있는 인지적 요소(사물과 형상, 동작

과 대상 등)을 같이 묶어 하나의 개념을 형성하거나 두 개로 나누어 두 가지의 개념을 형성하는 것, 이를 개념 형성 방식 (B)라고 하자.

앞서 Langacker는 개념화(개념 형성)의 과정을 "하나하나의 블록 선택하는 것과 쌓아 올리는 순서가 다름으로써 마지막으로 완성된 전체의 외관이 달라지는 것"이라며 블록 쌓기에 비유했는데 상술한 개념 형성 방식 (A)와 (B)는 두 종류의 '블록 쌓기' 방식과 같다. 두 가지의 개념 형성 방식 중 (A)는 동일 범주에 속하는 '블록'을 다른 그룹으로 분류한 후 다시 모으는 방식이므로 분류가 다르면 그로부터 형성된 개념도 다르다. (B)는 다른 범주에 속하는 '블록'을 분리하거나 결합하여 이러한 분리와 결합의 다름으로 인하여 서로 다른 개념을 형성하게 된다. (A)와 (B) 이외에 또 다른 개념 형성 방식이 존재할까? 이에 대해서는 좀 더 깊은 연구가 진행될 필요가 있는데 다음 절에서 언급할 L. Talmy의 "어휘화"는 또 다른 개념 형성 방식에 속할 것이다.

개념 형성 과정과 개념 형성 방식은 개념화 연구의 핵심적인 내용이기 때문에 인지언어학에서 개념화conceptualization를 연구할 때 주로 이에 대해 연구하게 되는 것이다.

2.3 서로 다른 언어의 개념 체계의 층위 구조는 완전히 동일하지 않다

다이하오이(2002)에서는 "영어에서는 bicycle, bus, car, truck, trout(송어), salmon(연어), flounder(넙치), eel(장어)와 같이 완전히 다른 어휘를 이용하여 기본 단어를 표현한다. 그러나 중국어에서는

'싱위어인 '車, 魚' 능을 중심(head)로 하여 '汽車(자동차), 鮭魚(연
어)' 등의 합성어로서 기본 단어를 구성한다."라고 하였는데,[22] 이러
한 다이하오이의 언급은 현대 중국어에 국한된 것이다. "車"와 "魚"
류의 예를 들면 고대 중국어는 영어와 기본적으로 동일하다고 할 수
있다.(<표 8> 참조)

<표 8>[23]

고대 중국어		영어	
車	魚	vehicle	fish
軒, 輻, 輦,輻	鯅, 魴, 鯉, 鮪	bicycle, bus, car, truck	trout, salmon, flounder, eel

고대 중국어와 영어의 차이점 한 가지는 "軒, 輻, 輦, 輻" 모두 단독
으로 사용이 가능한 동시에 뒤에 "車"를 더하여 사용할 수 있고 "鯅,
魴, 鯉, 鮪" 또한 단독 사용이 가능한 동시에 뒤에 "魚"를 더하여 사용
하는 것이 가능한 반면, 영어에서는 단독 사용만이 가능하다는 것이다.
　중국어와 영어의 개념 구조 층위의 차이에 대해서는 더욱 좋은 예
가 있다.
　"필기도구(筆)"라는 개념장에서 중국어는 두 가지 층위로 나눈다.
상위어는 "筆"이며 하위어는 "毛筆(붓), 鉛筆(연필), 鋼筆(만년필),

22　戴浩一(2002).
23　역자 주: 표8은 각각 軒(벼슬아치가 타던 수레), 輻(대부(大夫)의 수레), 輦(임금이
　　타는 수레), 輻(수레의 범칭), 鯅(연어), 魴(방어), 鯉(잉어), 鮪(참다랑어)를 가리
　　킨다.

_147

圓珠筆(볼펜), 粉筆(분필)" 등이 있는데 영어에서는 세 가지 층위로 나누며 상층에는 해당 어휘가 없고 중층에는 "writing brush(붓), pen, pencil, chalk" 등이, 하층에는 "fountain pen, ballpoint, quill(깃펜)" 등이 자리한다.(<표 9> 참조)

〈표 9〉

중국어	영어
筆	0
毛筆, 鉛筆, 鋼筆, 圓珠筆, 粉筆	writing brush, pen, pencil, chalk
	fountain pen, ballpoint, quill

"桌子(탁자)"라는 개념장에서 중국어와 영어는 모두 두 가지 층위로 나눈다. 그러나 중국어의 "탁자"에 해당하는 층위에 대응하는 영어의 층위는 존재하지 않는다. 중국어에서는 "屋子裡有兩張桌子, 一張是書桌, 一張是餐桌(집안에 탁자 두 개가 있는데 하나는 책상이고 하나는 식탁이다)"라고 말할 수 있다. 그러나 이를 영어로 번역하면 *There are two (　) in the room, one is a desk, the other is a table*로 (　)에 삽입할 수 있는 어휘가 존재하지 않는다.(<표 10> 참조)

〈표 10〉

중국어	영어
桌子	0
書桌, 餐桌	desk, table

<표 9>와 <표 10>에서 영어 아래에 0으로 표시된 것을 "어휘 공백Lexical Gap이라고 한다. 본고에서는 "缺項Gap"으로 번역하였다. 이러한 "어휘 공백"은 모두 언어에 존재하지만 서로 다른 언어에 나타나는 양상이 다르며 이는 서로 다른 언어의 개념 체계의 충위 구조가 다르다는 것을 입증하는 것이다.

3. 단어화詞化

어휘화는 영어로 "lexicalization"이라고 하는데 *lexicalization*에는 두가지 의미가 포함되어 있다. 하나는 어떤 언어 형식의 근거는 사라지고 구조만 남아 어휘로 변화하는 과정을 뜻하며, 다른 하나는 서로 다른 의미 요소semantic elements가 서로 다른 단어를 구성하는 것이다. 전자를 일반적으로 "어휘화詞彙化"라고 하고 후자를 전자와 구별하기 위해 "단어화詞化"라고 하기로 한다. 3장에서 다룰 주요한 내용은 "단어화"이다.

3.1 단어화 이론

"단어화" 이론을 처음 제기한 것은 미국 언어학자 L. Talmy이다. Talmy는 그의 논저에서 단어화의 문제에 대해 기술했다.[24] 그 내용

---

24 Talmy, L.(1985), *Lexicalization patterns: semantic structure in lexical forms,*

을 간략하게 소개하면 다음과 같다.

Talmy는 *Lexicalization patterns: semantic structure in lexical forms, Language Typology and Syntactic Description*에서 "이 장에서는 의미와 표면적인 표현surface expression의 체계적인 관계에 대해 논의할 것이다. 우리는 몇 가지 관점으로부터 이 문제에 접근할 것이다. 첫째로, 우리는 표면적인 표현의 영역 및 의미의 영역으로부터 구성 요소를 분리해 낼 수 있다고 가정한다. 구성 요소 중 의미 영역에 속하는 요소는 'Motion이동', 'Path경로', 'Figure사물', 'Ground배경', 'Manner방식' 및 'cause원인' 등이며 표면적인 표현의 영역에 속하는 요소는 'verb동사', 'adposition부치사', 'sub-ordinate clause종속절' 및 'satellite위성'으로 비유되는 부분 등이다. 둘째로 우리는 어떤 의미 요소가 어떤 표면적인 표현 요소를 통해 표현되는지 살펴보아야 하는데 일반적으로 의미와 표현은 일대일로 대응되지 않는 경우가 많다. 여러 의미 요소들의 조합이 하나의 표면적인 요소로 표현될 수도 있으며, 하나의 의미 요소가 여러 표면 요소들의 조합으로 표현될 수도 있다. 다시 말하면, 여러 유형의 의미 요소가 동일 유형의 표면 요소로 표현될 수도 있으며 동일 유형의 의미 요소가 다양한 유형의 표면 요소로 표현될 수도 있다. 우리는 여기에서 다양한 유형학적

Language Typology and Syntactic Description, Timothy shopen, ed. Vol 3. Cambridge University Press.

Talmy, L.(2000a), *Toward a cognitive semantics:* vol. 1 *Concept Structuring Systems,* Cambridge, MA: MIT Press.

Talmy, L.(2000b), *Toward a cognitive semantics:* vol. 2 *Typology and Process in Concept Structuring,* Cambridge, MA: MIT Press.

패턴 및 언어 보편직 원리를 발견할 수 있다.”고 하였다.[25]

Talmy는 또한 “이동 사건[motion event]”를 “Motion”, “Path”, “Figure”, “Ground”, “Manner”, “cause” 등 여섯 가지의 의미 요소[semantic elements]로 분석하고 이중 몇 가지의 의미 요소가 모여 하나의 언어 형식인 단어로 융합[conflate]되는 것이라고 하며 세계 언어의 주요한 동사에 융합되는 의미 요소의 차이를 근거로 이동 동사의 “단어화 패턴[lexicalization patterns]을 세 가지로 귀납하였다. 이중 핵심이 되는 두 가지 패턴을 소개하면 다음과 같다.

(1) **“이동+방식”**, “이동+원인”의 패턴은 “이동”과 “방식/ 원인”이라는 의미 요소가 하나의 동사에 융합되는 것이다. 예를 들면 영어에서 *The bottle floated into the cave.*(그 병은 물 위에 뜬 채 동굴로 들어갔다)라는 문장에서 이동 동사는,

[float: moved (Motion)+floating (Manner)]

와 같이 분석된다.

(2) **“이동+경로”**, “이동+경로”의 패턴은 “이동”과 “경로”라는 의미 요소가 하나의 동사에 융합되는 것이다. 예를 들면 스페인어에서 *La bolella entró a la cueva flotando.*(그 병은 물 위에 뜬 채 동굴로 들어갔다)라는 문장에서 이동 동사는,

[entró: moved (Motion)+into (Path)]

---

25 Talmy, L.(1985).

와 같이 분석된다.

Talmy는 대량의 예를 통하여 인도유럽어족(이하 인구어) 중의 로망스어(Romance Language, 특히 스페인어)는 패턴(2)에 속하고 그 외의 인구어(영어 등)은 패턴(1)에 속한다는 것을 증명하였다.

스페인어와 영어를 대조해 보면 다음과 같다.

Spanish	English
La bolella salió de la cueva flotando.	The bottle floated out of the cave.
그 병은 물 위에 뜬 채 동굴로부터 흘러 나왔다.	
La bolella se fué de la orilla flotando.	The bottle floated away from the bank.
그 병은 둑으로부터 흘러간다.	
La bolella cruzó el canal flotando.	The bottle floated across the canal.
그 병은 물 위에 뜬 채 수로를 건넜다.	
El hombro entró a la sotano corriendo.	The man ran into the cellar.
그 남자는 지하 저장고로 뛰어 들어갔다.	
El hombro volvió a la sotano corriendo.	The man ran back to the cellar.
그 남자는 (다시) 지하 저장고로 뛰어 들어갔다.	
El hombro bajó a la sotano corriendo.	The man ran down to the cellar
그 남자는 지하 저장고로 달려갔다.	

flotando : floating
뜨다

corriendo : running
뛰다/달리다

영어에는 *enter, exit, pass, return, cross* 등 일부 "이동+경로"로 구성된 이동 동사가 존재하는데 이들 동사는 모두 로망스어로부터 차용된 동사이다.

3.2 이동 경로를 부호화^{encoding}하는 두 가지 유형

Talmy는 이동 사건^{motion event}의 핵심적인 특징인 이동 경로를 부호화하는 방식에 근거하여 언어를 크게 두 가지 유형으로 나눌 수 있다고 하였다.

> **Verb-framed language**: "경로"는 본동사로 표현된다.("이동"은 "경로"를 융합한다) 로망스어가 대표적인 예이다.
>
> **Satellite-framed language**: "경로"는 하나의 요소(접사, 접두사, 전치사 등)이 동사와 결합하는 형식으로 표현된다. 영어가 대표적인 예이다.

Talmy는 상고 중국어를 Verb-framed language, 현대 중국어의 표준어인 보통화를 Satellite-framed language로 각각 분류하였다.

이러한 Talmy의 언어 유형 이론은 많은 언어학자들에게 영향을 미쳤다. 언어학자들은 Talmy의 언어 유형 이론에 대하여 찬성하며 보충 및 수정 의견을 제시하기도 하였고, 중국어가 어떤 유형에 속하는지에 대한 폭넓은 토론이 벌어지기도 하였다. 본고에서는 이에 대한 자세한 논의는 생략하기로 한다.

3.3 단어화 이론의 의의

Talmy의 단어화 이론은 어휘 의미 연구, 나아가 전반적인 언어 연구에 있어서 매우 중요한 의의를 가진다. 이에 대한 몇 가지 견해에 대하여 논의하고자 한다.

3.3.1 어휘의 의미를 몇 가지의 의미 요소semantic elements로 분석하는 것은 Talmy가 처음 제기한 연구 방법은 아니다. 일찍이 의미 성분義素, seme 분석법이 존재했던 것이다.

의미 성분 분석법은 어휘의 의미를 몇 가지의 의미 요소로 분석하고 의미장語義場, semantic field 속에서 어휘를 비교 분석하여 공통적인 의미 성분을 찾아내고 이러한 의미 성분의 서로 다른 조합이 하나의 의미장에 속하는 모든 어휘를 구성하는 방법이다. 즉, 하나의 의미장에 속하는 모든 어휘는 공통적인 의미 성분의 서로 다른 조합으로 구성되며 의미 성분 분석법을 통하여 전통적인 의미 분석은 여러 방면에서 한 단계 진보하게 되었다. 그러나 의미 성분 분석법이 주목한 것은 개별적인 하나하나의 어휘이다. 의미장이라는 범위 내에서 어휘에 대한 분석을 시도했지만 동일한 의미장에 속한 어휘들의 의미 성분 조합의 같거나 다름에 국한하여 고찰하였고 한 언어 내부의 어떤 품사의 의미를 구성하는 공통적인 규칙이나 여러 종류의 언어에 나타나는 어휘의 의미를 구성하는 규칙성의 차이에 대해서는 연구하지 않았다. Talmy의 단어화 이론은 "이동" 동사의 범주만을 분석했으나 이동 사건과 관련된 의미 요소에 대한 분석을 통하여 인구어의 로망스어와 로망스어가 아닌 언어에 나타나는 이동 동사의 의미를 구성하는 규칙을 찾아내고 서로 다른 언어에 나타나는 이동 동사의 의미를 구성하는 규칙성의 차이를 비교하여 두 종류의 "단어화 패턴"을 도출했다. 즉, 로망스어의 이동 동사의 의미는 "이동+경로"
로 이루어지고 로망스어가 아닌 인구어의 이동 동사는 "이동+방식/
원인"의 요소로 구성된다는 것이다. Talmy가 제기한 이 단어화 패
턴은 언어의 심층적인 의미를 구성하는 규칙이고 적용되는 범위가
포괄적이므로 언어 유형을 분류하는 중요한 기준이 될 수 있다.

　Talmy의 단어화 이론 중 일부의 문제에 대해서는 좀 더 심도 깊은
토론이 가능하다. 예를 들어 어떤 학자는 "이동"이라는 범주에 속한
어휘의 의미를 분석할 때 Talmy가 제기한 여섯 가지의 의미 요소 외
에 "deictic(지시적 요소)" 또는 "direction(방향)"의 의미 요소를 추
가해야 한다고 하였다. 그러면 "이동"이라는 범주 외에 기타 범주에
도 다른 "단어화 패턴"을 이용하여 분석할 수 있을까? 이에 대해 우
리는 좀 더 심도 깊은 연구를 전개해 볼 수 있을 것이다. 이때 주목해
야 할 점은 Talmy의 단어화 이론에서는 서로 다른 언어의 경계를 뛰
어넘는 의미 분석법과 의미 구조, 의미 체계에 대한 비교 방법을 제
시했다는 것이다. 우리가 이를 이용하여 이론과 사고를 확장시켜 연
구에 임한다면 새로운 성과를 거둘 가능성이 크다.

　3.3.2 Talmy의 단어화 이론에서는, 하나의 이동 범주 사건을 몇
가지의 의미 요소로 분석할 수 있고 어떤 의미 요소들은 하나의 동사
로 융합될 수 있으며 또 다른 의미 요소는 홀로 통사 층위, 즉 문장 내
에 출현할 수 있다. 이러한 조합은 서로 다른 언어마다 다른데, 영어
에서는 *The bottle floated out of the cave*와 같이 "이동"과 "방식"의
두 가지 의미 요소가 동사 *float*으로 융합되고 "경로"를 의미하는

out는 홀로 문장 내에 출현한다. 스페인어에서는 *La bolella salió de la cueva flotando*와 같이 "이동"과 "경로"가 *salió*에 융합되고 "방식"을 의미하는 *flotando*는 홀로 문장 내에 출현한다. 이는 단지 어휘의 의미를 구성하는 구조의 문제만이 아니고 논항 구조와도 관련이 있다. 그리고 이러한 구조 관계는 언어 사용자들의 의식 중에 뿌리 깊이 자리잡고 있을 것이다. 영어에서는 "이동+방식"의 단어화 패턴이 있다면 프랑스어에는 "이동+경로"의 단어화 패턴이 있다. 제 2 언어 습득과 관련된 연구에 의하면 이러한 두 가지의 패턴이 영어와 프랑스어를 모어로 하는 화자들의 언어 표현(의미 구조와 통사 구조를 포함하는)에 큰 영향을 미친다고 한다. 영어 화자는 *I went to park*나 *I walked to park*와 같은 표현을 사용하는데 프랑스어 화자는 *Je suis allée au parc*(나는 공원에 갔다)만 사용할 뿐 *J'ai marché au parc*(나는 걸어서 공원에 갔다)는 사용하지 않는다. 그러나 영어 화자가 프랑스어를 배울 때는 *Le chat couru à la maison*(고양이가 집으로 달려갔다)라는 말을 할 가능성이 존재한다. 일본어의 단어화 패턴은 "이동+경로"이므로 일본어에는 *I went to park*에 해당하는 표현이 있을 뿐이며 영어의 *I walked to park*에 해당하는 의미를 표현하려면 영어로 직역할 경우 *I went to park by walking*과 같이 다른 통사 구조를 가진 형식으로 표현해야 한다. 영어에서 *The children jumped in the water*와 같은 표현은 중의적인 의미를 가진다. 즉, *in*이 장소의 의미로 "(물)에 (뛰어 든다)"는 의미를 표현할 수 있고 방향 또는 경로의 의미로 "(물)로 (뛰어 든다)"는 의미도 표현할 수 있다. 그러나 일본어 화자가 이 문장을 본다면 한 가지 의미로밖에 인

시히지 못힐 깃이나. 그 이유는 일본어에서 "경로"는 "이동"과 융합하여 동사를 구성하기 때문이며 문장 내에 출현하는 *in*은 방향이나 경로가 아닌 장소의 역할만을 수행할 수 있다. 이러한 예들은 의미 구조와 통사 구조를 설명하는데 매우 유용하다.[26]

3.3.3 본고에서는 "개념화"에 대해 논의한 후 "단어화"에 대해 논의했다. 그런데 이 두 가지 개념은 서로 어떤 관계가 있을까? 개념화 부분에서 제기한 첫 번째와 세 번째 문제는 단어화와 관련이 없지만 두 번째 문제인 개념의 형성 방식과 개념장에서의 분포 위치는 단어화와 관련이 있다. 개념화는 외부세계로부터 인간의 의식 층위로의 "개념" 문제에 대해 주목하며 단어화는 의식 층위의 "의미 요소"로부터 어휘로의 문제에 대해 주목한다. 또한 개념과 어휘는 밀접한 관련이 있으므로 단어화는 개념화의 일종이라고 할 수 있다. 예를 들면 "이동"과 "경로"를 결합하여 하나의 개념을 형성하는 것이 스페인어의 *entró*와 같은 이동 동사이며, "이동"과 "방식/원인"을 결합하여 하나의 개념을 형성하는 것이 영어의 *float*와 같은 이동 동사이다. 2장에서 우리는 두 가지의 개념 형성 방식에 대해 언급한 바 있다. (A)는 동일 범주의 블록을 분류하고 모으는 방식이며 (B)는 다른 범주의 블록을 분류하고 결합하는 방식을 가리키는 것이었으며 서로 다른 방식으로 형성된 개념 또한 차이가 있었다. 만약 단어화를 일종의 개념 형성 방식으로 간주한다면 단어화는 서로 다른 범

---

26 沈園(2007), 『句法-語義界面研究』, 上海教育出版社: 上海.

주의 블록("이동"과 "경로", "이동"과 "방식/원인"과 같은)을 쌓아 올려 개념과 어휘를 구성하는 (B)의 방식과 유사할 것이다. 그러나 단어화와 (B)에는 큰 차이가 존재하는데 그것은 (B)에서 사용하는 블록은 모두 객관 세계에 존재하고 일반 사람들이 명확하게 인지할 수 있는 사물, 동작, 형상(말, 산, 흰색, 초목이 무성한 것)으로 우리는 이를 "인지적 요소"라고 하는 반면, 단어화 패턴에 사용되는 블록은 이동 사건을 구성하는 의미 요소(이동, 경로, 방식, 원인 등)으로 일반 사람들이 명확하게 지각할 수 있는 것이 아니라 분석을 통해서만 도출할 수 있는 것이다. 또한 (B)는 "인지적 요소"들을 분리하거나 결합하여 서로 다른 개념을 형성하는데, 예를 들면 A(흰색)과 B(소)를 결합하여 A+B의 이라는 개념을 형성하거나 A와 B를 분리하여 "白"과 "牛"의 두 가지 개념을 형성하는 방식인데 반하여 단어화는 스페인어에서 "이동+경로"를 통하여 *entró*라는 어휘를 형성하거나 영어에서 스페인어의 "경로"를 "방식/원인"으로 교체하여 *float*를 형성하는 것과 같이 몇 가지의 의미 요소를 교체하여 서로 다른 개념과 어휘를 형성한다. 그렇다면 우리는 단어화를 굳이 개념화의 범주에 넣지 않고 개념화와 단어화를 의미와 밀접한 관련이 있는 두 가지 문제로 보아도 될 것 같다.

단어는 개념에 비해 이해하기 쉬우므로 중국어 연구에 있어서 단어화에 대한 문제가 더욱 실질적인 연구가 될 수 있을 것이다.

3.4 단어화 이론과 중국어의 역사 어휘 연구

Talmy의 단어화 이론은 주로 공시적으로 이루어져 서로 다른 언어의 의미 구조의 유형적 특성에 대해 고찰하였는데 단어화 이론은 동일 언어의 서로 다른 역사적 시기에 있어서의 의미 구조의 유형적 특성에 대한 연구에도 적용할 수 있을 것 같다. 또한 중국어와 같이 유구한 역사를 가진 언어에는 더욱 가치 있는 연구가 될 수 있을 것이다. 이 절에서는 이와 관련된 두 가지 문제에 대해 살펴보고자 한다.

3.4.1 역사적으로 중국어의 어휘 발전 과정 중 단어화 패턴이 변화하는 양상이 보이는가?

(1) Talmy의 단어화 이론이 제기된 후, 중국어가 역사적으로 오늘날에 이르기까지 언어 유형에 변화가 있었는지에 대해 국내외 학계에는 열띤 토론이 진행되고 있다. Talmy에 의하면 고대 중국어는 V형 언어에 속하고 현대 중국어는 S형 언어에 속한다고 하는데 Peyraube같은 학자는 이에 동의한다고 한다. 다이하오이는 현대 중국어를 V형을 중심으로 하여 S형이 보조하는 언어라고 하며, Slobin은 현대 중국어를 E형(equipollent framing Language, 등치 구조형 언어) 언어라고 하였는데, 이들이 논의한 대상은 현대 중국어와 그중에서도 현대 중국어의 술보구조와 연동구조(serial verb structure)에서 어떤 동사가 핵(head)에 해당하는지에 관한 것이었

_ 159

다. 이는 통사 층위에 해당하는 문제로 어휘의 의미를 분석하는 문제가 아니므로 여기서는 자세히 다루지 않겠다.

필자는 동사 "走(가다, 달리다)"의 의미 변천에 대해 다음과 같이 분석한 바 있다.[27]

"走"는 본래 자동사였으나 바로 뒤에 장소를 나타내는 명사가 올 수 있었다. 이러한 구조를 가진 문장은 아주 이른 시기의 문헌에서는 찾아 볼 수 없다. 『周易』과 『論語』에는 "走"자가 등장하지 않으며 『尚書』와 『詩經』 중에는 "走" 뒤에 명사가 오지 않는다. 『左傳』에 이르러 "走+장소를 나타내는 명사"의 구조가 나타나는데 다음 여덟 문장이 그것이다.

白濮離居, 將各走其邑. (文公 16年)

(백복(선진(先秦) 시대에 있었던 여러 민족의 집단)은 여러 곳에 흩어져 살고 있기 때문에 각자의 땅으로 돌아올 것이다)

趙旃棄車而走林. (宣公 12年)

(조정은 차를 버리고 숲으로 도주했다)

遇敵不能去, 棄車而走林. (宣公 12年)

(적을 만나 가지 못하므로 차를 버리고 숲으로 도주했다)

齊候駕, 將走郵棠. (襄公 18年)

(제영공 (齊靈公)은 차(車)를 타고 우당(郵棠)으로 도주하려 했다)

奉君以走固宮, 必無害也. (襄公 23年)

---

27 蔣紹愚(2013), 「詞義變化化句法變化」, 『蘇州大學學報』, 第1期.

(왕을 모시고 고궁으로 가는 것은 무탈할 것입니다)

寡君寢疾, 于今三月矣, 竝走群望. (昭公 16年)

(왕이 병환이신지 세 달이 되어 모든 산천에 기도했습니다)

卜筮走望, 不愛牲玉. (昭公 18年)

(점을 쳐서 산천의 신께 기도하고 희생이나 보석을 아끼지 않습니다)

王愆于厥身, 諸侯莫不竝走其望, 以祈王身. (昭公 26年)

(왕은 몸에 나쁜 병을 얻었지만 제후가 산천의 신께 사자를 보내서 왕을 위하여 기도드리지 않는 자가 없었습니다)

육덕명(陸德明)은 『經典釋文』에서 양공(襄公) 23년의 "奉君以走固宮" 아래에 유일하게 "走如字, 一音奏(走는 奏와 발음이 같다)"라는 주를 달아 "走"의 발음이 변화하는 것을 반기지 않았다. 『國語』에도 "走"에 대한 두 가지 예가 있으나 생략한다.

이로써 알 수 있는 것은 전국시기의 초기에 이미 "走+장소"와 같은 구조가 나타났다는 것이며 한 대에는 더욱 보편적으로 나타났다는 것이다. 그리고 주석에서 알 수 있는 바는 "走"를 "奏"로 읽는 음운의 파독 현상이 나타났다는 것이다. 즉,

漁者走淵, 木者走山. (淮南子·說林)

(어부는 강을 따라 가고, 나무꾼은 산으로 간다)

에 고유(高誘)는 "走讀奏記之奏(走는 奏记의 奏와 발음이 같다)"는 주석을 달았다.

『史記』에는 이와 같은 문형이 더욱 많이 나타나며 "奏와 발음이 같다"는 주석도 모두 아홉 군데 나타난다. 어떤 주석은 "走"의 의미에 대해 "向也(향하다)"라고 하였다.

> 長史欣恐, 還走其君. (項羽本紀) [正義] 走音奏.
>
> (사마흔이 두려운 생각이 들어 다시 장한의 군대가 주둔하고 있던 곳으로 돌아가려고 했으나) (항우본기) 사기의 정의(正義)에는 "走音奏"라고 하였다.
>
> 殺漢卒十餘萬人. 漢卒皆南走山. (項羽本紀) [正義] 走音奏.
>
> (항우는 이 싸움에서 한군 10여 만을 죽였다. 한군은 모두 남쪽으로 달아났다) (항우본기) 정의(正義)에는 "走音奏"라고 하였다.
>
> 射傷王. 王走鄖. (楚世家) [正義] 走音奏.
>
> (활을 쏘아 왕의 팔을 맞추어 부상을 입혔다. 소왕은 운(鄖) 땅으로 달아났다) (초세가) 정의(正義)에는 "走音奏"라고 하였다.
>
> 沛公至咸陽, 諸將皆爭走金帛財物之府分之. (蕭相國世家) [索隱] 音奏. 奏者, 趨向之.
>
> (패공이 함양에 이르렀을 때 여러 장수들은 모두 다투어 부고로 달려가 황금이나, 비단 등의 재물들을 취하여 나누어 가졌다) (소상국세가) 색은(索隱)에는 走는 奏의 발음으로 읽히며 奏는 향하다는 뜻이라고 하였다.
>
> 盜擊王, 王走鄖. (伍子胥列傳) [索隱] 奏云二音. 走, 向也.
>
> (도둑이 왕을 습격하여 왕은 운이란 소국으로 달아났다) (오자서열전) 색은(索隱)에는 奏는 두 가지의 발음이 있으며 走는 향하다는 뜻이라

고 하였다.

行出游會稽, 竝海上, 北走琅邪. (蒙恬列傳) [索隱] 走音奏. 走獶向也.

(황제가 순행을 나가 회계(會稽)에서 놀다가 해로를 이용하여 북상하여 랑야(琅邪)에 이르렀다. (몽염열전) 색은(索隱)에는 "走音奏"이며 향하다는 뜻이라고 하였다.

可遂殺楚使者, 無使歸, 而疾走漢竝力. (黥布列傳) [索隱] 走音奏. 向也.

(초나라 사자가 돌아가 고하지 못하도록 그의 뒤를 쫓아가 죽이시고 이제는 오로지 한나라와 함께 힘을 합치도록 하십시오) (경포열전) 색은(索隱)에는 "走音奏"이며 향하다는 뜻이라고 하였다.

上指示愼夫人新豊道, 曰: "此走邯鄲道也." (張釋之傳) [集解] 如淳曰: "走音奏, 趨也." [索隱] 音奏. 案: 走獶向也.

(그때 행차를 따라 나선 신부인(愼夫人)을 보고 신풍(新豊)으로 통하는 길을 가리키며 말했다. "이 길은 한단으로 통합니다.") (장석지전) 집해(集解)에서 여순(如淳)은 "走音奏"이며 달리다는 뜻이라고 하였다. 색은(索隱)에는 "奏"와 발음이 같으며 향하다는 뜻이라고 하였다.

因王子定長沙以北, 西走蜀, 漢中. (吳王濞列傳) [正義] 走音奏, 向也.

(왕자께서 장사 이북의 땅을 평정한 후에 서쪽의 촉과 한중으로 들어가시기 바랍니다) (오왕비열전) 정의(正義)에는 "走音奏"이며 향하다는 뜻이라고 하였다.

여기에서 "走"가 "향하다"라는 새로운 의미를 획득했음을 알 수 있다. 새로운 의미가 출현하게 된 원인은 두 가지가 있는데, 한 가지는 "走"를 구성하는 의미 요소와 관련이 있다. "走"는 본래 "동작, 속도, 방식" 등의 의미 요소로 구성되어 있었으며 여기에는 "방향"이라는 의미 요소가 내포되어 있었다. 이후에 "방향"이라는 의미 요소가 점차 부각되고 "속도, 방식"이라는 의미 요소는 점차 약화되어 "向(향하다)"는 의미를 가지게 되었다. 특히 "此走邯鄲道也."의 예에서는 "동작"이라는 의미 요소가 전혀 없다고 할 수 있다. 이러한 과정을 거쳐 어휘의 의미가 변화를 일으키게 된다. 다른 한 가지는 "走"가 출현하는 환경 중에서 "走+장소"의 문형(구조)가 자주 나타나게 된 것과 관련이 있다. 이러한 문형이 "走"가 내포하고 있던 "방향" 요소를 부각시켜 결국 의미의 변화를 초래하게 된 것이다. 이 경우 일반적으로 언어 사용자들은 "走"의 음을 변화시켜 이전의 "走"와 구분한다.

"走"의 의미 변화는 "이동+방식"으로부터 "이동+경로"로의 의미 요소의 교체를 통한 변화로서 단어화 패턴이 변화한 것이다. 그러나 "이동+경로"의 단어화 패턴은 더 이상의 변화를 일으키지는 않았다.

이상의 예와 같은 이동 동사 외에 의미 요소가 교체하는 것으로 단어화 패턴이 변화를 일으킨 것에는 어떤 예가 있을까? 이 문제는 좀 더 깊이 연구할 가치가 있다고 본다.

(2) 중국어 어휘와 의미의 역사적 변천에는 한 가지 뚜렷한 특징이 있다. 그것은 고대 중국어의 다수의 어휘의 의미를 현대 중국어에서는 어휘의 조합을 통해 표현한다는 것이다. 예를 들어 "沐"의 의미를 "洗頭(머리 감다)"로 표현하거나 "驪"를 "黑馬(검은 말)"로 표현하는 것이다. 즉, 동일한 의미라 할지라도 고대에는 "동작"과 "사

물", "사물"과 "형상"을 종합하여 하나의 어휘로 표현한다면 현대에는 "동작"과 "사물", "사물"과 "형상"을 분리하여 각각 독립적인 어휘로 표현하고 이 어휘들을 조합하여 의미를 표현한다. 고대로부터 현대에 이르는 이러한 변화를 통상 "종합으로부터 분석으로"라고 표현하기도 하는데 "종합으로부터 분석으로"의 문제에 대해서는 왕력(王力)의 『古語的死亡殘溜和轉生』(1941)에서 처음으로 언급되었고 필자는 『古漢語詞匯綱要』(1989)에서 언급한 바 있다. 이후 양롱상(楊榮祥)의 『"大叔完聚"考釋』(2003)과 송야원(宋亞雲)의 『漢語從綜合到分析的發展趨勢及其原因初探』(2006)에서 좀 더 심층적인 연구가 있었다.(그러나 송야원의 연구에서는 어휘만이 아니고 통사적인 문제도 다수 다루었다)

Talmy의 단어화 이론을 이용하면 이러한 현상에 대해 좀 더 분명하게 논의할 수 있다. 즉, 고대 중국어의 어휘 중 다수는 두 개(혹은 몇 개)의 의미 요소를 융합하여 이루어진다. 현대 중국어에서는 의미 요소들이 각각 독립적인 표현 형식(단어나 구)를 획득하게 되었다. 따라서 고대 중국어에서 어휘로 표현했던 의미는 현대 중국어에서 단어나 구로 구성된 더 큰 언어 단위로 표현해야 한다.

다음에서는 Talmy의 이론을 이용하여 고대 중국어에서 하나의 어휘로 융합된 의미 요소의 차이에 근거하여 "종합"적인 성격을 가진 어휘들을 몇 가지의 단어화 패턴으로 분류해 보았다. 이는 단지 예를 제시한 것이며 이러한 종합적인 어휘에 어떠한 단어화 패턴이 존재하고 적용될지에 대해서는 좀 더 심도 깊은 연구가 필요할 것이다.

(a) 동작+방식

瞻,『說文』: "瞻, 臨視也." 段注: "今人謂仰視曰瞻." 向上看.

『說文解字』에서는 瞻을 "바라보다"는 뜻이라고 하였다.

단옥재(段玉裁)의 주(注)(이하 段注)에서는 "요즘은 바라보다는 것을 瞻이라고 한다"라고 하였다. 현대 중국어에서는 "向上看(위를 보다)"라고 한다.

顧,『說文』: "顧, 還視也." 回頭看.

『說文解字』에서는 顧를 "둘러보다"는 뜻이라고 하였다.

현대 중국어에서는 "回頭看(돌아 보다)"라고 한다.

眺,『說文』: "眺, 袞視也." 斜看.

『說文解字』에서는 眺를 "흘깃 보다"는 뜻이라고 하였다.

현대 중국어에서는 "斜看(흘깃 보다)"라고 한다.

睇,『說文』: "睇, 小袞視也." 悄悄地斜看.

『說文解字』에서는 睇를 "몰래 흘깃 보다"는 뜻이라고 하였다.

현대 중국어에서는 "悄悄地斜看(몰래 흘깃 보다)"라고 한다.

窺,『說文』: "窺, 小視也." 從小孔中看.

『說文解字』에서는 窺를 "엿보다"는 뜻이라고 하였다.

현대 중국어에서는 "從小孔中看(작은 구멍을 통해 엿보다)"라고 한다.

(b) 동자+대상

沐, 『說文』: "窺, 濯髮也." 洗頭.

『說文解字』에서는 沐을 "머리 감다"는 뜻이라고 하였다.

현대 중국어에서는 "洗頭(머리 감다)"라고 한다.

沬(頮), 『說文』: "頮, 洒面也." 洗臉.

『說文解字』에서는 頮를 "세수하다"는 뜻이라고 하였다.

현대 중국어에서는 "洗臉(세수하다)"라고 한다.

盥, 『說文』: "盥, 澡手也." 洗手.

『說文解字』에서는 盥을 "손 씻다"는 뜻이라고 하였다.

현대 중국어에서는 "洗手(손 씻다)"라고 한다.

洗, 『說文』: "洗, 洒足也." 洗脚.

『說文解字』에서는 洗를 "발 씻다"는 뜻이라고 하였다.

현대 중국어에서는 "洗脚(발 씻다)"라고 한다.

澣(浣), 『說文』: "澣, 濯衣垢也." 洗衣.

『說文解字』에서는 澣을 "빨래하다"는 뜻이라고 하였다.

현대 중국어에서는 "洗衣(빨래하다)"라고 한다.

(c) 동작+주체

集, 『說文』: "集, 群鳥在木上也." 一群鳥停在樹上.

_ 167

『說文解字』에서는 集을 "새들이 나무 위에 모이다"는 뜻이라고 하였다. 현대 중국어에서는 "一群鳥停在樹上(새들이 나무 위에 모이다)"라고 한다.

驟,『說文』: "驟, 馬疾步也." 馬快跑.
『說文解字』에서는 驟를 "말이 빨리 달리다"는 뜻이라고 하였다.
현대 중국어에서는 "馬快跑(말이 빨리 달리다)"라고 한다.

晛,『說文』: "晛, 日見也." 太陽出現.
『說文解字』에서는 晛를 "해가 나다"는 뜻이라고 하였다.
현대 중국어에서는 "太陽出現(해가 나다)"라고 한다.

(d) 동작+배경
跋,『毛傳』: "跋, 草行曰跋." 在草上走.
『毛傳』에서는 跋을 "풀밭을 걷다"는 뜻이라고 하였다.
현대 중국어에서는 "在草上走(풀밭을 걷다)"라고 한다.

涉,『毛傳』: "涉, 水行曰涉." 蹚着水走.
『毛傳』에서는 涉을 "물을 건너다"는 뜻이라고 하였다.
현대 중국어에서는 "蹚着水走(물을 건너다)"라고 한다.

(e) 형상+사물
驪,『說文』: "驪, 馬疾深黑也." 黑馬.

『說文解字』에서는 驪를 "검은 말"의 뜻이라고 하였다.

현대 중국어에서는 "黑馬(검은 말)"이라고 한다.

羖, 『說文』: "羖, 夏羊牧曰羖." 黑公羊.

『說文解字』에서는 羖를 "검은 숫양"의 뜻이라고 하였다.

현대 중국어에서는 "黑公羊(검은 숫양)"이라고 한다.

畬, 『說文』: "畬, 三歲治田也." 己墾種三年的田.

『說文解字』에서는 畬를 "개간한지 삼 년이 된 밭"의 뜻이라고 하였다.

현대 중국어에서는 "己墾種三年的田(개간한지 삼 년이 된 밭)"이라고
한다.

旍, 『爾雅』: "(旌旂)錯革鳥曰." 畵着疾飛的鳥的旗幟.

『爾雅』에서는 旍를 "빠르게 날아가는 새를 그려 넣은 기"의 뜻이라고
하였다.

현대 중국어에서는 "畵着疾飛的鳥的旗幟(빠르게 날아가는 새를 그려
넣은 기)"이라고 한다.

이와 같은 "종합으로부터 분석에 이르는" 변화는 정확하게 말하
면 앞서 논의한 (B)의 방식으로 형성된 예와 같은 그룹에 속한다고
할 수 있으며 고대로부터 현대에 이르는 변화는 다음과 같은 공식으
로 표현할 수 있다.

A [x+y] →B [x] + C [y]

위의 공식에서 A, B, C는 단어나 구를 의미하고 [ ]는 단어나 구의 의미 구성을 뜻하며 x, y는 의미 요소를 뜻한다. 공식에서 고대의 어휘인 A의 의미는 x+y의 두 가지 의미 요소가 융합하여 표현된다. 현대에는 고대의 어휘인 A의 의미 요소 x와 y가 두 개의 독립된 표층 형식인 B와 C(단어 또는 구)로 표현된다. 이러한 두 가지의 표층 형식이 결합하여 더 큰 의미 단위인 고대의 어휘 A의 의미를 구성하는 것이다.

이는 Talmy가 제기한 [이동+경로], [이동+방식] 등의 의미 요소가 교체됨으로써 단어화 패턴에 변화를 일으킨다는 이론과는 차이가 있다. 그러나 만약 단어화 이론을 의미 요소의 교체를 통한 단어화 패턴을 설명하는 것에 국한하지 않고 Talmy의 "우리는 의미 요소가 표층 요소로 표현될 때, 그 관계는 대부분 일대일로 대응되지 않는다는 것에 대해 검증해 보았다. 여러 개의 의미 요소 조합이 하나의 표층 요소로 표현되기도 하고 하나의 의미 요소가 여러 개의 표층 요소로 표현되기도 한다."는 언급과 같이[28] 의미 요소와 표층 요소가 일대일로 대응되지 않는 관계에 대해 연구해 볼 수 있을 것이다. 그리고 어휘가 어떻게 형성되는가라는 관점에서 "종합으로부터 분석에 이르는" 것과 (B)를 "단어화"의 범위에 포함시킬 수 있고 "개념화"와 "단어화"는 교집합 부분이 있을 것이다.

---

28 Talmy, L.(1985).

3.4.2 단어화 이론에 따르면 서로 다른 언어에서 하나의 의미 요소가 또 다른 의미 요소와 융합하여 어휘의 의미를 구성하는 데 나타날 수 있으며 통사 층위에 단독으로 나타날 수도 있다. 그리고 이러한 양상은 서로 다른 언어 뿐 아니라 역사적으로 다른 시기에 나타나는 어휘에서도 발견된다.

"食(먹다), 衣(입다), 耕(밭 갈다), 織(직물을 짜다)"의 네 가지 단어를 살펴보자. 필자는 이 네 가지 단어가 출현하는 선진(先秦) 시기의 문헌을 분석하여 다음과 같은 통계 자료를 얻을 수 있었다.(<표 11> 참조)

〈표 11〉

	출현 횟수	목적어가 있는 경우	목적어가 없는 경우	목적어가 없는 경우의 비율
食	563	181	382	68%
衣	134	79	55	41%
耕	176	6	170	97%
织	38	12	26	68%

이 네 가지 동사는 모두 "食"은 "음식", "衣"는 "의복", "耕"은 "밭", "織"은 "천"과 같이 동작의 대상이 존재하며 이러한 대상은 동작의 의미 요소이다. 그러나 선진 시기에는 많은 경우 이들 대상이 동사의 목적어로 표층 구조에 출현하지 않았으며 "耕田, 織布"와 같은 예도 매우 드물게 출현한다.

我竭力耕田, 共爲子職而已矣. (孟子·萬章上)

_ 171

(나는 힘을 다하여 밭을 갈아 자식된 직분을 하였을 따름이다) (맹자·
만장상)

에서와 같이 "耕田"과 같은 예는 10종의 문헌에 여섯 번밖에 출현하
지 않는다.

許子必織布而後衣乎? (孟子·滕文公上)
허자는 반드시 베를 짜서 옷을 입는가? (맹자·등문공상)

에서와 같이 "織布"와 같은 예는 10종의 문헌에 열 두 번밖에 출현
하지 않는다.
이와 같이 목적어가 출현하지 않는 경우, 대상이라는 의미 요소는
어떻게 표현될까? 그것은 바로 동작이라는 의미 요소와 융합하여 동
사의 의미를 구성하는 방식으로 표현될 것이다. 다음 예에서는 동사
에 "대상"이라는 의미 요소가 포함되어 있다.

彼民有常性, 織而衣, 耕而食. (『莊子·馬蹄』)
(이 백성들에게는 본성이 있다. 길쌈으로 옷을 지어 입고 밭을 갈아 밥
을 먹는다) (장자·마제)

是故退睹其友, 饑則食之, 寒則衣之. (『墨子·兼愛下』)
(그는 물러나 벗을 돌보기를 굶주리면 먹이고 추우면 입힌다) (묵자·겸
애하)

翟慮耕而食天下之人矣, (중략) 翟慮織而衣天下之人矣. (『墨子·魯問』)

(묵자는 스스로 농사지어 천하의 백성을 먹이려 하고, 스스로 베를 짜 천하의 백성을 입히려고 한다) (묵자·노문)

公食貢, 大夫食邑, 士食田, 庶人食力, 工商食官, 皂隷食織, 官宰食加. (『國語·晉語四』)

(왕공은 공물로 생활하고, 대부(大夫)는 봉지(제왕이 봉하여준 토지), 사(士)는 토지, 서인은 자기의 힘으로 생활한다. 공장(工匠)과 상인(商人)은 벼슬을 모시는 것을 통해 생활하고, 하급 관노는 녹봉, 가신은 대부의 토지가 증가하는 것에 의해 생활한다) (국어·진어4)

問士之子長幼. 長, 則日: "能耕矣." 幼, 則日: "能負薪, 未能負薪."(『禮記·少儀』)

(선비의 아들에게 장유에 대해 물었을 때, 어른은 "밭을 갈 수 있다."하고, 어리면 "능히 땔나무를 질 수 있거나 땔나무를 지지 못한다."하였다) (예기·소의)

『장자』의 예에서 네 개의 동사는 모두 대상을 내포하고 있다. 현대어로 해석하면 "베를 짜 옷을 지어 입는다, 밭을 갈아 거두어 밥을 먹는다."와 같이 동작의 대상을 모두 표층 구조에 표현해야 할 것이다. 『묵자』의 예에서 "食"과 "衣"에는 목적어가 나타났지만 이때 목적어는 대상인 "밥" 또는 "옷"이 아닌 사람이며 동작의 대상인 "밥"과 "옷"은 모두 동사에 내포되어 있고 이로 인해 사람을 목적어로 취할 수 있게 된다.『국어』와『묵자』중의 예문은 같은 양상으로 "食"에 후치하는 목적어는 동작의 대상이 아닌 그것에 의거하여 "食"이라는 동작을 하는 것을 의미한다. 이러한 동작의 대상은 어떤 연유로 의미 요소로서 동사의 의미를 구성할 수 있는 것일까? 그 이유 중 한 가지는 이 대상들이 동작과의 관계에서 가장 흔히 볼 수 있고 거의 고정적이고 전형적인 대상이기 때문이다.『예기』의 예에서 "能耕" 과 "能負薪"은 이에 대해 비교적 명확히 설명할 수 있는 근거를 마련해 준다. 즉, "耕"의 대상은 고정적이고 전형적인 대상이기 때문에 동사에 내포되었지만 "負"의 대상은 그렇지 않아 "薪"이 표층 구조에 나타나지 않으면 그 대상을 알 수 없기 때문에 반드시 표층 구조에 표현해야 하는 것이다. 또 다른 이유 한 가지는 선진 시기의 언어 구조와 관련되어 있다. 선진 시기에는 [동작+대상]이라는 단어화 패턴이 존재했기 때문에 일부의 의미 요소가 동사의 의미를 구성할 수 있었다. 이후 언어 구조가 변화하고 이러한 단어화 패턴이 사라지면서(또는 확연히 줄어들면서) 이러한 대상이 아무리 고정적이고 전형적인 것이라 할지라도 의미 요소로서 동사의 의미를 구성할 수 없게 되고 통사 층위에 반드시 출현하게 되었다.

이와 같이 어휘의 의미 구성은 통사 구조에 영향을 미칠 수 있으며 역사적으로 다른 시기에 속하는 어휘의 의미 구성 규칙에 따라 상응하는 통사 구조를 가지게 된다. 즉, 의미와 문법은 확실한 경계를 가지고 나눌 수 있는 것이 아니며 관련성을 가진다. 이는 또한 단어화 이론이 우리에게 주는 영감이기도 하다.[29]

---

29 蔣紹愚(2013).

제5장

중국어 발화 동사의 통시적 변천 및 공시적 분포*

왕웨이후이(汪維輝)

---

* 역자 주: 원문에서 "說類詞"는 발화 동사言說動詞의 상위 분류라고 밝혔지만 번역
문에서는 편의상 "說類詞"와 "言說動詞"를 모두 발화 동사로 번역하거나 원문 그
대로 "說類詞"를 사용하였다. "說類詞"는 본문에서 보통화普通話(표준어)에서
"말로 뜻을 표현하다"는 의미를 가진 "說"에 해당하는 어휘, 발화 동사의 의미장
중 가장 핵심적인 소분류로 설명 되어 있다.

발화 동사言說動詞는 모든 언어에서 중요한 위치를 차지하는 기본 어휘의 범주에 속한다. 고금을 통하여 중국어의 발화 동사는 그 수가 매우 많아 대략적인 통계에 따르면 사용 빈도가 상당한 단음절 동사만 해도 100 개가 넘고,[1] 다음절어를 포함하면 그 수량은 더욱 많아진다. 이와 같이 방대한 구성원을 가진 복잡한 의미장semantic field를 대상으로 통시적 변화와 공시적 분포 두 가지 관점에서 전면적인 논술을 펼친다는 것은 10000 여 자의 논문 한 편에서 쉽게 해낼 수 있는 일이 아니지만 우리는 발화 동사 의미장의 상위어로부터[2] 출발하여 초보적인 고찰을 해 볼 수 있다. 왜냐하면 일반적인 "說話(말하

---

1 일반적으로 "말하다"는 의미인 "言, 云, 曰, 語, 說, 道, 講, 話, 咀", 담론, 토론, 평론을 의미하는 "話, 談(譚), 論, 議, 評, 謀", "알려주다"는 의미를 가진 "謂, 白, 告, 詔, 報, 訴, 訃, 渴, 諭, 稟", "묻다"는 의미인 "叩, 潔, 問, 詢, 謗, 咨, 諏", "권고"의 의미인 "誡, 諫, 諍, 誨, 諗", "꾸짖음"을 나타내는 "訓, 叱, 斥, 訶, 責, 讁, 誅, 訕, 討, 罵, 署, 詛, 呪, 訐, 譏, 諷, 嘲, 誹, 謗, 詆, 詢, 誣, 誚, 讓, 誶, 譴, 讒", "속이다"는 뜻인 "詐, 欺, 騙, 謳, 誕, 誑, 詭, 誑, 譌, 謾, 謠", "말다툼"을 뜻하는 "訌, 吵, 訟", "읽다, 읊다"를 나타내는 "讀, 念, 誦, 背, 諷, 吟, 詠", 말과 관련된 여러 가지 의미를 나타내는 "謝, 託, 許, 訣, 詡, 誓, 辭, 解, 釋, 贊, 頌, 諾, 唬, 噱, 談, 嘩, 釋, 嚷" 등등이 있다.

2 蔣紹愚(1989), 『古漢語詞彙綱要』, 北京大學 出版社 참조. 장샤오위(蔣紹愚, 1989) 선생은 "의미론에 있어서 속(屬) 개념을 반영하는 것을 "상위어super ordinate"라고 하고 종(種) 개념을 반영하는 것을 "하위어hyponum"라고 한다. 예를 들어 "畜(짐승)"은 상위어이고 "馬, 牛, 羊"은 하위어이다. 만약 "馬"가 상위어가 되면 "驪(검은 말), 騜(오추마: 검은 털에 흰 털이 섞인 말))"은 하위어가 될 것이다." 필자는 동사의 의미장에 있어서도 상위어와 하위어가 존재한다고 본다. 상위어란 핵심적인 의미 단위義素만을 가지고 한정적인 의미 단위를 가지지 않은 어휘이며, 예를 들면, "說"의 의미 단위를 "+사용+언어+표현+의미"로 분석할 수 있는 것이다. 하위어란 핵심적인 의미 단위에 한정적인 의미 단위를 더한 어휘이며, 예를 들어 "罵"의 의미 단위를 "+사용+(거친, 악의적인) 언어+표현+(모욕, 질책 등)"으로 분석할 수 있는 것이다. 현대 중국어에서 "說"은 "꾸짖다, 비판하다"라는 용법이 있는데 이때는 하위어가 된다. 만약 다의어polysemy라면 사용에 따라 상위어와 하위어가 될 수 있는데 이런 경우를 자주 볼 수 있다. 예를 들어 보통화에서 "菜"는 "요리"를 뜻하는 총칭(상위어)과 "채소"를 뜻하는 하위어로 자주 사용된다.

다)"를[3] 대상으로 한다면, 역사적으로 각 시기에 사용되는 상용 어휘의 수량은 유한하기 때문이다. 현대 중국어에서 "말하다"는 뜻을 가진 동사를 살펴보면 각 지역별 방언에서 많이 쓰는 어휘는 "說", "講", "話"의 세 가지이고(일부 방언에서 "呾" 등을 사용한다) 보통화普通話의[4] 구어에는 사실상 "說" 하나밖에 없다고 할 수 있다.[5] 본고에서는 보통화에서 "말로 뜻을 표현하다"는 의미를 가진 "說"에 해당하는 어휘를, 발화 동사의 의미장 중 가장 핵심적인 소분류로 간주하고 "說類詞"라고 지칭하기로 하며[6] 역사적 문헌과 방언 자료에 의거하여 "說類詞" 동사의 역사적 변천 과정과 그것이 현대 중국어의 방언 역域에서 어떻게 분포하는지 고찰하는 동시에 비교와 분석을 통하여 통시적 변화와 공시적 분포를 결합하여 중국어의 기본 어휘가 어떻게 변화하는지에 대해 연구하는 것이 목적이다.

어휘 의미 구조를 보면 "說類詞" 동사는 결합가 3에 해당하는 동사이다. 즉, "說類詞" 동사가 문장에 나타날 때 동작주인 화자(a), 내용인 목적어(b), 청자(또는 독자)인 간접 목적어(c) 등 세 개의 논항을 가질 수 있다.[7] 이중 (a)와 (b)는 필수 논항이고 (c)는 수의적 논항

---

3 呂叔湘(1999), 『現代漢語八白詞(增訂本)』, 商務印書館, 北京大學中文係語言學教研室編(1995), 『漢語方言詞彙(第2版)』, 語文出版社 참조. 『現代漢語八白詞(增訂本)』에서는 "用言語表達意思(언어로 뜻을 표현하다)", 『漢語方言詞彙(第2版)』에서는 "用話表達意思(말로 뜻을 표현하다)"로 뜻풀이 되어 있다.

4 역자 주: 중국 대륙에서 지정한 표준어.

5 보통화에서 "講"도 사용하지만 사용 빈도가 매우 낮고 용법이 제한적이기 때문에 "說"의 지위에 미치지 못한다. 일반적인 "말하다"라는 의미 외에 "說"의 "책망하다, 비판하다, 중재하다, 소개하다"의 뜻과 "講"의 "해석하다, 설명하다, 논술하다, 의논하다, 논의하다, 강구하다"의 뜻은 여기서 다루지 않는다.

6 역자 주: "說類詞"에 대한 내용은 주2) 참조.

이다. 현새의 통사론에서는 세 개의 논항이 모두 나타날 수도 있고, 하나 또는 두 개의 논항이 나타날 수도 있고 셋 다 나타나지 않을 수도 있는데 문장의 표면 구조에 나타나지 않는다 하더라도 심층 구조에 숨어있는 경우이다. 세 개의 기본 논항 중, (a)는 가장 간단한 설명이 가능한 것으로 "說類詞" 동사의 동작주이며 인간 또는 인간에 비유되는 주체이자 문장에서 주어를 담당하며 흔히 생략된다. (b)와 (c)에 대해 설명하는 것은 비교적 복잡하다고 할 수 있는데, (b)를 설명하는 것이 복잡한 이유는 의미적인 부분에 있다. "說類詞" 동사의 내용적인 부분은 매우 다양하기 때문인데 통사적으로 볼 때 (b)는 일반적으로 홀로 직접 목적어를 담당하거나 개사介詞와[8] 결합하여 목적어를 담당하게 된다. (c)는 의미적으로는 비교적 단순하여 인간일 경우가 대부분이나 통사적으로 직접 목적어, 개사와 결합하여 보어補語나[9] 상어狀語를[10] 구성하는 등 복잡한 구조를 형성할 수 있다. 이 내용을 근거로 하여 "說類詞" 동사의 피동작주受事 유형과 여격與事 유형이라는 두 가지 관점에서 "說類詞" 동사의 용법을 다음과 같이 나눌 수 있을 것이다.[11]

---

7 이들 개념은 賈彦德(1999), 『漢語語義學』, 北京大學 出版社 참조.

8 역자 주: 중국어에서 개사란 일반적으로 전치사를 가리키며 후치사와 전후치사 결합형을 모두 가리킨다.

9 역자 주: 한국어의 보어와는 달리 중국어의 보어는 주로 동사와 형용사 서술어에 대하여 보충 설명을 하는 것이다. 주로 "방식(manner)"을 나타내는 서술어와 함께 "결과(result)"의 의미로 사용된다. 중국어에는 크게 "서술어+得+보어"의 조합식 술보 구조(組合式述補結構)와 "서술어+보어" 형식의 점합식 술보 구조(粘合式述補結構)의 두 가지 술보 구조가 있다.

10 역자 주: 중국어에서 부사어에 해당하는 문장 성분.

(一) 피동작주 유형에 의한 분류

1. S_1 : 피동작주가 출현하지 않는 유형. "你不說我說(네가 말하지
   않으면 내가 말하겠다)", "快點說(어서 말 해)" 등.

2. 피동작주가 직접 목적어인 경우, 직접 목적어의 성격에 따라 다
   섯 가지의 소분류로 나눌 수 있다.

   (1) S_2 : 피동작주가 "說類詞" 동사에서 말하는 사람이나 사물
       인 유형. 이때 "說類詞" 동사는 "얘기하다, 논하다"의 의미
       이다. "我們正說你呢(우리는 지금 네 얘기를 하고 있다)",
       "說一件事/一個故事(한 가지 일/이야기에 대해 얘기하다)" 등

   (2) S_3 : 피동작주가 얘기한 내용이나 직접 인용은 아닌 유형.
       "他說讓你去(그가 네게 가라고 했다)" 등.

   (3) S_4 : 피동작주가 직접 인용인 유형. 인용 내용은 따옴표 등
       으로 표시한다. "他說: '我不去了.'(그는 '나는 가지 않겠
       다.'라고 했다)" 등.

   (4) S_5 : 피동작주가 "話" 또는 동의어, 또는 어떤 성격을 가진
       "話"인 유형. "說話(말하다)", "說實話(진실을/솔직히 말하
       다)" 등

   (5) S_6 : 피동작주가 언어, 방언 등인 유형. "說英語(영어를 하

---

11 "說類詞" 동사의 용법은 매우 복잡하기 때문에 분류가 쉽지 않다. 본고에서는 『現
   代漢語八白詞(增訂本)』를 참고하였는데 S_1-S_{12}의 12가지 유형은 같은 논리적 층
   위에 존재하는 것이 아니고 본고에서 분류한 두 가지의 큰 유형 사이의 관계도 배
   타적 관계가 아닌 상호 포함이 가능한 분류이며 (특히 고대와 현대를 비교하는) 토
   론의 편의를 위해 분류한 측면이 있다.

나)”, “說廣東話(광동어를 하다)” 등.

3. 피동작주가 개사와 결합하는 유형. 두 가지 소분류가 있다.

  (1) S_7 : 상어를 담당하는 유형. “張三把這件事說了(장삼은 이

    일을 말했다)” 등.

  (2) S_8 : 보어를 담당하는 유형. “王嘗語莊子以好樂(왕은 당신

    이 음악을 좋아하는 것을 장자에게 말했다)”(『孟子·梁惠王

    下』) 등.

(二) 여격 유형에 의한 분류

1. S_9 : 여격이 출현하지 않는 유형. “小王說了一個故事(샤오왕이

  이야기를 하나 했다)” 등.

2. S_{10} : 여격이 직접 목적어를 담당하는 유형. “居, 吾語女(앉아라,

  내가 네게 말하마)”(『論語·陽貨』) 등

3. 여격이 개사와 결합하는 유형. 두 가지 소분류가 있다.

  (1) S_{11} : 상어를 담당하는 유형. “與之言(그와 얘기하다)”, “他

    對小王說了(그는 샤오왕에게 말했다)” 등.

  (2) S_{12} : 보어를 담당하는 유형. “言于王(왕에게 고하다)”, “有

    什麼好消息, 說給我們廳廳(무슨 좋은 소식이 있으면 우리

    에게 얘기해 봐)” 등.

만약 동작주의 유형까지 고려하여 분류한다면 “說類詞” 동사의
용법이 12 가지에 그치지 않을 것이나 한 편의 논문에서 12 가지의

용법에 대해 논의하는 것도 불가능한 일이므로 본고에서는 S_1－S_6 과 S_{12}의 7 가지 용법만을 선택하여 논의해 보고자 한다. 이 7 가지의 용법을 고른 이유는 동사의 특징을 가장 잘 나타낼 수 있는 문장 성분이 목적어이기 때문이며(S_1-S_6) S_{10}은 S_{10}에 속하는 "說類詞" 동사 의 의미가 본고에서 토론하고자 하는 범위를 벗어나기 때문에 배제 하였고 S_{12}를 선택한 것은 S_{12}의 용법이 고금의 차이가 크므로 통시 적 변화 연구에 큰 의미를 가지기 때문이다.

1. 說類詞 어휘에 대한 통시적 고찰

이 절에서는 "說類詞" 동사의 통시적 변화를 상고^{上古}[12], 중고^{中古}[13], 근대[14] 의 세 단계로 나누어 논의해 보고자 한다. 논의의 목적은 통 시적 변화의 주요한 맥을 짚어 보는 것으로 상세한 토론은 전개하지 않는다.

서한^{西漢} 이전의 상고 중국어에서 주요한 "說類詞" 동사로는 "語, 言, 云, 曰, 謂, 說, 道" 등이 있으며 이중 "語, 言, 云, 曰" 매우 이른 시 기의 문헌인 상서『尙書』와 시경『詩經』에서 찾아볼 수 있다. "言, 云, 曰" 은 갑골문에서도 보이며 "語"는 금문^{金文}에서 발견된다. "謂, 說, 道" 는 이에 비해 늦은 시기인 춘추^{春秋} 시기에 발견되고 있다. 서문에서

---

12 역자 주: 상^商, 주^周, 진^秦, 한^漢 시대를 가리킴.

13 역자 주: 위진남북조^{魏晉南北朝}부터 당^唐까지의 시기.

14 역자 주: 송^宋 이후의 시기.

밝힌 7 가지 용법에 의거하여 이들 동사에 대해 분석해 보자.[15]

"語"와 "言"은 동일 유형으로 볼 수 있는데[16] "語"와 "言" 의 차이점이라면 "言"은 동작주가 주동적으로 말하다는 의미이고 "語"는 다른 사람의 질문에 대답하거나 다른 사람과 어떤 일에 대해 논의하다는 의미로 주로 사용된다. 『禮記·雜記』에서 "三年之喪, 言而不語, 對而不問(3년상일 때 홀로 말하나(言) 대화하지(語) 아니하고 대답하되 묻지 않는다)"라는 구절이 나오며 정현鄭玄의 주해에서는 "言, 言已事也, 爲人說爲語(사물을 말할 때는 "言"을, 사람을/과 말할 때는 "語"를 쓴다)"라고 하나 『論語·鄕黨』의 "食不語, 寢不言(먹을 때 말하지 말아야 하며 잘 때 말없이 자야 한다)"와 같이 구별 없이 사용하는 경우가 많다. "語"와 "言"이 S₁ 용법으로 사용될 때 단순히 "說" 보다는 오늘날의 "說話(말하다)"에 상당하는 표현이다. 그 뜻은 "說"이라는 의미를 표현할 때 『論語』의 예와 같이 보이지 않는 목적어가 포함되어 있음을 염두에 두었다고 보는 것이다. 동사 "語"와 "言"은 『論語·述而』의 "子不語怪, 力, 亂, 神(공자는 괴이함, 힘, 반란, 귀신에 대해 논하지 않는다)", 『呂氏春秋·悔過』의 "若無疵, 吾不

---

15 분석은 王力(1999), 『古代漢語(校訂重排本)』, 中華書局의 상용 어휘 부분의 "言, 語, 說, 云, 曰, 道, 講", 王政白(1992), 『古漢語同義詞辨析』, 黃山書社의 "言, 語, 曰, 謂", 王鳳陽(1993), 『古辭辨』, 吉林文史出版社의 "言, 語, 曰, 謂, 云, 說, 道", 黃金貴(1995), 『古代文化詞義集類辨考』, 上海敎育出版社의 "語, 言, 曰, 云, 說謂, 白", 陸宗達·王寧(1984), 「訓詁與訓詁學·"言"與"謂""曰""云"」, 『語言學論叢』, 第16輯. 商務印書館, 王寧(1996), 『訓詁學原理』, 中國國際廣播出版社, 李佐豊(1991), 「『左傳』的"語""言"和"謂""曰""云"」, 『語言學論叢』, 第16輯. 商務印書館 등을 참조하였다.

16 王寧(1996)의 선진先秦 시기의 "言"과 "語"에 대한 상세한 분석을 참조.

復言道矣(나에게 결함이 없다면 나 또한 다시 도를 논할 자격이 없다)"에서와 같이 모두 S_2 용법으로 사용되기도 하였다. S_3의 용법은 "言"은 가능하나 "語"는 불가하다. "言"이 S_3의 용법으로 사용된 예는 다음과 같다.『呂氏春秋·重言』의 "管仲曰: '吾不言伐筥, 子何以意之?'(관중이 말하기를 '나는 거나라를 치자고 말하지 않았는데 그대는 무엇을 근거로 이리 추측하는 것인가?')" "語"와 "言"은 일반적으로 S_4 용법으로 사용되지 않았으나 선진 후기에 이르러 S_4 용법의 "言"이 조금씩 나타나기 시작한다. 그 예는 다음과 같다.『墨子·兼愛中』에서 "子墨子言: '以不相愛生, (후략)' (묵자가 말하기를 '이는 서로 사랑하지 않기 때문에 생긴 일이다')",[17]『韓非子·政法』에서 "信子言: '治不愈官, 雖知弗言'(신자가 말하기를 '관리들이 정사를 집행할 때에는 자신의 권한을 넘어서는 아니 되며 권한 이외의 일은 설령 안다고 해도 발설해서는 아니 된다')". 이것은 주목한 만한 새로운 용법의 출현이며 이에 대해서는 다시 상세하게 설명하겠다. "語"와 "言"은 S_5와 S_6의 용법으로 사용되지 않으나 S_{12} 용법으로 사용되며『呂氏春秋 · 報更』의 "客有語之于昭文君者曰(어떤 문객이 소문군에게 말하였다)"와『左傳·隱公六年』의 "周桓公言于王曰(주환공이 왕께 고하였다)"와 같이 개사 "于"를 통하여 여격을 표시할 수 있다. 이때 "言"이 "語"보다 훨씬 사용 빈도가 높다.(<표 1> 참조)

"云"은 "曰"과 같은 유형으로 볼 수 있다. "云"과 "曰"의 공통점은

---

17 『墨子』에는 "묵자가 말하기를"을 뜻하는 "子墨子言曰"과 "子墨子言"이 둘 다 출현하나 후자의 예는 극소수이다.

인용어 앞에 전치하여 S_3 용법과 S_4 용법으로 사용된다는 것이다. S_3
의 예로는 『論語·季氏』의 "君子疾夫舍曰欲之而必爲之辭(군자는 자
신이 그렇게 하고 싶다고 솔직히 말하지 않고 꼭 핑계를 대며 변명하
는 사람을 미워한다)"와 『論語·子張』의 "子張曰: '子夏云何?'(자장
께서 이르시기를 '자하께서는 어찌 말씀하셨느냐?')"가 있으며 S_4는
굳이 예를 들 필요가 없을 것 같다. "云"과 "曰"의 차이점은 "曰"은
누군가 직접 말하는 것이기 때문에 대화에 많이 사용되고 "云"은 인
용이나 논의 등의 의미로 많이 사용된다. 따라서 『論語』에서 "子曰"
과 "『詩』/『書』云"은 거의 고정적인 표현으로 사용되고 예외는 "子
云", "『誅』曰"의 두 가지 예만 찾아 볼 수 있다. 다른 상고 시기의 문
헌도 이와 비슷하다. 그러나 선진 후기부터는 『韓非子』에서 "『詩』
云"보다 "『詩』曰"이 더욱 많이 나타나는 것으로 보아 이러한 차이도
점차 사라진다. 이외에 "云"은 『左傳·僖公二十四年』의 "召穆公亦云
(소목공께서도 이르셨다)"와 같이 S_1 용법으로 사용할 수 있으나
"曰"은 S_1 용법으로 사용할 수 없다.

　"謂"가 "說"의 의미로 사용될 때는 『詩·召南·行露』의 "誰謂雀無
角? 何以穿我屋?(누가 참새는 부리가 없다고 했는가? 부리가 없다
면 어찌 내 지붕을 뚫었단 말인가?)"와 같이 주로 S_3 용법으로 사용
되며 "所謂(이른바)", "何謂也(뭐라 하셨습니까?)", "此之謂矣(이것
이 바로 내가 말한 바이다)", "其是之謂乎(말한 바가 바로 이러한 상
황일 것이다)"와 같은 고정적인 용법에서 자주 나타난다.[18]

---

18 고정적인 용법에 자주 출현하는 "謂"에 대해서는 사용 빈도 통계에서 제외하였다.

　　"說"은 상고시기에 일반적인 "말하다"는 의미로 사용되는 경우가 극히 드물며 여러 가지 한정적인 의미 단위가 포함되어 사용된다. 예를 들면『論語·八佾』의 "成事不說(이미 끝난 일에 대해서는 더 이상 설명할 필요가 없다)"에서는 "해명하다, 설명하다"의 의미이며,『國語·吳語』의 "夫差將死, 使人說于子胥曰(부차가 죽기 전에 오자서에게 사람을 보내 자신의 유언을 전해 달라고 하였다)"에서는 "알리다, 전하다"는 의미이다.『呂氏春秋·懷寵』의 "必中理然後說, 必當義然後議(군자는 도리에 맞는 토론을 하고 선비는 대의에 맞는 논의를 한다)"에서는 "토론하다, 논의하다"의 의미이며, 에 나타나는 22개의 "說(shuō, 이하 같음)"과『左傳』에 나타나는 4개의 "說",『論語』에 나타나는 3개의 "說"은 모두 "토론하다, 논의하다"를 의미한다.『呂氏春秋』에서는 "설명하다"의 의미로 쓰인 "說"이 13개, "토론하다"의 의미로 쓰인 "說"은 20개가 나타난다.『說文解字·言部』의 "說, 說釋也. 一曰談說(說은 설명을 의미하고 담론은 說의 또 다른 의미이다)"와 같이 "설명"과 "담론"은 상고 시기 "說"의 두 가지 주된 의미이다. 즉, 상고 중국어에서 "說"은 발화 동사 의미장의 상위어로 쓰이는 경우가 매우 드물다.

　　"道"는 상고 중국어에서 가끔 "說"로 사용된 경우가 있으며 "담론하다", "칭찬하다"의 의미에 가깝다. 예를 들면『詩·鄘風·墻有茨』에서 "中冓之言, 不可道也(궐내의 일은 밖에서 말하면 아니 된다)"와『孟子·梁惠王上』의 "仲尼之徒, 無道桓文之事者(공자의 제자들은 제환공과 진문공을 논한 일이 없다)"와 같은 예가 나타나며 사용 빈도는 매우 낮다. "道"가 "說"의 의미로 사용된 예는『論語』에

2/89,[19] 『孟子』에 5/150, 『呂氏春秋』에 1/245의 비율로 나타나고 있다.

이외에 "講"과 "話"에 대해서는 상고 중국어에서 "講"은 "말하다"는 의미로 사용되지 않고 "화해하다, 강화講和하다, 연구하다, 중시하다" 등의 의미로 사용되었다. "話"는 상고 중국어에서 기본적으로 명사로 사용되었는데 그 의미는 "좋은 말(善言)"을 의미하며 사용 빈도가 높지 않았고 『書·盤庚中』의 "盤庚作, 惟涉河, 以民遷, 乃話民之弗率(반경이 왕이 된 후, 신하와 백성들을 이끌고 황하를 건너 나라를 황하 건너편으로 옮기려고 하는데 왕의 명령을 따르지 않겠다는 신하와 백성을 한자리에 모았다)"에서와 같이 적은 수로 동사로 사용될 때는 "알리다(告訴)"의 의미로 사용되었다. 『經典釋文』에서는 마융馬融의 주해를 인용하여 "話爲, 告也, 言也("話"는 알리다, 말하다이다)"라고 하였다.

상고 중국어에서 "說類詞" 동사의 주요 상황은 다음과 같다.

의미의 범주가 가장 넓은 것은 "言"이며 S_1 - S_3의 용법에서 모두 다수를 차지하고 있다. 『墨子』와 『韓非子』에서는 적으나마 S_4의 용법도 보였다. 출현 빈도가 가장 높은 것은 "曰"인데 대부분 S_4의 용법으로 쓰였다. 출현 빈도가 가장 낮은 것은 "語"이며, "說"과 "道"는 상고 중국어에서 비교적 협의로 쓰였기 때문에 출현 빈도 또한 비교적 낮았다. 따라서 상고 중국어에서 가장 많이 사용된 "說類詞" 동사는 "言"과 "曰"이라고 할 수 있다. 양자는 용법상 상호 보완성이 있으며 S_1과 S_2의 경우 "言"을 사용하고 S_4의 경우 "曰"을 사용하며

---

19 여기에서 분모는 "道"의 출현 횟수, 분자는 "道"가 "說"의 의미로 사용된 횟수이다.

S₃의 경우 "言"과 "曰"이 모두 가능하다. 상고 중국어에서 S_5와 S_6 유형은 아직 나타나지 않았다.

〈표 1〉 상고 시기 고전에 나타나는 "說類詞" 동사의 S_1-S_4 용법 통계

	『左傳』				『論語』				『孟子』				『韓非子』			
	S_1	S_2	S_3	S_4	S_1	S_2	S_3	S_4	S_1	S_2	S_3	S_4	S_1	S_2	S_3	S_4
語	13	1			1	1							9	3	1	
言	128	45	53		35	15	1		37	15	7		86	30	62	3
云	8			30	1		1	5	4			28	3		1	2
曰		52	3561			7	747			24	912			57	1430	
說	21	1			2	1			1	3			7	7		
道		1			1	1				5			4	6	6	
講			61			3				11				7		

동한東漢부터 수隋에 이르기까지의 중고中古 중국어 시기에는 "說類詞" 동사의 사용에 뚜렷한 변화가 나타났으며 그 변화는 다음 두 가지로 요약할 수 있다. 첫째는 "言"의 용법이 확장되었다는 것이고 둘째는 "說"과 "道"의 사용이 활발해 졌다는 것이다. 이 두 가지 변화에 대해 논의해 보자.

"說類詞" 동사 중에서 "言"은 상고 시기부터 의미의 영역이 가장 넓고 출현 빈도가 가장 높은 상용자였다. 한漢 이후 "言"의 용법은 중요한 변화를 맞이하게 되는데 그것은 『論衡·龍虛』의 "知書言: '龍無尺木, 無以昇天'(단서에 이르기를 '용이 한 자 남짓의 애나무라도 없으면 승천할 수 없다')"에서와 같이 직접 인용을 목적어로 취하는 S_4 용법으로 상용常用된 것인데 현재까지의 연구 결과에 따르면 이러한 S_4 용법이 나타난 최초의 문헌은 『墨子』이다. 동한 이후에는 이러한

용법이 상당량 증가했으며 특히 불교 문헌에서 자주 볼 수 있었다. 예를 들면 동진東晉의『法顯傳』에서 "言"이 S4의 용법으로 사용된 횟수는 35회에 달하며 같은 책에서 "言"이 S1 - S3의 용법으로 사용된 횟수인 12회와 비교할 때 3배에 이른다. 북위北魏의 吉迦夜共縣曜가 번역한『雜寶藏經』에서 "言"이 S4의 용법으로 사용된 횟수는 700여 회에 이르고 "曰"은 31회(그중 4회는 "言曰"로 사용되었다) "云"은 71회 나타났다. 남조南朝의 齊求那毗地가 번역한『百喻經』에서는 "言"이 S4의 용법으로 사용된 횟수가 230여회이고 "曰"은 7회(그중 4회는 "言曰"로 사용되었다) 나타난다. 이는 불경에 나타나는 어휘 사용과 관련이 있지만 또한 "言"이 구어적 기반을 가지고 있었던 것의 증거가 되기도 한다.

그리고 이러한 사실은 "言"이 중고시기의 구어에서 "말하다"라는 발화 동사의 역할을 수행했다는 것을 증명한다. 또한 "言"은 현재까지 하나의 형태소로서 "言聲兒(말하다), 言說(설명하다), 言談(이야기 나누다), 言講(말하다), 言笑(웃으며 이야기하다), 言和(화해하다), 言歡(즐겁게 이야기하다), 言重(말이 지나치다), 言語(말하다, 부르다), 言傳(전하다)" 등의 2음절 단어를 구성하고 있으며[20] 일부 방언에서는 "你跟他說話, 他言都不言你(네가 그에게 말을 걸지만 그는 너를 아예 상대하지 않는다)"와 같이 부정소否定素와 함께 사용하여 "말상대하지 않는다"는 의미를 나타낸다.[21]

---

20 『現代漢語詞典』에서 "言語(yán·yu)"는 방언으로 표시되어 있다. "言傳" 또한 방언으로 표시되어 있으며 "言喘"이라고도 한다. 은천銀川, 우루무치, 산서山西 만영萬榮 등지에서 사용된다.

"說"은 중고시기에 두 가지의 중요한 변화를 보이는데[22] 첫째는 그동안 첨가되던 "설명하다, 논의하다"라는 의미의 한정적인 의미 단위가 소실되고 일반적인 "말하다"의 의미를 가지게 됨으로써 의미가 확대되었으며 둘째는 그 용법이 확장된 것이다.『論衡』에서 이미 S_4의 용법으로 사용된 "說"이 나타났으며『世說新語』에 이르러 "說"은 S_1 - S_4의 용법을 모두 갖추게 된다. 더욱 중요한 사실은 중고시기에 이미 "說"은 S_5의 용법을 가지게 되었다는 것이다. 현대 중국어와의 차이점은 후치하는 목적어가 "話"가 아니라 "語"와 "言"이었다는 것이다.[23] 이 시기의 문헌 자료에는 "說誠實語(솔직히 말하다)", "說此語('이 말은~'라고 하는 것이다)", "說是語, 說如是言(이러한 말을 하다)"와 같은 예가 자주 나타나는데 이러한 용법은 이후 "說"의 변화의 기초가 되는 지극히 중요한 용법이라고 할 수 있는데 그 이유는 중국어의 "說類詞" 동사 중 근대 말기晩近에 변화가 시작된 "講"을 제외하고는 오로지 "說"만이 이와 같은 기능을 가지고 있기 때문이며[24] "說"이 다른 어휘와 경쟁하게 될 때 우위를 점하게 되었다. 그러나 이러한 용법은 초기 단계였고 용례가 많지 않으며 "語"와 "言"에 전치하는 수식 성분이 있을 때만 "說"과 결합하여 사용할 수

---

21 『漢語方言大詞典』第二卷 "言"字條 참조.

22 중고시기 "說"과 "道"의 변천에 대해서는 汪維輝(2000),『東漢-隋常用詞演變研究』, 南京大學出版社. 157-172pp. "言, 云, 曰/說, 道"條 참조. 중복 내용은 본고에서 다루지 않으며 결론만 설명하려고 한다.

23 명사인 "話"가 "語"와 "言"을 대체하게 된 것은 宋末 이후의 일이다. 필자는 이에 대해 따로 논문에서 다루려고 한다.

24 "道" 또한 이러한 용법을 가지나 그 예가 극히 드물다.

있었기 때문에 후대의 "說話"와 비견하는 섯은 무리가 있다. 또한 S₁₂의 용법으로 사용될 때 남조의 송승^{宋僧} 伽跋摩가 번역한 『薩婆多夫毗尼摩得勒伽·卷二』의 "有比丘顚倒說與和上某甲阿闍梨某甲, 乞彼隨語與物, 故妄語波夜提(한 스님이 다른 스님과 함께 보시를 청하러 갔다고 거짓으로 고하였다. 이는 거짓으로 출가인^{出家人}들이 어기면 안 되는 계율이다)"에서와 같이 신흥 개사인 "與"가 출현하였고 북위의 菩提留支共顯林 등이 번역한 『妙法蓮華經波提舍·卷下』의 "二與說法令成就者, 謂依說法而說與故(이 두 가지의 법은 앞서 말한 바와 같다. 이에 의거하여 차례대로 수행한다)"와 같이 여격이 나타나지 않아도 되었는데 당^唐 이전에는 이러한 용법이 불경의 번역본에서 주로 나타나고 정통 중국어를 반영하는 중원^{中原} 지역의 문헌에서는 찾아 볼 수 없었다. "于"와 "與"는 여격을 이끌어 내는 역할을 하지만 서로 다른 특성을 가지고 있다. 즉, "于"는 "周桓公言于王曰(주환공이 왕께 아뢰었다)(『左傳·隱公六年』)"에서와 같이 화자를 강조하는 반면, "與"는 위의 "說與和上某甲阿闍梨某甲(다른 스님과 함께 보시를 청하러 갔다고 하였다)"의 예에서와 같이 말의 내용을 가리키며 "그들에게 그 말을(비록 문장의 표면에는 나타나지 않지만) 전하였다"는 것을 강조한다. 중고 이전에는 "說類詞" 동사가 "與"로써 여격을 이끄는 예를 찾아볼 수 없기 때문에 중고시기에 이러한 용법이 출현한 것은 "說"에 있어서 매우 중요한 변화이며 이러한 형식은 현대 중국어에까지 이어지게 된다.

한 마디로 중고시기에 "說"은 다양하게 사용되었으며 여러 종류의 문헌에 출현했다. 이 시기 "說"은 주로 "言"과 대구^{對文/連文}을 이루어 사용되기도 했는데 이러한 양상은 현대 중국어와 거의 흡사하다고 할 수 있으며 "說"은 여러 종류의 목적어를 이끌 수 있었고 "向(對)某人說(某事)(어떤 이에게 어떤 일에 대해 말하다)"와 같은 용법은 중고시기의 관용어처럼 사용되었다. 또한 소설 등에서 죽었던 사람이 회생하여 이전 일을 진술할 때 일반적으로 "說"을 사용하여 그간의 일을 회상하였으며 이런 경우 "言"과 "道" 등은 거의 쓰이지 않았고 어떤 일에 대해 말할 때, 어떤 사람이 한 말, 한 편의 이야기를 할 때 일반적으로 "說"을 사용하였다. 그리고 "說"에는 "具, 悉, 咸, 密, 空, 便, 速, 樂, 又, 復, 多, 共, 但, 今, 總, 不, 輕, 相, 再, 乃. 還, 先, 輒, 粗, 直" 등의 부사어가 전치하여 사용되었다.

정리하면 중고시기 구어에서 "說"은 이미 "말하다"라는 의미장에서 상위어로 변화하였다는 것을 알 수 있으며 이로써 "說"의 확장과 발전의 기틀을 닦았다고 할 수 있다. 그러나 "說"의 S_1 - S_4용법의 출현 빈도는 "言"에 비할 수 없고 S_4의 용법도 "曰", "云"에 미치지 못하므로 수에 있어서 중고시기 문헌에 출현하는 "說"은 약세에 처해 있다고 할 수 있다.

중고시기 자주 쓰인 구어 동사 중에는 "道"가 있다. 중고시기의 문헌 자료에 나타나는 "道"와 "說"은 의미와 용법에 있어서 매우 유사하며 같은 문단에서 "道"와 "說"을 번갈아 사용하기도 하고 "道說"로 연용連用 하는 경우도 볼 수 있다. "道"와 "說"의 의미 차이는 대략 다음과 같다. "說"은 일반적으로 "말하는" 것이며 "말하는" 행위를 강조한다. "道"는 "상세하게 말하다"는 의미이며 "상황에 대해 명확하게 말하다"는 뜻이다. 때로 주관적인 진술이나 논평의 의미를 덧붙일 때 사용하기도 하며 이것은 "道"가 상고시기부터 가지고 있던 의미적 특징이기도 하다. "道"와 "說"은 의미 차이가 크지 않고 호환할 수 있는 것으로 보이는데 "勿復道/莫復道/何所道/何足道/安足道/無所道(달리 말할 것이 없다)"와 같은 고정적인 형식에서는 일반적으로 "說"과 호환되지 않는다. "道"와 "說"의 차이점은 "道"의 출현 빈도가 "說"에 미치지 못한다는 것과 S_4 용법으로 사용될 때 "道"보다 "說"이 훨씬 많이 사용된다는 것, "道"는 S_5 용법을 가지지 못했다는 것이다.

〈표 2〉 중고 문헌 자료에 나타나는 "說類詞" 동사의 S_1–S_4 용법 통계

	『論衡』				『世說新語』				『法顯傳』				『齊民要術』			
	S_1	S_2	S_3	S_4	S_1	S_2	S_3	S_4	S_1	S_2	S_3	S_4	S_1	S_2	S_3	S_4
語	17	3			65	1		1	1					1	1	
言	189	182	529	73	88	9	31	10	5	1	7	37	7		46	4
云	1		75	23	1		22	293			3	16			7	195
曰			102	1208				1204				8			1	1162
說	2		8	5	10	11	4	4	1		3			1		2
道	1	1	4		1	42	8	4								
謂			378	3			16	5	3		2				3	

중고시기 "說類詞" 동사의 상황은 다음과 같이 정리할 수 있다.

중고시기 "說類詞" 동사의 구성원은 상고시기와 기본적으로 비슷하지만 내부적으로 많은 중요한 변화가 일어났다. 구어에서 사용된 동사는 주로 "言, 說, 道" 세 가지이며 이들은 의미와 용법이 유사하기 때문에 경쟁하는 상황이 발생하였다. "言"과 비교하면 "說, 道"는 비교적 늦게 나타난 신흥 세력이라고 할 수 있다. "言"은 출현 빈

도에 있어서 "說, 道"보다 훨씬 높았지만 "說, 道"는 강한 생명력을 가지고 있었다. 특히 "說"은 이 시기에 S₅ 용법까지 싹을 틔웠으며 치열한 경쟁 속에서 최종적으로 "言"과 "道"를 물리칠 준비를 단단히 다졌다. "曰"과 "云"은 출현 빈도가 매우 높았지만(특히 "曰"이 그러하다) 새로운 용법이 나타나지 않았으며 주로 S₄의 용법으로 사용되었다. 이 두 어휘에 대해서는 중고시기 구어적인 기초가 있었는지에 대해서 확실하지 않으며 이미 문어체로 편입되었을 가능성도 매우 높다.

다음으로 당 이후, 즉, 근대 중국어의 "說類詞" 동사의 변천 양상에 대해 알아보자. "話, 說, 道, 講"을 중심으로 살펴보고 비교적 특별하다고 할 수 있는 "講"은 마지막에 논의하고자 한다.

당 시기 "話"는 "말하다"는 뜻을 가진 상용 구어 동사이며 "說類詞" 동사의 새로운 구성원이다.

"話"는 남북조 시기부터 이미 동사로 사용되었으나 『世說新語·文學』에서 "旣前, 撫軍與之話言, 咨暖稱善(지방 행정 장관은 장평을 만나 대화하며 칭찬이 끊이지 않았다)", 『顔氏家訓·風操』에서 "北人無何便爾話說, 及相訪問(북방 인들은 서로 안 지 얼마되지 않는데도 이야기를 나누고 심지어 서로 방문하기도 한다)"와 같이 일반적으로 "談話, 言話, 話言(도리 있는 말), 話說(이야기는 이러하다)" 등의 형식으로 사용되며 목적어를 가지지 않았다. 『世說新語』에서는 동사 "話"가 여섯 번 출현하는데 모두 동의어와의 결합형이며 목적어가 없었다.

당 시기에 이르러 "話"가 타동사로 변화하면서 단독으로 사용하는 독립적인 어휘로 발전하였다. 이때 『唐人小說·甘澤謠·圓觀』의 "促膝靜話, 自旦及昏(무릎을 맞대고 조용히 이야기를 나누었다, 아침부터 저녁까지)"에서와 같이 S_1의 용법으로 사용되었으며 『唐人小說·柳毅』의 "因與話昔事, (중략) 君其話之!(그래서 그녀와 옛날 얘기를 나누었다 (중략) 당신이 그 얘기를 해 봐요!)"과 맹호연孟浩然의 『過故人莊』의 "開軒面場圃, 把酒話桑麻(창을 열어 마당가의 채마밭을 바라보며, 술잔을 들어 뽕과 삼 농사를 얘기하네)"에서와 같이 S_2의 용법으로도 사용되었는데 S_2가 가장 자주 볼 수 있는 용법이라고 할 수 있다. 또한 두광정杜光庭의 『神仙感遇傳·虯髥客(神仙感遇传·虬髯客)』의 "靖話于文靜曰: '吾有善相者, 欲見郎君, 請迎之'(이정은 유문정에게 '어떤 관상을 잘 보는 사람이 이세민을 만나보고 싶다 하니 그 사람을 안으로 모셔라'라고 말하였다)"와 같이 S_{12}의 용법으로도 사용되었으나 S_3, S_4, S_5, S_6의 용법으로 사용된 예는 찾아볼 수 없다. 이 시기의 "話"는 당시唐詩에서 자주 볼 수 있으며 『漢語大詞典』과 『漢語大字典』에서 최초로 나타나는 문헌이라고 인용한 것도 모두 당시이다. 조린趙璘의 『因話錄』에서는 "話"를 책의 제목에 사용할 정도로 "話"는 당대唐代의 전형적인 구어 동사이다.

　이러한 "話"가 공용어인 통어通語에서 유행하기 시작한 것은 얼마 되지 않은 것 같다. 일승日僧 원인圓人의 『入唐求法巡禮行記』에서는 "話"가 15회 나타났으며 모두 동사로 사용되었다.(그중 하나만 목적어를 가졌다) 이중 13개가 "語話"의 결합형으로 사용되었고 단독으로 사용된 것은 2개인데 하나는 "暫話卽歸去(잠시 말하고 돌아가다)(卷一, 十四)"이고 다른 하나는 "具陳留住之由, 兼話辛苦之事(기다리는 이유를 구체적으로 설명하면서 힘든 일들을 이야기한다)(卷一, 百四十六)"이다. 송 이후에는 이러한 "話"가 모두 "說"로 대체되면서 "話"는 명사로만 사용된다. 필자가 조사한 바에 의하면『三朝北盟會編』에는[25] 동사로 사용된 "話"가 단 하나도 없었고『朱子語類』에는 대부분 명사로 사용되며 "(전략) 已前一齊話了 (후략)(이전에는 모두 말하였다)(卷百九)"에서와 같이 드물게 동사로 사용되었다. 이후 "話"는 점차 방언에서만 사용되는 어휘로 위축된 것 같다. 오늘날 간贛, 오吳, 민閩, 월粤, 객가화客家話에서[26] 사용되는 "話"는 바로 송 이후의 "話"의 직계 후예라고 할 수 있다.

근대 중국어에서 "말하다"는 뜻으로 가장 많이 사용되는 동사는 "說"과 "道"라고 할 수 있다.[27] 여기서는 먼저『王梵志詩』를 중심으로 당 시기 "說類詞" 동사의 대략적인 면모를 살펴볼 것이다.[28]『王梵志詩』에서는 "話, 云, 曰"은 나타나지 않으며 "言"이 8회, "說"이 13회, "道"가 22 회 등장한다.[29](<표 3> 참조) 아래 예에 나타나는

---

25 『近代漢語語法資料彙編·宋代卷』에 수록된 여섯 편을 모두 조사하였다.

26 역자 주: 각각 贛(후베이 동남부, 안후이 서남부 및 푸젠 서북부에서 사용되는 방언), 吳(장쑤성 남동부와 저장성에서 쓰이는 방언), 閩(푸젠 지역의 방언), 粤(광둥성, 마카오, 홍콩 지역의 방언)이다.

27 蔣紹愚(1989),「關于漢語詞彙系統及其發展變化的幾點想法」,『中國語文』第1期 중『祖堂集』의 "言/語/說"的考察 부분, 蔣紹愚(1994),『蔣紹愚自選集』, 河南教育出版社 참조.

28 당 이후 "語"의 출현은 그 빈도가 매우 낮으며 보통 S_5으로 사용되었다. 단독으로 사용될 때는 오늘날의 "說話"에 해당하며 "說"과는 이미 대등한 위치가 아니었다.

29 "曰"은 "積代不得富, 號曰窮漢村(대를 이어 부유한 적이 없으므로 빈궁한 마을로 불리었다)"의 하나의 예밖에 없으며 본고의 연구 범위에서 벗어난다. 그리고 "言"은 "여기다以爲"는 의미로 또한 본고의 연구 범위에서 벗어난다.

일련번호는 상추^{項楚}의 『王梵志詩校注』를 따른다. "莫言己之是, 勿說他人非(자신의 올바름을 말하지 말고 타인의 잘못도 말하지 말라)(332수^首)", "說錢心卽喜, 見死元不愁(돈을 말하면 누구나 마음이 기쁘고 죽음을 직면할 때 걱정하지 않는 사람이 없다)(070수)", "梵志翻著袜, 人皆道是錯(범지가 버선을 거꾸로 신으니 사람들은 모두 그가 잘못되었다고 한다)(319수)" 『王梵志詩』가 우리에게 알려주는 중요한 정보는 당 시기의 구어에서 "云, 曰"은 이미 사라졌을 가능성이 크고 "言"도 상용자가 아니었을 것이며 "說"과 "道"가 가장 많이 사용되는 구어의 동사로 떠올랐을 것이다. 그리고 "道"가 "說"보다 더 상용되었을 것이다.

당 이후 "說"의 발전은 다음과 같은 특성을 보이고 있다.

1. "說話"가 출현했다. S₅로는 당 이전부터 사용되고 있었지만 목적어로는 "語"와 "言" 위주였고 "話"는 나타나지 않았다. 당 시기에는 일반적인 의미의 "說話"가 출현했으나[30] 그 예는 백거이^{白居易}의

---

30 元稹의 『酬翰林白學士代書一百韻』(自注)의 "樂天每與予游從, 無不書名屋壁. 又嘗于新昌宅, 設一枝花話, 自寅至巳, 猶未畢詞也.(『全唐詩·卷405』4520)"에서 "話"는 "이야기"를 의미하는데 『盧山遠公話(노산 원공의 이야기)』중의 "話(이야기)"이다. 후스잉^{胡士瑩} 선생은 『話本小說槪論』에서 이런 의미의 "話"와 "說話"에 대해 상세하게 고찰했으며 "'話'는 고대^{古代}에 '이야기'라는 의미를 가지고 있었는데 최소 수대^{隋代}부터 이런 의미로 보편적으로 사용되었으며 송, 원, 명 대까지 지속적으로 이런 의미를 유지했다. 『太平廣記·卷248』에서 인용한 隋侯白의 『啓言錄』중의 '侯白在散官 (중략) 才出省們, 卽逢素 (楊素) 子玄感, 乃云: '侯秀才可以(與)玄感說一個好話(후백은 실직이 없는 벼슬이다 (중략) 관아에서 나가자 양소의 아들 양현감을 만났다. 그러자 양현감이 말하였다. '제게 재미있는 이야기 하나 해줄 수 있습니까?')'와 당대 원진(元稹)의 시 '翰墨題名盡, 光陰聽話移'는 모두 그 예이다."라고 하였다. 그리고 또 "'說話'라는 단어는 당대 이전에는 발견되지 않았

『老戒』중의 "(전략) 周遮說話長(노인들이 말할 때 잔소리가 많아 항상 길게 말한다)"의 하나뿐이다. 오대송초五代宋初에 간행된『祖堂集』에서 "說話"는 "三人說話次, 老宿見其僧其色異于常人, 又女人亦有丈夫之氣(세 사람이 말한 뒤, 지식이 깊은 노인은 그 스님이 기색이 남다르고 여인의 기운과 남자의 기운을 모두 가지고 있는 것을 보고)" 등 모두 7 회 등장한다. 이후의 문헌인『三朝北盟會編·六編』에서는 "說話"가 좀 더 많은 10 회 등장하며 "話"와 같이 명사로도 사용되었다. 예를 들어 마확馬擴의『茅齋自敍』의 "今聞得你家軍馬却來攪奪, 如此卽更無好說話也(오늘 그쪽의 군대가 여기 와서 강탈한다는 소식을 들었다. 그러면 더 이상 듣기 좋은 말이 없을 것이다)"과 같은 것이다.[31] 거짓을 말하는 것을 "說脫空"이라 하는데 조량사趙良嗣의『燕云奉使錄』의 "我從生來不會, 今日旣將燕京許與南朝, 便如我自取得, 亦與南朝(나는 태어날 때부터 거짓말을 하지 않았으므로 오늘 연경을 남조에 준다고 했으니)"의 예에 나타난다. 이는 "說話"가 늦어도 북송과 남송이 교체되는 시기에 형성되었다는 것을 말해 준다.

으며 당대에도『高力士傳』중의 "轉變說話"와 이의산李義山의『雜纂』중의 "齋筵廳說話", 그리고 돈황본敦煌本『辭道場文』중의 '說話還同父母因'의 3 개 밖에 없었다. 이때까지는 아직 보편적으로 사용되지 못한 것 같다."라고 말했다.『話本小說槪論』(1980, 中華書局)의 156-158페이지 참조) 이러한 자료들은 "說話"의 "동사+목적어" 구조의 기원을 연구하는 데에 큰 의미를 가지고 있다. "說故事(이야기를 하다)"의 의미를 가진 "說話"의 의미가 확대되면서 일반적인 의미의 "說話"가 나타났을 가능성이 높다. 후스잉 선생은 백거이 시의 "說話" 하나를 빠뜨렸는데 이와 연관된 예문들의 역할은 우리의 연구에 있어서 매우 중요하다.

31 본고가 조사한 6 편의『三朝北盟會編』중에는 "好說話"가 두 번 나타난다. 上海(老派), 寧波(老派), 원저우溫州, 지시績溪, 광저우廣州, 둥관東莞 등지에서는 오늘날까지도 "話"를 "說話"라고 한다. 하지만 上海(老派), 寧波(老派) 등지의 명사 "說話"는 점차적으로 "閑話"에 의해 대체되고 있다.

2. "說道"가 출현했다. "說道"는 원 내元代와 명 대明代 이래 대화를 이끌어내는 목적으로 가장 많이 쓰이는 단어이고 오늘날까지도 이어져 내려오고 있다. "說道"가 나타난 것은 "說"의 발전 과정에서 중요한 의의를 가지고 있다. 지금까지의 연구에 따르면 말의 내용인 목적어를 이끌어내는 역할을 하는 "說道"는 당시唐詩에서 처음 나났으며[32]『全唐詩』에 7회 나타나며 백거이의『等郢州白雪樓』의 "朝來渡口逢京使, 說道烟塵近洛陽(아침에 나룻터에 나가 연경에서 온 사신을 만나, 전쟁의 봉화가 곧 낙양에 이를 것이라 하였다)"와 같은 예가 있으며『敦煌變文』중에도 하나의 예가 나타난다. 송대宋代에 이르러 "說道"는 이미 보편적으로 사용되었으며『三朝北盟會編』,『朱子語類』,『古尊宿語錄』등의 문헌 자료에 자주 나타난다.

3. "說"이 보어를 가지게 되었다.『呂氏春秋·首時』의 "說畢, 王子光大悅(말이 끝나자 왕자광이 매우 기뻐했다)"에서와 같이『呂氏春秋』에서는 이미 "說"이 보어와 함께 사용되는 예가 3회 나타난다. 그러나 당 이전에는 많이 사용되지 않았고 송 이후부터 보편적으로 사용되었으며『三朝北盟會編·六編』의 "說盡(모두 말하다), 說及課程(교육 과정에 대해 말하면), 說破(숨은 생각이나 일을 말하다), 說著(說着 말을 하다가), 說得重(말이 심하다), 說得甚是(말이 심히 옳다), 說得是與不是, 實與不實(말이 맞는지 틀린지) 說盡話(모두 말하다)" 등 보어의 유형 또한 풍부해 졌다.

---

32 『太平經(卷91)』에서는 "說道"가 최초로 나타나는데 이때는 대화를 이끌어내는 역할을 한 것이 아니라 "서술하다" 또는 "설명하다"의 의미로 사용되었다.

4. "說與"가 보편적으로 사용되었다. "說與"+여격의 형식은 남북조시기에 이미 출현한 바 있으나 백거이의『廳水部吳員外新詩, 因贈絕句』에서 "明朝說與詩人道, 水部如今不姓何(내일 아침에 시인들에게 말하라, 남조 양대梁代의 문학가 즉 수부水部 원외랑員外郎 하손何遜은 오늘부터 하 씨가 아니라 오 씨로 바꾸었다)"와 같이 당 이후 보편적으로 사용되었다. 또한 오대, 남송, 북송 시기에 자주 나타났으며 이후 근대 중국어에서 "說與"는 청자를 이끄는 역할을 하는 가장 중요한 표현의 자리에 올랐다. 당송 시기에 "說與" 외에 "說似"도 사용되었는데[33] 이는 방언일 가능성이 높으며 원 대 이후에는 자주 나타나지 않는다. 현대 중국어에서 보편적으로 사용되는 "說給"은 비교적 늦게 나타난 어휘이며『紅樓夢』에서야 "我常說給管事兒的, 不要派他差事, 全當一個死的就完了(나는 늘 윗사람들에게 그 사람한테 일을 주지 말고 그냥 죽은 사람이라고 생각하라고 말하곤 한다)(7)", "賴嬤嬤忙道: '什麼事? 說給我評評'(뢰 할머니가 급히 말하기를 '무슨 일야? 내게 말해 봐. 내가 무슨 일인지 말해 줄게')(45)"와 같이 나타난다. "說與"는 "說似", "說給"과 유사하며 "與/似/給"은 어휘 교체에 속한다.

5. S6가 출현했다. 필자가 조사한 자료에는 실제로 S6으로 쓰인 예문이 없었으나『拍案惊奇·卷三十四』의 "兩個在艙中, 各問了姓名了

---

33 "似"와 "與"는 매우 유사하여 동사에 후치하여 "擧似, 說似, 指似, 呈似, 把似, 送似, 寄似, 分似"와 같이 하나의 구를 이룰 수 있다. 예를 들면 举似、说似、指似、呈似、把似、送似、寄似、分似 등이 있다. 장상張相의『詩詞曲語辭匯釋·卷三』"似(一)", 江藍生(1988), "'擧似'補泄』,『古漢語研究』, 제1기, 江藍生(2000),『近代漢語探源』, 商務印書館 참조.

畢, 只是同鄕, 只說著一樣的鄕語, 一發投機(두 사람은 배 안에서 서로의 이름을 묻고 난 다음 고향이 같다는 것을 알고 같은 고향 말을 하면서 서로 너무 잘 맞았다)"에서 1 회 나타난다. 이와 같은 용법이 본격적으로 사용된 것은 20 세기에 들어선 후의 일이다. 유평백俞平伯, 노사老舍의 작품에서 모두 "說洋話(서양말을 하다)" 등과 같은 예를 볼 수 있다.

이와 같은 사실들로 미루어 보아 "說"은 늦어도 송 대에 이미 발화 동사 의미장의 핵심적인 어휘로 자리 잡았다고 볼 수 있다. "說"이 "말하다"는 의미를 표현하는 핵심적인 어휘로 등극한 것과 "話"가 명사화 된 것은 거의 동시에 이루어졌으며 이는 "說"과 "話"가 변천 과정에서 연관되어 있으며 상호 영향을 주고받았다는 것을 알 수 있다.

그러나 원 대 이전의 문헌자료에서는 "說"이 S4로 사용된 경우가 드물었고 필자가 조사한 수십 종의 당송 자료에 나타나는 비율도 매우 낮았다. S4용법은 중고시기에 이미 나타났고 예문도 적지 않지만, 송 대에 이르기까지 뚜렷한 발전을 거두지 못하였다. 원元 관운석貫云石(1285-1324)의 『孝經直解』는 당시의 구어로 『孝經』을 해석한 서적이다. 『孝經直解』에는 "說"이 55 회 나타나며 주목해야 할 점은 S4로 사용된 경우가 27 회로 거의 절반을 차지한다. 또한 『孝經』 원문의 "子曰"은 대부분 "孔子說"로 해석했는데 이는 늦어도 14 세기 초반에 S4 용법의 "說"이 "曰"과 "云"을 완전히 대체했다는 것을 충분히 보여주는 것이며 이는 또한 오랜 변천 과정을 거쳐 "說"이 드디어 다른 "說類詞" 동사를 대체하는 과정을 끝냈다는 상징적인 의미가 있다.

"道"는 근대 중국어에서 사용 빈도가 여전히 상당히 높다. 그러나 주로 S4로 사용되고 점차 말의 내용을 목적어로 이끄는 역할을 하는 동사로 변천하게 된다.[34] 그리고 S3과 S1로는 사용되는 경우가 있으나 S5와 S6으로는 사용될 수 없으며 이로써 "道"와 "說"의 분업이 더욱 명확해졌다.

〈표 3〉 당, 송, 원, 청의 자료에 나타나는 "說類詞" 동사의 용법 통계

	『王梵志詩』				『三朝北盟會編』						『孝經直解』						『紅樓夢(前五回)』					
	S_1	S_2	S_3	S_4	S_1	S_2	S_3	S_4	S_5	S_{12}	S_1	S_2	S_3	S_4	S_5	S_{12}	S_1	S_2	S_3	S_4	S_5	S_{12}
言	3	1	4		16	9	47	28			1						11	1	1			
云							7	400				1	12				2		8	27		
曰								325					24							10		
說	4	5	4		38	4	19	3	14	6	9	18	1	27		2	69	13	47	49	11	1
道		1	18	3	6		26	9			5		6	1					22	196		

마지막으로 "講"에 대해 논의해 보자.

"講"의 본 의미는 "화해하다"는 뜻이다.[35] "講"의 의미에 담긴 중요한 내용은 "講明(명확하게 말하다)"이다. 즉, 상대방과 심도 깊은 토론과 같은 상세하고 깊이 있는 언어 행위를 통하여 상호 관계, 이치, 경위, 내포되어 있는 의미, 기예, 가격 등에 명확한 결과가 도출되도록 하는 것이다. 따라서 고대시기에는 "講"이 "담론하다, 강구하다, 논의하다, 해석하다" 등의 의미로 많이 사용되었고 자주 "講和

---

34 劉丹靑(2003),「漢語裏的一個內容賓語標句詞-從"說道"的"道"說起」,『慶祝「中國語文」創刊50周年學術論文集』商務印書館 참조.

35 『說文解字』 참조.

(강화하다), 講好(잘 말하다), 講武(군사/병법을 강습하다), 講道(설교하다), 講經(경서를 강습하다), 講書(책을 이야기해 주다), 講文(글을 강습하다), 講字(글자를 설명하다), 講古(옛날이야기를 하다), 講史(역사를 이야기하다)” 등의 조합을 이루었다. “講”의 의미를 의미 단위 분석법을 통하여 분석하면 “+상세/심도+언어 표현을 통한 의미 전달+이치가 명확해지게 하다”로 분석될 수 있다. 후에 “講”은 일반적인 의미인 “말하다”라는 의미를 가지게 되었는데 이는 한정적인 의미 단위가 소실되고 핵심적인 의미 단위만 남아 어휘의 의미 범주가 확대된 것으로 “講”이 하위어에서 상위어의 지위를 가지게 된 것이다.

초보적인 조사에 의하면 원元 시기에 이미 “講”이 일반적인 의미의 “말하다”로 사용된 것 같다. 원곡에는 『元曲選·范子安「竹葉舟」』의 “楔子: 行者, 你快請他轉來, 說貧僧還有設講((설자: 행자야, 빨리 그분을 다시 모셔오너라, 빈승은 아직 할 말이 있다)”, 『元曲選·高文秀「誶范叔·第三節」』의 “范雎少待, 一別許久, 正要和你講話, 何故如此惊恐?(범저가 잠시 기다리다가, 오랜만에 뵙고 그대와 말 한 마디 하자니, 왜 이렇게 놀라십니까?)”, 『元曲選外篇·尙仲賢「三奪架·第三節」』의 “今日個人都講, 若有擧鼎拔山的霸王, 哎, 漢高呀你怎敢正眼兒把韓侯望(사람마다 ‘솥을 들어 산을 움직일 수 있는 항우項羽가 있다면’이라고 이야기 하는데 유방劉邦, 그대는 어찌 한신韓信을 똑바로 쳐다볼 수 있겠는가?”, 『元曲選外篇·無名氏「符金錠·第三節」』의 “(正旦唱) 我若是肯依隨, 休要講, 主張在尊堂, (夫人云) 你休要這般說, 我自有個主意也(정단[36]이 노래한다: 제가 따를 것인지 말할 필요가

_ 203

없고 그대의 부모님의 결정에 달렸습니다. 부인이 말한다: 그렇게 말씀하지 마십시오, 저는 저만의 방법이 하나 있습니다)"와 같이 "講"이 일반적인 의미의 "말하다"로 사용된 예문이 나타나는데 이러한 예가 많은 것은 아니었고 「三奪架」와 「符金錠」과 같이 운율을 맞추기 위하여 "講"을 사용하거나 특히 「符金錠」에서와 같이 노래 가사에는 "講"을 사용하고 대화에는 "說"을 사용한 전형적인 예와 같은 경우도 있었다. 원잡극元雜劇의 대사 부분에 나타나는 "講"은 실제로 원 대에 사용된 것인지 명 대에 개작한 것인지 아직 확실한 근거가 없다. 또한 원 대 이전의 문헌 자료에서는 "講"이 거의 나타나지 않는데 푸젠福建 등 남방 지역의 방언 특징을 가진 『祖堂集』과 『朱子語類』와 남방 지역의 방언 색을 뚜렷하게 가지고 있는 송원남극 宋元南戲[37]의 『張協狀元』과 『小孫屠』와 같은 자료에서는 "講話"를 뜻하는 "講"이 한 번도 나타나지 않는다. 정리하면 "說類詞" 동사로서의 "講"은 원 시기에 아직 시작 단계에 처해 있었다는 것이다. 현재는 중국 동남부 지역의 일부 역사 깊은 방언에서 "講"을 보편적으로 사용하는 경우가 있는데 서남관화西南官話 중의 구이양貴陽, 류저우柳州, 우한武漢 등지에서도 "講"을 비교적 많이 사용하고 있는 것으로 보아 원 이후 "講"이 점차 남방 지역으로 전파된 것을 알 수 있다.

일반적으로 "말하다"는 의미를 가진 "講話"는 앞의 예문과 『醒世恒言·勘皮靴單證二郎神』의 "下得階頭不幾步, 正遇着陳大郎, 路上

---

36 역자 주: 원곡에서 어진 어머니나 절개 있는 여자로 분장하는 주연 급 남성 연기자.
37 역자 주: 북송 말기부터 원 말기까지 중국 남방 지역에서 유행한 한족의 전통 극.

不好講話, 隨到個僻靜巷裏(계단 몇 개를 내려가 마침 진대랑陳大郞을 만났다. 길에서 말하기 불편하여 어느 조용한 골목길로 들어갔다)" 에서도 볼 수 있듯이 원 대에 최초로 나타난다. "講"의 한정적인 의미 단위인 "+상세/심도+언어 표현을 통한 의미 전달+이치가 명확해지게 하다"가 소실된 것은 아마도 "講話"의 조합을 통해서 점진적으로 이루어진 것 같다. 이 과정에서 가장 중요한 역할을 한 것은 "話"가 일반적인 의미를 가지게 된 것이다. "話"는 "이야기"로부터, "상세하게 해야 하는 말"로 다시 "일반적인 말"까지 그 의미가 부단히 확대되었다. 이 과정에 대하여 문헌 자료를 예로 들어 고찰해 보자.

"講話"의 조합은 송 대에 최초로 발견되는데 당시의 의미는 송 오처후吳處厚의『靑箱雜記·自序』에서 "前世小說有『北夢瑣言』,『酉陽雜組』,『玉堂閑話』,『戎幕閑談』, 其類甚多, 近代復有『閑花』,『閑錄』,『歸田錄』, 皆采撫一時之事, 要以廣記資講話而已(전대前代 소설은『북몽쇄언』,『유양잡저』,『옥당한화』,『융막한담』 등이 있고 종류가 다양하며 요즘에는『한화』,『한록』,『귀전록』 등이 있는데 모두 당시의 일을 소재로 삼았으며 자주 발생하는 이야기들일 뿐이다)"와 같이 "화본에[38] 나오는 이야기를 구술하다"는 뜻으로 사용되었다. 이때의 "話"가『盧山遠公話(노산 원공의 이야기)』[39] 중의 "話(이야기)"이다. 그러므로 초기의 "講話"는 "말하다"는 뜻이 아니었다. "說話"

---

38 역자 주: 송원 시기 민간 설화인說話人이 설창說唱하는 저본底本.

39 역자 주: 중국 최초의 화본 소설이며 동진東晋의 명승名僧 혜원慧遠의 기이한 이야기를 다룬 당화본唐話本이다. 둔황敦煌에서 완전한 형태로 발견되었으며 길이가 2 만 여자에 이르고 주로 구어로 쓰였으며 간혹 오언시五言詩 또는 칠언시七言詩의 형식이 나타난다.

와 "講話"의 탄생과 발전 과정은 궤적이 완전히 일치하는데 "講話"를 "說話"와 비교해 보면 초기에는 모두 "이야기를 하다"는 뜻으로 사용되다가 의미가 점차 확대되면서 일반적인 의미의 "말하다"로 사용된 것을 알 수 있다. 원 시기에는 「誶范叔」,『醒世恒言』과 같은 문헌에서와 같이 "講話"의 "話"가 "상세하게 해야 하는 말"을 가리켰으며 명 대에는 일반적인 의미를 가진 "講話"의 예를 비교적 흔히 볼 수 있었다. "講"이 상위어의 위치를 차지한 이후 점점 사용량이 늘었으나 지역적인 한계로 인하여 "說"과는 비교할 수 없었다. 필자가 조사한 바에 의하면 『老乞大』,『朴通事』,『訓世評話化』, 합명哈銘의 『正統臨戎錄』 등 북방 방언을 배경으로 하는 명 백화문白話文 문헌에는 "말하다"는 의미의 "講"은 나타나지 않고 만약 나타난다면 "講書(이야기를 하다), 講肆(강의하다), 講和(강화하다), 講禮(예를 중시하다), 講價(흥정하다)"를 뜻하는 "講"이다. 『近代漢語文法資料匯編·明 代卷』에 수록된 『元朝秘史』, 유중경劉仲璟의 『遇恩錄』, 전겸익錢謙益의 『牧齋初學集』,『皇明詔令』,『高皇帝御制文集』 등에서도 "말하다"는 의미의 "講"을 찾아 볼 수 없다. 『水滸傳·百回本』에서도 "講"이 나타나지 않으며 『紅樓夢(前五回)』에도 "講"이 나타나지 않으나 "說"은 121회 등장한다. 『西遊記』에는 유일하게 "講"이 비교적 많이 등장하며(103/197) 「三言」과 「兩拍」에도 "講"이 가끔 등장한다. 다음으로 명청明清 시기에 간행된 여섯 편의 백화문 소설을 통하여 "講"과 "說"의 사용 양상을 살펴 볼 것이다. 이 여섯 편의 소설은 두 개의 시대와 세 가지의 방언을 대표하는 소설이다. 앞 세 편은 명 대의 작품이고 나머지 세 편은 청 대의 작품이며 『金瓶梅·崇禎

本』, 『兒女英雄傳』은 허베이河北, 산둥山東 빙언의 특징을 가지고 있고 『封神演義』와 『儒林外史』는 장화이江淮[40] 방언의 특징을 가지고 있으며 『型世言』과 『官場現形記』는 오吳[41] 방언의 특징을 가지고 있다.

〈표 4〉 백화문 소설에 나타나는 "說"과 "講"의 용법 통계[42]

	『金瓶梅(前五回)』						『封神演義(前五回)』						『型世言(前五回)』					
	S_1	S_2	S_3	S_4	S_5	S_{12}	S_1	S_2	S_3	S_4	S_5	S_{12}	S_1	S_2	S_3	S_4	S_5	S_{12}
說	107	43	42	66	19	6	8	14	6	1	1		55	25	46	10	7	2
講		1					1	2	1				11	3				

	『兒女英雄傳(前五回)』						『儒林外史(前五回)』						『官場現形記(前五回)』					
	S_1	S_2	S_3	S_4	S_5	S_{12}	S_1	S_2	S_3	S_4	S_5	S_{12}	S_1	S_2	S_3	S_4	S_5	S_{12}
說	117	33	67	260	32	4	75	8	41	52	16		72	19	54	67	15	
講	19	15			2		3				3		3			2	2	

수적인 면에서 볼 때 "講"에 비해 "說"이 절대적인 우세에 놓여 있고 "講"은 보잘 것 없어 보인다. 용법의 면에서 볼 때, "講"은 S_{12}로 쓰이지 않고 S_4로 쓰인 경우도 매우 적다. 시기적인 면에서 볼 때, "講"은 증가 추세를 보인다. 예를 들면 『金瓶梅』와 『兒女英雄傳』의 언어는 모두 북방 관화北方官話[43]에 속하는데 『金瓶梅』에서는 "說"과 "講"의 출현 비율이 283:1이며 『兒女英雄傳』에서는 "說"과 "講"의

---

40 역자 주: 장화이江淮 이름의 유래는 양쯔강江 중하역에서 회하淮에 이르는 지역을 말한다. 현재의 장쑤江蘇, 안후이安徽 지역이다.

41 역자 주: 현재의 저장浙江, 장쑤江蘇 남부, 상하이上海, 안후이安徽 남부, 장시江西 동북부, 푸젠福建 북부에서 사용되는 남방 방언. 사용 인구는 9천만에서 1억 명 정도이다.

42 S_4에는 "說道", "講道"가 포함된다.

43 역자 주: 중국 북방 지역에서 사용된 표준어.

출현 비율이 16:1로 증가하였다. 지역적인 면에서는 오 방언에서 "講"이 많이 사용되었고 특히『型世言』에서는 "說"과 "講"의 출현 비율이 10:1에 가깝게 나타났다.『官場現形記』은『型世言』보다 늦은 시기에 쓰였는데 "說"과 "講"의 출현 비율이 오히려 52:1로 감소하였다. 이는『官場現形記』에서 사용된 언어가 공용어通語에 가까워 방언의 특징이 뚜렷하게 나타나지 않기 때문이다. 의미적인 면에서는 "講"에 시종일관 따라다니는 특징이 있었으니 그것은 "講"이 상위어로 사용되는 동시에 지속적으로 하위어로 사용되었다는 것인데 아마도 "講"이 "說"과 같이 압도적인 상용자가 되지 못한 것이 그 원인 중 하나일 수도 있다. 또 다른 주목할 만 한 점은『型世言』에서 "話"가 일부 동사로 사용되었다는 점이다.『型世言』첫 5회 부분에서 "話"가 8회 나타났는데 "周家親娘, 你是難得見的, 老親娘不在, 你便出來話一話(주 씨 집안의 어머님은 보기 힘들며, 어머님이 안 계시니 그대가 나와서 몇 마디 해보십시오)(三回)", "李權道: '話得是 (후략)'(이권이 말하기를: '맞는 말입니다')(四回)", "要與丈夫閑話, 他也淸晨就在店中, 直到晚方得閑, 如何有工夫與他說笑?(남편과 이야기를 나누고 싶지만, 남편은 아침부터 가게에서 일하고 밤에야 좀 쉴 수 있는데 이야기 나눌 시간이 어디 있겠는가?)(三回)", "向日 楊親娘說周親娘標致, 果然標致得勢, 那不肯走出來白話一白話?(향일양 어머니는 주 씨 아주머니가 예쁘게 생겼다고 하는데 정말 그렇게 예쁘다면 밖에 나와서 우리와 이야기라도 좀 하지 그래?)(三回)" 와 같이 단독으로 사용되거나 2음절어인 "白話(한담하다)"나 "閑話(한담하다)"의 형태로 사용되었는데 다른 다섯 편의 소설에서는 동사로 쓰이는 "話"가 나타나지 않는다. 이로써 명말明末 항저우杭州어에는 "說類詞" 동사가 3개 있었고 그중 가장 많이 사용된 것은 "說"이고, "講"과 "話"가 그 뒤를 이었다는 것을 알 수 있다.

근대 중국어 시기 "說類詞" 동사의 변천 양상은 다음과 같이 정리할 수 있다.

당 시기에는 "話"가 주로 동사로 사용되며 "說類詞" 동사의 새로운 구성원이 되었지만 송 이후에는 대부분 명사로만 사용되었다. 당말唐末 오대 시기부터는 "說"이 "말하다"는 의미를 표현하는 핵심적인 어휘로 부상한다. 당 시기에는 "說話"라는 어휘의 조합이 출현하여 인간의 가장 기본적인 활동인 "말하는 것"을 표현하는 새로운 형태의 어휘가 나타나게 되는데 이는 고대 중국어에서 근대 중국어로 이행하는 과정 중에 나타난 중요한 사건에 속하며 이후 "說"은 늦어도 14 세기 초에는 "曰"과 "云"을 완전히 대체하게 된다. "道"는 용법에 있어서 치명적인 결함이 존재하는데 그것은 일반적인 상황에서 직접 "話"를 목적어로 취하며 결합할 수 없다는 것이다.[44] 이러한

---

44 『五燈會元·卷六·逍遙懷忠禪師』의 "曰: '當爲何事?' 師曰: '爲汝道話'('무슨 일입니까?'라고 말하자 스님은 '그대에게 할 말이 있다'고 답하였다)", 같은 책 「文公揚億居士·卷十二」의 "秘監曾與甚人道話來?(비감이 누구와 이야기를 나누었는가?", 『大惠書』의 "日者與參政道話, 甚善, 甚善(일자와 참정이 이야기를 나누니 매우 좋은 일이다)", 『水滸傳·第二十三回』의 "武大道: '他搬出去須吃別人笑話.' 那夫人道: '混沌魍魎! 他來調戲我倒不吃別人笑! 你要便自和他道話, 我却做不得這樣的人! 你還了我一紙休書來, 你自留他便了!'(무대(武大郎)는 말하였다. '그가 나가면 남들의 비웃음을 받았을 텐데 말입니다.' 여자가 말하였다. '이 멍청한 사람아! 그럼 그 사람이 나를 희롱한 것은 남의 비웃음을 받지 않을 것 같으냐! 당신이 그렇게 하려면 직접 가서 그 사람과 이야기해 봐, 난 이런 짓을 못하겠으니! 당신이 나에게 수세를 보내고 그 사람을 이 집에 남겨두면 될 거 아닌가!)" 등 몇몇 개별적인 예만 나타난다.

결함 때문에 "道"는 "說"과의 경쟁에서 뒤처지게 되고 『紅樓夢』에 이르러서는 "道"에 S_3과 S_4의 두 가지 용법만 남게 되었다. 하지만 S_4의 출현빈도는 여전히 상당히 높으며 이 용법은 현대 중국어의 문어에 여전히 유지되고 있다. 그러나 구어에서는 이미 그 기반을 잃고 사용 빈도 또한 현저하게 떨어졌다. "講"은 상고 중국어에서부터 존재하는 어휘였으나 문헌에 따르면 원 이전에는 일반적인 의미의 "말하다"로 사용되지 않았고 한정적인 의미를 가진 하위어로서 존재했다. 원 이후 "講"은 "說"과 같은 의미로 사용된 예가 있으나 청 시기까지 문헌에 대량으로 출현하지 않으며 "說"에는 비교할 바가 되지 못한다. 더구나 용법에도 많은 제한이 있고 지역적 특색도 뚜렷한 편이다.

〈표 5〉 "說類詞" 동사의 7 가지 용법과 시기별 출현 양상[45]

	上古	中古	近代
S_1	言 (說, 語, 云, 道)	言 (語, 說)	說, 言, 道 (話, 講)
S_2	言 (說, 道, 語)	言, 道 (說	說 (話, 言)
S_3	言. 謂, 曰 (道)	言, 謂, 云 (道, 說)	說, 道 (言, 講)
S_4	曰 (云, 言)	曰, 言 云 (說, 道, 謂)	道, 說, 云, 曰
S_5		說	說 (講)
S_6			(說, 講)
S_{12}		(說)	說 (講)

<표 5>에서 알 수 있는 것은 중국어의 "說類詞" 동사는 상고로부터 현대로 오면서 "하나로 통일되는" 추세를 보이는 것이다. 즉,

---

45 괄호 안은 사용이 적은 어휘이다.

"說"이 다른 어휘를 대체하여 공용어에서 "말하다"는 의미를 표현하는 핵심적인 어휘로 자리 잡게 된다는 것이다. 이것은 중국어의 기본 어휘가 역사적으로 변화하는 하나의 유형에 속한다. 이 과정에서 "說"의 의미와 용법이 풍부해지면서 결국 다른 어휘를 대체할 수 있는 조건을 갖추게 되는 동시에 원 이후 새롭게 부상한 "講"이 "說"과의 경쟁 체제를 이루었고 상당수의 방언에서 유일한 상위어의 자리에 올랐다.

2. 說類詞 어휘에 대한 공시적 지역적 고찰

이 절에서는 현대 중국어 방언에 분포하는 "說類詞" 동사의 상황을 간략하게 살펴볼 것이다.

방언의 전체적인 상황은 다음과 같다. 관화[46]와 진어[47]에서는 "說"을 사용하고 "話"를 사용하지 않는다. 오吳, 공贛, 월粵, 민閩, 객가화客家話에서는 "講"과 "話"를 사용하고 "說"은 사용하지 않는다. 관화지역에 속하는 서남 관화, 장화이江淮 관화, 북부 오吳, 휘徽, 상[48]에서는 "說"과 "講"을 모두 사용하고 북부 오와 상에서는 "話"를 사용하기도 한다. 기준을 "說"의 사용 여부와 "話"의 사용 여부로 정한다면

---

46 역자 주: 官話, 원명청 이래 베이징 방언을 대표로 하는 북방어의 총칭.
47 역자 주: 晉語, 중국 허난河南, 허베이河北, 내몽골 자치구, 산시山西, 산시陝西에서 사용되는 방언. 비교적 고립된 방언에 속한다.
48 역자 주: 湘, 후난湖南 지역 방언.

"관화, 진어"와 "남부 오, 공, 월, 민, 객가화"는 대립 관계를 이루게 되고 다음과 같은 결론을 도출할 수 있다. 즉, "說"은 근대 중국어 이래로 언어의 변화가 비교적 빠른 북방어에서 "話"는 상대적으로 보수적이고 옛 모습을 유지하는 남방어에서 사용된다. "講"은 기본적으로 "說"과 "話"의 중간쯤에 위치한다. 제리 노먼Jerry Norman의 삼분법에 따르면[49] 북방어에서는 "說"을 사용하고 남방어에서는 "話"를 사용하며 중부어에서는 "講"을 사용하는데 북부 오와 남부 오는 중간 지역에 위치해 있다. 다시 말하면 북부에서는 "話"를 사용하지 않고 남부에서는 "說"을 사용하지 않는데 "講"은 양쪽 지역에서 모두 사용한다. 휘, 상, 공의 상황도 이와 유사하다.

물론 이와 같은 구분은 매우 대략적인 것이고 실제 상황은 이보다 훨씬 복잡하다. 예를 들면 공어를 사용하는 후난성의 웨양岳陽에서는 "說"을 사용하고 핑장平江과 레이양耒陽에서는 "話"를 유셴攸縣에서는 "話"와 "講"을 사용하는데[50] 두 가지 이상의 동사를 사용한다 하더라도 사용 빈도는 각각 다른 것과 같이 동일 방언역에서도 여러 가지 차이를 보이는데 본고에서는 자세히 다루지 않는다.

공용어와 강력한 방언이 방언과 세력이 약한 방언에 미친 영향도 "說", "話", "講"의 세 어휘에 반영되었는데 상하이어는 주로 "講"을 사용하고 "話"도 소량 사용하지만 "說"은 사용하지 않았으나 "說弗/勿定(講弗/勿定)"과 같은 신흥 어휘에는 "說"이 사용되기도 하는데

---

49 Jerry Norman(1988), *Chinese*, Cambridge University Press.
50 『湖南省志·方言志(上册)』第三編 贛語 참조.

이는 공용어의 영향일 것이다. 그리고 공어에서는 기본적으로 "話"를 사용하는데 "說"을 사용하는 경우는 극히 드물고 일부 지역에서는 "話"와 함께 "講"을 함께 사용하기도 하는데 이때 "話"는 본래 공어에 존재했던 고유어이고 "講"은 주변 방언의 영향을 받아 유입된 어휘이다.

〈표 6〉 47개 방언점方言點에[51] 분포하는 "說類詞" 동사[52,53]

	하얼빈	北京	濟南	车平	徐州	洛陽	西安	萬榮	西寧	銀川	우루무치	成都	貴陽	柳州	武漢	南京
說	+	+	+	+	+	+	+	+	+	+	+	+	+		+	=
講					+		=						+	+	+	+
話	-	-	-	-	-	-	-	-	-	-	-	-	-	-		

	揚州	合肥	太原	忻州	丹陽	崇明	蘇州	上海	杭州	寧波	金華	溫州	南昌	黎川	萍鄉	長沙
說	+		+	+	+	-	+	=	+			-				+
講		+			+	=	+	+		+	+	+	=		+	+
話	-	-	-	-	-	+	-	=	+	=			+	+	+	

	婁底	雙峰	建甌	福州	廈門	雷州	潮州	海口	廣州	東莞	陽江	梅縣	于都	南寧	績溪
說							咀								=
講	+	+		+	+		+	+	+	+	+		+	+	
話	=	+	+				+	+	+	+				-	

---

51 역자 주: 서로 다른 방언이 교차하는 지점.

52 이 도표는 주로 『現代漢語方言大詞典』(총 41개 분권)과 『漢語方言語彙』(第二版)을 근거로 하고 필자의 조사를 첨가했다. 세 가지 자료가 차이가 있을 때는 좀 더 상세한 설명을 근거로 삼았다. 예를 들면 『武漢方言詞典』에서는 "說"과 "講"을 모두 사용한다고 나와 있고 『漢語方言語彙』에서는 "說"만 언급되었다면 『武漢方言詞典』의 내용을 따랐다.

53 +는 사용함, -는 사용하지 않음, =는 비교적 적게 사용함, 빈칸은 불명을 나타낸다.

〈표 7〉 "說類詞" 동사의 각 방언역에서의 분포

	官話								晉語	吳語		徽語	湘語	贛語	客家語	粵語	閩語	平話
	東北	北京	冀魯	膠遼	中原	蘭銀	西南	江淮		北部	南部							
說	+	+	+	+	+	+	+	+	+	+	-	+	+	-	-	-	-	-
講							+	+		+	+	+	+	=	+	+	+	+
話	-	-	-	-	-	-	-	-	-	=	+	-	=	+	+	+	+	+

3. 결론

지역적 분포와 역사적 변천을 살펴보면 다음 몇 가지의 내용을 발견할 수 있다.

첫째로, 현대 중국어에서 사용하는 "說類詞" 동사 "說/講/話"는 아주 이른 시기인 선진 시기에 그 기원이 있으며 당 이후 근대 중국어의 시기에 상위어의 위치를 차지하기 시작했다. 상고와 중고에 자주 사용된 "言, 曰, 云, 謂"는 모두 도태되었고 "言"이 일부 방언에 흔적처럼 남아 있다. 뤼슈샹呂叔湘 선생은 중국어사를 나눌 때 이분법을 주장했는데 그것은 당말과 오대를 경계로 하여 고대 중국어와 근대 중국어로 크게 나누는 것이다. 현대 중국어는 근대 중국어의 일부에 속할 뿐 고대 중국어와 근대 중국어의 규모에 비견할 수 없다. 현대 중국어는 문법도 근대 중국어와 같고 상용 어휘도 근대 중국어와 같다. 다만 근대 중국어를 기반으로 하여 조금 더 변화했을 뿐이다.[54] "說類詞" 동사를 보면 선생의 말은 옳았다고 볼 수 있다. 즉, 현대 중

---

54 呂叔湘(1985), 『近代漢語指代詞』, 學林出版社.

고이의 "說類詞" 농사는 근대 중국어의 "說類詞" 동사와 같다.

둘째로, "說類詞" 동사의 공시적 분포는 통시적 변화의 결과이다. "說/講/話"은 각각 서로 다른 역사 단계를 내포하고 있다. 남부 오어, 공어, 월어, 민어, 객가화에서 "說類詞" 동사는 "話"이고 본고의 고찰에 의하면 "話"가 "說類詞" 동사의 상위어의 위치를 차지한 것은 적어도 당 시기로 거슬러 올라간다. 즉, 이 방언역에서 "說類詞" 동사는 당 시기에 그 형식이 정해진 후 기본적으로 변화가 없었다.(의미와 용법은 변화가 있었지만) 관화에서 보편적으로 사용된 "說"은 동한부터 수까지의 중고시기에 이미 어느 정도 발전했지만 당송에 이르러서야 진정한 상위어의 자격을 가지게 되고 원 시기에 7 가지 용법을 모두 구비하게 된다. "說"은 상대적으로 "話"보다는 신흥 어휘이며 근대 중국어가 성립될 당시 선두에 있던 북방어로부터 선택되었다. "講"은 아주 늦은 시기에 부상한 어휘로 원 시기에 최초로 출현했으며 자료와 연구의 부족으로 "講"이 어떻게 짧은 시간에 넓은 지역으로 전파되었는지 아직 결론을 내리기 힘들다. 오, 휘, 상, 월, 민, 객가화, 평화, 서남 관화, 장화이 관화에서 "講"은 "說類詞" 동사의 상용 어휘이며 일부 지역에서 "講"은 "說"과 "話"보다 높은 지위를 가지고 있다고 할 수 있다.

셋째로, 서로 다른 방언이 교차하는 지점인 방언점에서 "說類詞" 동사의 분포는 조금 복잡하며 뚜렷한 과도 기능을 가지고 있다. 예를 들면 북부 오어에서 "說類詞" 동사는 기본 어휘에 속하고 강한 안정성穩固性을 가지고 있다. 이들은 변화의 속도가 매우 느리다. "說類詞" 동사들은 어떻게 변천하는지, 방언의 고유한 기본 어휘는 어떻게 공용어 또는 강력한 방언이 가진 동의어에 의하여 대체되는지에 대해 아직 밝혀지지 않은 것이 많다. 따라서 두 개 이상의 방언역의 교차 부분에 위치한 방언점의 상황을 연구하는 것은 아직 밝혀지지 않은 사실을 밝히는 방법이 될 수 있으며 방언 연구에 있어서 주목할 만한 과제이다.

넷째로, 현대 방언의 공시적 차이는 이론적으로 충분한 조건만 구비되면 상세하고 정확하게 그려낼 수 있다고 할 수 있다. 통시적 변화는 문헌 자료와 언어 자료에 근거하여 추측할 수밖에 없으므로 완벽히 정확하게 정리할 수 없고 연구할 분량이 확정되어 있지 않고 종류가 매우 다양하고 복잡한 역사적 문헌들은 늘 우리를 어렵게 한다. "講"의 기원에 대한 문제가 그 중 하나이다. 이러한 것들이 중국어의 역사를 연구하는데 가장 큰 어려움이다.

제6장

언어로부터 화행으로

- 화행류 어휘의 의미 변천에 대하여 -

리밍(李明)

0. 再見으로부터[55] 논의를 시작해 보자.

본고에서는 비교적 특수한 의미의 변천 과정을 겪은 부류의 어휘에 관해 토론할 것이다. 먼저 再見의 예를 보자.

(1) 說好了下半輩子**再見**, 就你不守規矩, 這禮拜我見你八回了. (王朔『一點正經沒有』)

- 몇십 년 후에나 다시 만나자고 할 때는 언제고, 이번 주에만 자네를 여덟 번이나 만났어.

(2) 你要懶得送就算了, **再見**. (王朔『浮出海面』)

- 배웅하지 않으려면 그만둬, 다음에 보세.

(3) 馬林生 (중략) 在自家院門口看到那群孩子像大人一樣互相握手告別, 大聲**再見**. (王朔『我是你爸爸』)

- 마린성(馬林生)은 (중략) 집 앞에서 아이들이 마치 어른들처럼 악수하며 큰소리로 안녕이라고 말하는 장면을 보게 되었다.

他給我叫了車, 我坐進車裏, 把東西放好, 搖下窓戶和他**再見**.

- 그는 내게 차를 불러 주었고, 나는 차에 올라 차창을 내리고 그에게 작별 인사를 했다.

(1)에서 再見은 "다시 만나다"는 의미이다. (2)에서는 "작별을 고

---

55 역자 주: 부사(다시)와 동사(만나다)로 이루어진 어구로 "다시 만나다", "다시 보다"의 의미로부터 일반적으로 헤어질 때 사용하는 "다시 만나", "또 만나", "안녕" 등의 뜻을 가지게 된 상용구이다.

하다"는 의미의 관용어구인데 글자 그대로의 의미인 "다시 만나다"라는 의미를 여전히 가지고 있다. (3)에서는 "헤어질 때 '안녕'이라고 말하다", "작별하다"는 의미이지만 "헤어지다"는 의미 외에 "다시 만나다"는 의미로 해석할 수 없다. 세 개의 예문에서 우리는 再見의 의미가 "다시 만나다" > "헤어질 때 말하는 관용 어구" > "'안녕'이라고 말하다", "헤어지다"로 변화한 것을 알 수 있다. (2)에서의 再見은 담화 중에 "안녕"이라는 의미의 언어 형식으로 출현하는 경우이며 (3)의 再見은 언어 행위 또는 화행을 의미한다. 이와 같은 의미의 변화에 대해 본고에서는 "언어로부터 화행으로"라고 부르기로 한다.

1. 더 많은 예증

1.1 근대 중국어에서 珍重이라는 어휘는 현대 중국어의 再見과 유사한 변화를 거친 것으로 보인다.

(4) 大衆才坐, 師曰: "勞煩大衆, 珍重." (『祖堂集』, 卷三, 荷澤和尙)
- 사람들이 앉자, 선사께서 말씀하시기를, "수고하고 번뇌하는 중생들이여, 부디 몸조심하시오."

(5) 曹山乃倒臥, 師便珍重而出. (同上, 卷十二, 荷玉和尙)
- 차오산(曹山)이 몸을 일으키지 않고 있는데, 선사께서 "몸조심하시오."라고 말씀하시며 떠나셨다.

(6)　師索筆書偈曰: "非佛非心徒擬議, 得皮得髓謾商量, 臨行珍重諸
　　　禪侶, 門外千山正夕陽." 書畢坐逝. (『五燈會元』, 卷十六, 蔣山法
　　　泉禪師)

　　　- 선사께서 지필묵을 청하시고: "부처의 마음인가, 중생의 마음
　　　인가, 껍데기를 얻는가, 정수(精髓)를 얻는가 논쟁하는 것은
　　　헛된 일입니다. 내 떠나기 전에 여러 선승께 작별 인사를 하노
　　　니 문밖 첩첩산중에는 석양이 내리고 있습니다."라고 쓰신 후,
　　　앉은 자세 그대로 입적하셨다.

　(4)는 (특히 선승禪僧들이) 작별을 고할 때 사용한 관용 어구로 상
대방에게 "몸조심"과 "건강"을 당부하는 말이다. (5)는 "珍重이라고
말하며 작별을 고하다"는 뜻이며 (6)은 "~에게 작별을 고하다"는 의
미로 여격이 직접 목적어의 형식으로 등장한다. 오대五代[56] 시기에 간
행된 선종 문헌인『祖堂集』에는 珍重이 31회 등장하는데 그중 27회는
(4)의 예와 같은 용법으로 작별하는 말에 등장하며 4 회는 (5)와 같
이 "작별하다"는 의미이다. 『祖堂集』에는 여격이 필요한 (6)의 예는
아직 보이지 않는데, 남송南宋의[57] 보제普濟가 편찬한 선종 문헌인『五
燈會元』에는 (4)와 (5)의 예가 가장 많으며 (6)의 예도 나타난다.
　이상의 문헌 분석을 통하여 珍重 의미의 변화 과정이 다음과 같음
을 추측할 수 있다.

56　역자 주: 907-960년.
57　역자 주: 1127-1279년.

(7) "몸조심하세요." (선승들이 작별할 때 쓰는 말) > "'몸조심 하세
요'라고 말하다", "작별하다(자동사)" > "~에게 '몸조심 하세
요'라고 말하다(타동사)"[58]

1.2 다시 고대 중국어의 不審의 예를 살펴보자.[59]

(8) 後不**審**何年, 高漸麗以築擊始皇, 不中, 誅漸麗. (東漢 王充『論
衡·書虛』)

  - 어느 해인가, 고점려(高漸麗)가 축(築)을 가지고 진시황을 공
  격하였는데, 진시황이 맞지 않아 점려를 죽였다.

(9) 顧司空時爲揚州別駕, 援翰曰: "(전략) 不**審**尊體起居何如?" (劉
宋·劉義慶『世說新語·言語』)

  - 구(顧)사공(司空)이 양주(揚州) 별가(別駕)로 있을 때, 붓을 들
  어 쓰기를: "(전략) 옥체 평안하신지 모르겠습니다."

  是時須達遙見世尊曒如金山, 相好威容, 儼然炳著, 過逾護彌所說

---

58 『五燈會元』에서 珍重은 "작별하다"의 의미로 사용된다. 潘榮生(1987), 「珍重小
議」, 『中國語文』第4期, 袁賓(1992), 『近代漢語槪論』, 上海敎育出版社 참조. 여격
인 목적어를 취하는 珍重은『變文·解座文彙抄』의 "說多時, 日色被, 珍重門徒從坐
起. 明日依時早廳來, 念佛階前領取偈(한참을 이야기하다 날이 저물자 제자들에
게 인사하고 일어나, 내일도 제 시간에 일찍 당도하여 불경을 암송하고 계단 앞에
서 게문을 받아 갈 것을 당부하였다)"와 같이 당오대(唐五代)의 언어를 반영하는 둔황
(敦煌) 변문(變文)에 이미 그 예가 발견되지만 본고의 결론에 영향을 주지 않는다. 본고의
예문은 黃征·張涌泉 校注(1997), 『敦煌變文校注』, 中華書局에서 인용하였다.

59 不審의 의미 변화에서 대해서는 蔣紹愚(1985), 「『祖堂集』詞語試釋」, 蔣紹愚
(2000), 『漢語詞彙語法史論文集』, 商務印書館에 수록, 袁兵(1993), 「『禪宗著作詞
語匯釋』, 江蘇古籍出版社.于谷(1995:59-61), 「『禪宗語言和文獻』, 江西人民出版
社 등 참조.

萬倍, 睹之心悅, 不知禮法, 直問世尊: "**不審**瞿曇起居何如?" (元
魏·慧覺等譯『賢愚經』, 4/418a)

- 싯다르타가 멀리서 세존을 뵈옵는데 마치 금으로 만든 산과 같
  이 그 위용이 장엄한 것이 호미(護彌)가 말한 것보다 만 배나
  훌륭하여 심히 기뻐하였다. 싯다르타는 세존께 어떻게 예를
  갖출지 몰라 "구담(瞿曇)의 옥체가 어떠하신지 모르겠습니
  다."라고 직접 질문하였다.

(10) 夾山有僧到石霸, 才跨門便問: "**不審**." (『祖堂集』, 卷七, 巖頭和尙)

- 협산(夾山)의 제자 하나가 석패(石霸)를 찾아가, 문을 들어서
  며 여쭈었다: "(스승님, 옥체가 어떠신지) 모르겠습니다."

(11) 其僧進前煎茶次, 師下牛背, 近前**不審**, 與二上座一處坐. (同上,
卷九, 涌泉和尙)

- 선승이 차를 우리고 있을 때, 선사가 소를 타고 오시다 내리시
  어 안부를 물으시고는 함께 자리에 앉으셨다.

(12) 樹神 (중략) 直至庵前, 高聲**不審**和尙. (『變文·盧山遠公話』)

- 수신께서 암자 앞에 오시어 큰 소리로 스님께 안부를 물으셨다.

其沙彌去庫頭上相看主事次, 道吾來**不審**和尙. (『祖堂集』, 卷四,
藥山和尙)

- 사미승이 고두로 가서 주사를 만났을 때, 도오(道吾) 스님께서
  대사께 안부를 물으셨다.

(8)에서 不審은 "모르다"는 본래의 의미를 가지고 있다. (9)에서
不審은 인사말로 사용되면서 여전히 "모르다"는 의미를 가지고 있

다. 이때 不審은 의문문을 시작하는 말로 사용되면서 문단의 길이를 늘려 부드럽게 만드는 일반적인 담화 의미를 가진다.[60] (10)에서는 不審이 단독으로 인사말로 사용되고 "모르다"는 본래의 의미가 사라졌는데 이는 (9)가 축약된 용법이다. 여기에서 주목할 점은 당오대의 변문이 수록된 『敦煌變文校注』에는 인사말로 不審의 형식은 나타나지 않고 "不審~"의 형식만이 나타난다는 것이다. 그러나 오대의 문헌인 『祖堂集』에는 인사말로 不審의 형식만 나타나고 "不審~"의 형식은 나타나지 않는다. 不審만으로 인사말을 하는 것은 선승들이 자주 사용하는 표현으로 이로써 추측할 수 있는 것은 선승들이 구법에 매진할 때 간명한 언어를 사용하는 경향을 가지게 되므로 不審은 "不審~" 중에서 不審만을 잘라내어 인사말로 사용했을 가능성이 있다는 것이다.

(11)의 不審 또한 (10)에서 파생된 인사말로 "問不審(不審이라고 묻다"라는 뜻이다. (12)도 인사말로 여격 목적어가 출현한다. (11)과 (12) 중 어느 것이 역사적으로 선행하는 것인지에 대해서는 문헌에서 증거를 찾을 수 없으나 "問/云不審('不審'이라고 묻다/말하다"의

---

60 다음 예문을 비교해 보자. "樹神...... 直至庵前, 高聲不審和尚. 遠公曰: '萬福!'"(수신께서...... 암자 앞으로 친히 오시어 큰 소리로 대사께 안부를 물으시자, 원공(遠公)께서는 '만복이 깃드시길!'이라고 화답하셨다.)(『變文·盧山遠公話』), "其羅睺......拽其波羅之袖口云: '世尊六年在於山間苦行, 不審萬福?'"(나후가 파라의 소매 끝을 잡고 말하기를 '세존께서 육년간 산속에서 고행을 하셨으니 옥체가 좀 어떠신지 모르겠습니다.')(『變文·悉達太子修道因緣』), "合(常)[掌]禮拜起居: '不審師兄萬福?......'"(합장하며 예를 갖추어 안부를 묻기를, '사형 (옥체가) 어떠신지 모르겠습니다.')(『變文·難陀出家緣起』)) "重重禮敬, 問起居: '不審維摩尊體萬福?......'"(깊이 예를 갖추어 묻기를, '유마 거사님의 존체는 어떠신지 모르겠습니다.')(『變文·維摩詰經講經文·四』))

형식에서 "묻다/말하다"가 소실된 것으로 볼 수 있으므로 여격 목적어가 나타나는 형식이 시기적으로 더 늦게 나타난 형식이라고 추측해 볼 수 있다. 그리고 이는 珍重과 같은 변화이므로 교차 입증이 가능하다.

不審의 변천 과정을 정리해 보면 다음과 같다.

(13) 不知道("모르다", 인사말에 자주 사용됨) > 단독으로 인사말로 사용됨 > "不審(인사하다)"(자동사) > "向~不審(~에게 인사하다)"(타동사)

1.3 장사오위^{蔣紹愚}에서는 不審의 변화에 대하여 起居가 "쉬다, 행동거지"의 의미에서 "인사하다"는 의미로 변화한 것과 유사하다고 하였다. "起居"의 "인사하다"는 의미는 본고에서 사용하는 "언어로부터 화행으로"의 변천에 속한다.

본래 명사였던 起居는『禮記·儒行』의 "雖危, 起居竟信其志, 獲將不忘百姓之病也(비록 사는 것이 위태로울지라도 결국은 자신의 뜻을 믿고 오히려 백성들의 어려움을 잊지 못하니)"와 같이 행동(거지) 등의 뜻이었다. 한위육조^{漢魏六朝}시기에는 (14)와 같이 어르신들에게 인사를 할 때 起居가 어떠한지, 起居가 편안한지 묻고는 했다.

(14) 佛門優陀: "父王**起居**安不? (東漢·縣果共康孟詳譯『中本起經』, 4/154b)
      - 부처께서 물으셨다. '부왕은 안녕하신가?'"

起居는 (15)에서와 같이 "問詢(묻다)" 등에 후치하여 목적어를 담당했다.

(15) 王聞此語, 喜不自勝, 躬出奉迎, 接足爲禮, 問詢**起居**, 將至大殿, 敷施高座, 請令就坐, 合掌白言 (하략) (元魏·慧覺等譯『賢愚經』, 4/350a)

- 왕이 이 말을 듣고 심히 기뻐하며 (부처를) 직접 맞아들여 깊이 절하며 예를 갖추어 문안드리고, 대전으로 나아가 보좌를 준비하시며 앉을 것을 권하시며 합장한 채 아뢰셨다.

당대唐代에 이르러 起居는 問詢起居의 구로부터 "인사하다"는 의미의 동사로 발전했다.

(16) 謹遣弟子僧惟正奉狀**起居**. (日僧圓人『入唐求法巡禮行記』, 卷三)
- 제자 유정과 함께 안부 서신을 보내어 문안하였다.

(17) 廿一日, 申時, 本國相公已下九只船來, 泊此赤山浦, 卽遣惟正**起居**相公, 兼諮諸判官, 綠事等. (同上, 卷二)
- 21일, 신시(申時)에 본국에서 재상이 9척의 배를 이끌고 와 적산포(赤山浦)에 정박하자, 유정을 보내 문안드리게 하고 또 현지의 판관과 녹사께 여쭙게 하였다.

(16)에서 起居는 목적어가 없이 자동사로 사용되었고, (17)에서는 여격 목적어를 가진 타동사로 사용되었다. 동즈차오董志翹는 起居가

자농사에서 타동사로 변천했다고 추론하였다.[61] 앞서 예로 든 珍重
과 不審의 변천으로 보아서도 동즈차오의 추론은 합리적인 것으로
보인다.

起居의 변화 과정을 정리하면 다음과 같다.

(18)   행동(명사, 인사말 중 자주 사용됨) > 問詢 등의 동사에 후치하
       여 問詢起居 등의 구를 형성 > 행동을 묻다, 인사하다(자동사) >
       인사하다(타동사)

당 이후 起居는 동사로 자주 쓰이게 된다.(19)(20)

(19)   一兩日間, 兒子便到, 跪拜**起居**: "自離左右多時, 且喜阿娘萬福."
       (『變文·目連緣起』)[62]

       - 하루 이틀이 지나 아들이 돌아와 절하며 문안하기를: "오랫동
         안 문안드리지 못했습니다. 어머니, 만수무강하십시오."

(20)   羅卜目連認得慈父, **起居**問詢已了: "慈母今在何方受於快樂?"
       (『變文·大目乾連冥間救母變文』)

       - 나부목련(羅卜目連) 아버지를 알아보고, 인사하여 묻기를: "어
         머니께서는 요즘 어디에서 즐거움을 얻으십니까?"

---

61 董志翹(2000),『「入唐求法巡禮行記」詞匯研究』, 中國社會科學出版社.
62 起居를 명사로 보는 견해도 있지만 본고에서는 여러 종류의 예를 근거로 起居를
    동사로 본다.

본래 起居는 인사말 내부에 나타나는 표현이지만 (19)에서 起居
는 인사말을 이끄는 기능을 하고 있으며 (20)에 나타나는 起居問詢
은 問詢起居의 의미가 아니라 起居가 동사로 사용된 것이다.

1.4 "珍重, 不審, 起居"와 같은 변화 궤적을 가지고 있는 寒暄에 대
해 알아보자.

(21) (王母)下車登床, 帝跪拜, 問**寒暄**畢, 立. (『太平廣記』卷三引『漢武
      內傳』)
      - 왕모가 차에서 내려 평상에 오르자 황제가 절하며 날이 추운지
        여쭙고 일어났다.
(22) 先生往淨安寺候蔡. 蔡自府乘舟就眨, 過淨安, 先生出寺門接之.
      坐方丈, **寒暄**外, 無嗟勞語. (『朱子語錄·朱子四』)
      - 선생이 정안사로 가 채(蔡)를 기다렸다. 채가 배에서 내려 정안
        사를 지나는데 선생이 문밖으로 나가 그를 맞아들여 방장에 앉
        아 안부만 물으시고 다른 말씀은 하지 않으셨다.

(21)에서 問寒暄의 의미는 "(날씨 등이) 추운지 더운지 묻다"는
뜻이다. (22)의 寒暄은 서로 만났을 때 "날씨가 더운지 추운지 등의
예의를 갖추는 말을 하다"는 뜻인데 두 번째 예문에서 寒暄은 바로
"예의를 갖추는 말을 하다"는 의미가 된다.[63]

---

63 『漢語大詞典』에는 "寒暄"이라는 단어가 수록되어 있다. 이는 寒暄이 점점 화행류

1.5 앞서 우리는 珍重, 不審, 起居, 寒暄 네 가지 어휘의 의미 변화에 대해 알아보았다. 자세히 분석해 보면 네 가지 어휘의 변화 경로는 차이가 없지 않다. 珍重의 작별 의미는 "珍重이라고 말하다"는 의미를 그 기원으로 하여 珍重 단독으로 "작별하다"는 의미를 가지게 되었다. 不審은 인사말의 의미는 "問/云不審('不審'이라고 묻다/말하다)"와 같은 형식에서 기원하여 단독으로 "인사하다"는 어휘를 형성하였다, 起居는 단독으로 "인사하다"는 의미의 어휘를 형성하지 않았으며 인사말 중에서 중요한 어휘를 차지하면서 問起居의 형식이 아닌 "問~起居~"의 형식으로 나타난다. 寒暄의 동사적 의미는 問寒暄을 기원으로 하나 예의를 갖추는 말에는 寒暄이 거의 등장하지 않는다.

동사 珍重은 직접 담화에서 기원하고, 동사 不審은 "問/云不審"의 형식 또는 담화에서 직접적으로 기원하였으며 說珍重, 問不審과 같은 형식을 통하여 동사적 의미를 가지게 되기도 하였다. 동사 起居, 寒暄은 問起居와 問寒暄 등의 과정을 거쳐 담화로부터 간접적으로 기원하였기 때문에 珍重, 不審이 동사적 의미를 가지게 된 것보다 하나 더 복잡한 과정을 거치게 되었다. 즉, 珍重, 不審, 起居, 寒暄의 동사적 의미가 담화에서 기원한 것 중 珍重, 不審은 직접 담화에서 분리되어 동사가 된 경우이고 起居, 寒暄은 먼저 說珍重, 問不審을 거쳐 동사적 의미를 가지게 된 것이다.

동사로 사용되면서 "暄"이 "喧"으로 바뀐 것으로 보인다. 그 외에 『漢語大詞典』에는 "寒溫", "喧寒", "喧涼"도 "寒暄"의 의미로 수록되어 있다. "寒暑" 또한 "通寒暑", "問寒暑"로 쓰일 수 있는데 용례를 아직 발견하지 못했다.

2. 의미 변화에 대한 개괄

먼저 이와 같은 어휘의 본래의 의미를 X_1으로 새로운 의미를 X_2로 가정하면 "언어로부터 화행으로"는 다음과 같이 표시할 수 있을 것이다.

(23)　$X_2 = 說\, X_1$

예를 들면 珍重$_2$ = 說 珍重$_1$, 起居$_2$ = 說 ~起居$_1$~ 등이다. (23)에 대하여 좀 더 자세히 설명하면 다음과 같다.

(一) 說은 說, 問, 稱 등의 발화 동사를 대표하는데 발화 동사가 아닌 경우 X_1과 조합을 이룬 후 "通(寒暄)(인사하다)", "達(寒暄)(인사하다)"와 같이 발화 의미를 가지게 되는 것이다.

구어가 아닌 경우, 텍스트로 나타나는 說에 따옴표가 첨가될 수 있다. 예를 들어, 揮手再見(손을 흔들며 바이바이하다)에 따옴표를 첨가하여 "揮手'再見'(손을 흔들며 '바이바이'라고 하다)"라고 쓴다면 再見이 발화의 내용이라는 것이 더욱 명확해지는데 이때 독자들은 再見이 "說再見(바이바이라고 말하다)"임을 알 수 있게 된다.

(二) X_1 자체로서 발화 내용 전부나 발화 내용의 일부가 되거나 또는 발화 내용이 되지 않은 채 발화 행위를 전달하는 역할을 한다. 再見, 珍重과 같이 극히 짧은 발화는 그 자체로 언어 행위가 될 수 있다.

만약 발화 내용이 너무 길다면 바로 언어 행위가 되기 어려우므로 起居와 같이 발화 내용 중 키워드만 추출하여 언어 행위를 표현한다. 寒暄과 같이 다른 단어를 사용하여 발화 내용을 표현할 수도 있다.

이런 의미 변화가 발생하기 위해서는 필히 X_1이 포함되거나 전달하는 발화 내용이 특정 상황에서 사용 빈도가 매우 높은 관용어의 위치에 있어야 한다.[64] 예를 들어 보통화普通話에서 再見은 헤어질 때 매우 자주 사용하는 관용어이기 때문에 화자들은 再見과 "안녕이라고 말하며 (헤어지는)" 언어 행위와 쉽게 연관시킬 수 있다. 또한 사람들은 만났을 때 날씨 얘기로 담화를 시작하는 경우가 매우 많으므로 寒暄이 "만났을 때 (날씨 얘기를 하며) 인사하다"는 언어 행위가 될 수 있는 것이다.

(三) X_2는 언어 행위를 뜻하지만 단지 발화자가 X_1이라고 말한다는 의미만은 아니다. 예를 들어 "揮手再見(손을 흔들며 인사하다)"에서 발화자는 再見이 아닌 다른 인사말을 발화했을 수도 있고 비언어적 방식으로 표현되거나 말없이 손만 흔들어 작별을 표현했을 수도 있다. 여기서 再見은 가장 전형적인 인사말로 다른 인사말과 작별하는 행위를 대표한다. 예를 들어, "인사하다"는 의미로 사용되는 唱諾, 請安, 道萬福과 같은 언어 행위들은 보통 비언어적 행위를 수반하게 된다. 따라서 $X_2 = 說\ X_1$의 공식은 X_2의 기원을 나타낼 뿐 X_2

---

64 張永言(1982:131)에서는 "관용어란 '您好', '再見' 등과 같이 일상생활에서 매우 자주 사용되는 상투적인 말을 뜻한다."고 하였다. 張永言(1982), 『詞匯學間論』, 華中工學院出版社 참조.

라고 말했다는 의미를 나타내는 것은 아니다. 즉 再見₂은 "작별인사를 하다"는 뜻이며 "'안녕'이라고 말하다"는 의미가 아니다. 珍重, 不審도 이와 같다.

여기서 화행 동사(speech act verb)와 언어 행위 동사(linguistic action verb)에 대해 언급하고자 한다. (23)에서 X₂는 화행 동사이며 說은 언어 행위 동사이다. 화행 동사는 언어 행위 동사를 포함한다. 즉, 언어 행위 동사는 필히 화행 동사이지만 화행 동사는 언어 행위 동사가 아닐 수도 있다. 화행 동사는 비언어 요소로 대체될 수도 있다.[65]

화행은 일반적으로 "언어 행위 동사 + 발화 내용"으로 구성되며 說再見, 問起居, 敍寒暄, 道謝, 道謙, 問好, 叫好, 稱善, 稱好, 稱嗟, 唱諾과 같이 언어 행위 동사 뒤에 구나 문장을 사용하여 관용어를 이룰 수 도 있다. 이러한 발화, 키워드, 발화 행위로써 전체적인 화행을 표현하는 것은 상대적으로 조금 특수하다고 할 수 있다.

3. 다언어적 시각에서 본 의미 변화

Benveniste(1958)에서는 이상과 같이 원래의 의미가 관용어로 사용되고 새로운 의미가 동사로 사용되는 것을 *delocutive verb*, 즉,

---

65 Anscombre, Jean-Claude, Françoise Létoublon, and Alain Pierrot(1987), *Speech act verb, linguistic action verbs and delocutivity*. In Jef Verschueren(ed.), *Linguistic Action : Some Empirical-Cenceptual Studies*, 45-67, Norwood(N.J.) : Ablex 참조.

"관용어로부터 발원한 동사"라고 하였다.[66] 유럽 언어에서는 동사에 접사를 붙여 새로운 파생어를 생산하는 경우가 많으므로 조어법 분야에서 연구하곤 한다. Plank(2003)는 이러한 동사를 다음 여섯 종류로 분류하였다.[67]

(一) 호칭 대명사: 유럽어에서 호칭을 나타내는 대명사는 보통 대명사와 경어 대명사로 나눌 수 있는데 독일어에서 *du-z-en*("너"-접미사-부정표지不定標識)는 보통 2인칭 대명사를, *sie-z-en*(경어법의 2인칭 대명사)-접미사-부정표지)로 경어의 2인칭 대명사를 나타낸다. 프랑스어의 *tu-t-oyer*과 스페인어의 *tu-t-ear*은 보통 2인칭 대명사를 *vou-v-oyer*과 *vos-ear*은 경어의 2인칭 대명사를 나타낸다.[68]

고대 중국어에도 이와 유사한 용법이 있었다.

(24) 王太尉不與庚子嵩交, 庚卿之不置. 王曰: "君不得爲爾." 庚曰: "卿自君我, 我自卿卿; 我自用我法, 卿自用卿法." (『世說新語·方正』)
- 태위(太尉) 왕이보(王夷甫)는 유자숭(庚子嵩)과 교류하지 않았다. 그래서 유자숭이 왕태위를 부를 때 卿이라고 불렀다. 왕

---

66 Benveniste, Emile(1958), Delocutive verbs. In E. Benveniste, *Problems in General Linguistics,* tranlated by Mary E. Meek, 239-246, Coral Gables: University of Miami Press, 1971 참조.

67 Plank, Frans(2003), *Delocutive Verbs, crosslinguistically.* Paper presented at the ALT(Association for Linguistic Typology) V Conference, Cagliari, Italy 참조.

68 Benveniste(1958), Létoublon(1980), Anscombre(1980), Hagège(1993), Plank (2003)에서 인용.

이보가 말하기를, "군(君)은 그렇게 하시면 안 됩니다."라고 하였고 유자숭은 "저를 君이라고 부르셔도 저는 경을 卿으로 부르겠습니다. 저는 제 식대로 하면 될 것이고, 경은 경의 식대로 하면 될 것입니다."

(25) 王安豊婦常卿安豊. 安豊曰: "婦人卿婿, 于禮爲不敬, 後勿復爾." 婦曰: "親卿愛卿, 是以卿卿, 我不卿卿, 誰當卿卿?" 遂恒廳之. (同上, 惑溺)

  - 안풍(安豊) 왕융(王戎)의 아내는 왕융을 卿이라고 부르곤 했다. 왕융이 말하기를, "아내가 남편을 卿이라고 부르는 것은 법도에 어긋나는 일이니 앞으로 그렇게 부르지 마시오."라고 하였다. 아내는 "내 경을 친애하여 卿이라 부르거늘 내가 경을 卿이라 부르지 않으면 누가 경을 卿이라 부른다는 말이오?"라고 하여 그렇게 하게 하였다.

(24)와 (25)의 예에서 卿은 "'卿'이라 부르다"는 뜻이며, 君은 "'君'이라 부르다"는 뜻이다. 위진魏晉 시기에 卿은 윗사람이 아랫사람을 칭찬하여 부르는 호칭이었는데, (24)에서는 동년배 사이에서 사용되었고 (25)에서는 부부간에 사용되어 당시 예법의 구속을 벗어나 사용되었다. (24)에서 "君"은 동년배 간 비교적 정식적으로 부르는 호칭이다.

다음 예에 나타나는 爾汝는 "'爾'나 '汝'로 부르다"는 뜻이다.

(26) (祢衡) 少汝孔融作爾汝之交, 時衡未滿二十, 融已五十, 敬衡才
　　 秀, 共結慇懃, 不能相違. (『世說新語·言語』注引『文士傳』))

　　 - 예형(祢衡)은 공융(孔融)과 서로 "너, 나"로 칭하는 매우 친밀
　　　 한 사이였는데 그때 예형이 스물이 되지 않았고, 공융은 쉰이
　　　 었으나 공융은 예형의 재능을 소중히 여겨 겸손하게 대하였다.

(27) (游雅) 嘗衆辱奇, 或爾汝之, 或指爲小人. (唐·李延壽『北史·陳奇傳』)

　　 - 유아(游雅)가 수많은 군중들 앞에서 진기(陳奇)를 모욕하여 이
　　　 르되 혹은 "너" 혹은 소인배라 하였다.

　 "爾, 汝"는 고대에 윗사람이 아랫사람에게 쓰는 호칭인데 동년배
간에 사용하게 되면 (26)과 같이 서로 편하게 말을 나누는 의미나
(27)과 같이 상대방을 얕보는 의미를 나타낸다.

　 다음으로 誰, 何의 예를 보자. 『說文·言部』에는 "誰, 何也." 즉,
"誰, 何는 곧 誰이다."라고 나오는데 단옥재段玉裁는 이에 대하여 "誰,
誰何也."의 오기로 보고 敦에 대한 해석에 "一日誰何也." 구문이 나
오는 것이 그 증거라고 하였다. 또한 이선인李善引의 "謂責問之也." 또
한 증거가 될 수 있다고 하였다. 誰何가 "문책하다, 묻다"라는 뜻을
나타내는 예는 다음과 같다.

(28) 良將勁弩守要害之處, 信臣精卒陳利兵而誰何. (賈誼『過秦論』)

　　 - 뛰어난 장수와 강력한 노(弩)로 요충지를 지키고, 믿을 만한 신
　　　 하를 두고 정예병들이 날카로운 병기를 들고 누구냐고 물어보
　　　 며 검문하니.

(29) 及文帝崩, 景帝立, 歲餘不譙何綰, 綰日以謹力. (『史記·萬石張叔列傳』)

　　　- 문제(文帝)가 세상을 떠나고 경제(景帝)가 즉위하였는데, 경제
　　　는 1년이 넘도록 위관(綰)을 꾸짖은 적이 없고 위관 또한 삼가
　　　며 힘을 다하였다.

　　及景帝立, 歲餘不孰何綰, 綰日以謹力. (『漢書·衛綰傳』)

　　단옥재는 潘岳의 『籍田賦』에 나오는 "靡誰督而常勤兮, 莫之課而自
勵(아무도 독촉하지 않아도 늘 근면하게 하며 자신을 갈고 닦는다.",
『漢書·賈誼傳』에 나오는 "故其在大譴大何之域者, 聞譴何則白冠氂纓
(그러므로 (대신이 지은 죄가)큰 문책을 받아야하는 경우에는, 문책을
들으면 (대신은) 소꼬리로 만든 끈을 단 흰 관을 쓰고" 등과 같이 誰와
何가 독립적으로 "문책하다"는 의미로 사용되는 예문도 제시하였다.
여기에서 誰督은 동의어를 중복하여 사용하는 경우이다. 그러면 誰와
何는 어떤 경로로 의문대명사에서 "묻다"의 의미를 가지게 된 것일까?

　　양수달楊樹達(1930.1984:90)에서는 (28)과 (29)의 예문 중 誰何와
孰何는 (27)과 같이 대명사가 동사로 사용된 경우라고 하였다. 誰와
何가 "묻다, 문책하다"는 의미를 가지게 된 것은 問誰~(누구인지 묻
다), 問何~(무엇인지 묻다)에서 유래된 것이다. 誰와 何는 의문대명
사로서 질문을 던질 때 사용하게 된 것이 "묻다, 문책하다"의 의미로
변화한 것이다. (28)에서는 誰, 何가 자동사로 사용되었고 (29)에서
는 자동사로부터 타동사로 변화한 것을 보여준다.[69]

69　楊樹達(1930), 『高等國文法』, 商務印書館 참조.

(二) 직함, 호칭, 진속 간 호칭, 고유명사 등의 호칭 또는 욕설: 예를 들어, 독일어 *hund-z-en*(접두사-개-접미사-부정표지, 실제 표기법은 *verhunzen*) 글자 그대로 해석하면 "누군가에게 '개'라고 말하다"이며 의미가 확장되어 "어떤 사람이나 일에 대해 경멸하여 말하다"는 뜻을 가지게 되었다.

(三) 대화를 완성하기 위하여 사용하는 단어: 대답, 의문대명사, 부사, 접속사 등을 포함한다. 예를 들어, 영어에서 *to yes, to okay/okey* 등은 "받아들이다, 동의하다"는 뜻으로 "*yes*라고 말하다, *okay/okey*라고 말하다"는 뜻이기도 하다. 독일어에서 *be-jah-en*(접두사-"좋다, 알겠다"-부정 표지, "동의하다"의 뜻), *ver-nein-en*(접두사-부정사(negation)-부정표지, "거절하다"의 뜻)은 "*ja*라고 말하다, *nein*이라고 말하다"에서 유래되었다. 라틴어 *autumare*(토론하다, 논쟁하다)는 부사 *autem*(하지만)에서 비롯되었다. 이는 사람들이 토론이나 논쟁을 할 때 "~그러나~"라는 접속사를 자주 거론하기 때문이다. 프랑스어 *ergoter*(트집을 잡다)는 라틴어 부사인 *ergo*(따라서)를 차용한 것이고 "*ergo*라고 말하는 것"과 관련되어 있다. 다음 예문에서 諾은 "응답하다, 허락하다"의 의미이고 "'諾'이라고 말하다"는 뜻이기도 하다.

(30) 行水邊, 見一女浣衣. 揖曰: "寄宿得否?" 女曰: "我有父兄, 可往求之." 曰: "諾我, 卽敢行." 女首肯之. (『五燈會元』, 卷一, 五祖弘忍大滿禪師)[70]

- 물가를 지나시다 한 여인이 빨래를 하고 있는 것을 보고 합장

하며 가로되: "하룻밤 묵어갈 수 있겠습니까?" 여인이 대답하되: "집에 아버지와 오라비가 있으니 가서 물어 보십시오." 가로되: "허락해 주시면 제가 가겠습니다." 하니, 여인이 끄덕이며 허락하였다.

첨언하자면, 이러한 관용어로부터 유래한 명사도 찾아 볼 수 있다. 예를 들어 영어 *yes-man*, 프랑스어 *beni-oui-oui*, 독일어 *jasager*, 중국어 好好先生 등은 모두 "맹목적으로 따르는 사람"이라는 의미를 가지고 있으며, 이는 동의를 표현하는 "*yes, oui, ja*, '好' 만을 말하다"는 것에서 비롯되었다. 또한 프랑스어 *un mais*(반대), *un non*(거절)은 "그러나"의 뜻을 가진 접속사 *mais*와 "아니요"라는 의미의 *non*이 담화 중에 나타내는 의미에서 비롯된 것이며, 영어의 *an if, a yes/no*도 이와 같다. *iffy*와 같은 형용사에 *if*가 포함되어 있는 경우에도 접속사 *if*가 가진 "조건, 가설"의 의미가 담화 중에 나타날 때의 의미를 포함하게 된 것으로 추측된다.

(四) 사회적 교류에 흔히 사용하는 관용어: 예를 들면, 인사, 축하, 감사, 경고, 허가, 금지, 청유, 맹세, 저주 등의 관용어를 말하며, 명사(구), 동사(구), 완전한 하나의 절(clause)의 형식을 가진다. 앞서 언급한 再見, 珍重 등이 이에 속한다. 독일어의 *willkommn-en*("환영하다"- 부정표지)는 "상대방에게 '환영하다'라고 말하다"는 의미이며,

---

70 項楚(1987), 「「五燈會元」点校獻疑三百例」, 『著名中年語言學家自選集·項楚篇』, 安徽教育出版社에서 인용.

라틴어의 *salutare*(경례하다)는 *salus!*(경례를 드리다)에서 유래되었다. 또 영어 *to encore*는 프랑스어의 *encore!*에서 유래되었으며, *to damn*은 저주를 나타내는 *damn!*에서, *to hail*은 *hail!*에서 유래된 것이다. 프랑스어의 *bisser*(앙코르 또는 제청을 요구하다)는 *bis!*(앙코르!, 제청!)에서 유래된 것이며, *pester*(비난하다)는 *peste!*(어이쿠!)라는 감탄사를, *(re)mercier*(-에게 감사하다)는 *merci!*(감사합니다!)라는 감탄사로부터 기원한 것이다.

羅常培(1950/1989)에 의하면 "영어의 *chin-chin*이라는 단어는 중국어의 請請을 음역한 것인데, 옥스퍼드 사전에 수록된 請請의 의미는 *A phrase of salutation*으로 되어 있다. 본래 請請은 자리를 양보하며 "여기 앉으세요"라고 말하는 것일 뿐 인사를 표하는 단어는 아니었으나 의미의 변화가 거듭되며, *On the thirty-sixth day from Charring-cross a traveller can... be making his chin-chin to a Chinese mandarin*의 문장이 출현하고, *She 'Chin-chins' the captain... and then nods her pretty head*에서는 "경례하다, 인사하다"는 의미의 동사로 사용되어 본래의 의미와 거리가 있는 의미를 가지게 되었다." 라고 하였다.[71] *chin-chin*과 같은 예로부터 우리는 사회적 교류를 위해 사용하는 관용어가 언어행위를 표현하는 화행 동사로 변화한 것을 볼 수 있다.

(五) 감탄사 또는 의성어: 영어의 to hush는 의성어인 hush에서 유래하였으며, to boo는 boo에서 유래하였다. 『現代漢語詞典』에 수록

---

71 羅常培(1950), 『語言與文化』, 語文出版社에서 인용.

된 噓는 방언으로 "쉿 소리를 내며 제지하거나 쫓아내다"는 의미를 가지고 있으며 大家把他噓下去了(모두 그를 쫓아냈다)는 문장이 예문으로 되어 있는데, 이는 관용어가 동사의 의미로 사용된 것이다. 大是大非問題不能哼哼哈哈(중요한 문제에 (흥흥하하하며) 무성의하게 다루면 안 될 것이다), 別跟我嘻嘻哈哈的(히히덕거리지 마라)에서 哼哼哈哈과 嘻嘻哈哈 또한 이 부류에 속할 것이다. 고대중국어에도 비슷한 예가 있는데 다음의 예와 같이 감탄사인 嗟, 咨가 동사로 변한 것이 그것이다.

(31) 未盡歡娛, 忽嗟別離. (唐·張鷟『游仙屈』)
    - 마음껏 즐겁게 노닐지 못했는데 갑자기 떠나게 되어 탄식하다.
(32) 咨五才之幷用, 實水德之靈長. (晉·郭璞『江賦』)
    - 천지간에 五才(金木水火土)가 각각 제 역할이 있으나 물의 미덕이 그 중에서도 가장 깊고도 넓음을 찬탄(贊嘆)하노라.

(六) 방언이나 개인어에서 유래한 특정 음운 또는 단어: 개인어의 담화에서 휴지기에 나타나는 *filler*도 포함된다. 예를 들면, 러시아어에서 *a-kat*은 방언에서 강세가 없는 o를 a로 발음하는 것을 말하는데, *togo-kat*은 "*togo*를 입에 달고 살다"의 의미를 가진다. *togo*는 "유창하지 않다"는 뜻이다.[72]

Benveniste(1958)에는 여섯 번째 분류가 언급되지 않았고, 다섯

---

72 편의상, 러시아 문자가 아닌 라틴 문자로 표기함.

번째 분류는 네 번째로 분류되어야 한다고 생각한다. 그 이유는 *hush*와 *boo*가 의성어이기 때문에 개념 의미를 가지고 있지 않기 때문인데 다음 절에서 이에 대해 토론할 것이다.

4. 의미 변화의 특징

4.1 변화된 의미는 "언어로써 행위하는" 언어 행위의 의미를 얻게 된다.

제 2절에서 X_2는 언어 행위를 뜻한다고 하였는데 본 절에서는 X_2가 "언어로써 행위하는" 언어 행위에 속한다는 것을 밝히고자 한다. 언어 행위란 발화 행위(locutionary act)에 상대적인 개념으로 일반적으로 선포, 경고, 명령 등의 발화 수반 행위(illocutionary act)를 뜻한다. 다음의 예를 보자.

(33) "對不起, 實在對不起!" 小伙子語無倫次地道着歉. "光對不起就
       行了?!" 二紅漲紅了臉. ("죄송합니다, 정말 죄송합니다!" 청년
       은 거듭 사과한다. "죄송하다고 하면 다야?!" 이홍(二紅)은 얼굴
       이 붉게 상기되었다.)

청년이 "죄송합니다"라고 말하는 것은 자신의 생각을 표현하는 발화 행위인 동시에 "죄송합니다"라고 말하며 사과의 행위를 하는

발화 수반 행위이기도 하다. 이홍의 말 중 "죄송하다"는 일종의 인용이자 상위 표상(metarepresentation)이며, 어떤 표현을 다시 한 번 재현한 것인데, 이홍이 재현한 것은 언어 행위의 발화뿐이 아닌 언어 행위의 의미이다.

> (34) 祥子本不吸煙, 這次好似不能拒絕, 拿了支煙放在唇間吧唧着. (老舍『駱駝祥子』) (샹즈는 담배를 피우지 않지만 이번에는 거절하지 못할 것 같아 한 개비 들어 입술 사이에 끼우고는 파지직 소리를 내고 있다.)

(34)에서는 의성어인 "吧唧"이 동사로 사용되어 "파지직하는 소리를 내다"는 의미로 사용되었다. 吧唧$_2$ = 吧唧$_1$라는 소리를 내다는 뜻으로 본고에서 말하는 의미 변화와 매우 유사하다. 그러나 吧唧는 파지직 소리를 내는 발화 행위일 뿐, 발화 수반 행위가 아님을 쉽게 알 수 있다. 즉, (34)의 파지직은 여전히 의성어일 뿐 언어 행위가 되지 못한다.

> (35) 大家把他噓下去了. (모두가 그를 쫓아냈다.)

(35)에서는 "噓"이 의성어라는 점에서 (34)와 같다, 그러나 여기서는 발화 행위일 뿐 아니라 "모두가 쉿이라는 발화 행위를 통하여 그를 쫓아낸" 발화 수반 행위라는 것이며 이때 재현되는 것은 언어 행위이다.

그럼 3절에서 설명한 다섯 번째 분류가 네 번째 분류에 속하는 것이 타당한지에 대해 생각해 보기로 한다. 만약 어떤 어휘가 의미의 변화를 거쳐 도달한 결과물인 동사가 "언어로써 행위하는" 것이 아닌 (34)의 예와 같이 단순한 발화 행위일 경우, 네 번째 분류인 관용어로부터 동사로의 변화에 속하지 않는다고 보는 것이 타당한 것 같다. 중국어에는 (34)와 같이 감탄사나 의성어가 서술어로 사용되는 경우가 많을 뿐 아니라 소리가 나는 기관 또한 인간의 입뿐이 아닌 다른 신체 기관일 수도 있고, 인간이 아닌 동식물이나 물체가 소리를 내는 것일 수도 있다. 이러한 것들을 모두 네 번째로 분류한다면 도리어 네 번째 분류의 특징을 모호하게 할 수도 있게 될 것이다. 이와 달리 (35)의 예는 "언어로써 행위하는" 의미를 가지고 있어 네 번째 분류의 특징에 부합할 것이다.[73]

3절에서 설명한 여섯 번째 분류는 단순한 발화 행위에 속하는데 Plank(2003)에서도 네 번째로 분류하였다. 이러한 분류는 나름의 이유를 가지고 있고 (36)의 예와 같이 어떤 경우 단순한 발화 행위인지 발화 수반 행위인지 판단이 어려운 경우도 있기 때문에 틀렸다고는 말할 수 없는 경우도 있다.

(36) 廳見里面有人喊喊喳啥的，又似哭，又似笑，又似議論什么的.

---

73 Plank(2003)에 의하면 독일어에서 네 번째 분류인 발화 수반 행위와 단순한 발화 행위는 구분이 된다고 한다. 예를 들어, *miau-en*(야옹+부정표지)는 "야옹 소리가 나다"는 의미이고, *mau(n)-z-en*(야옹+접미사+부정표지)는 "통곡하다, 슬피 울다" 등의 의미를 가지고 있다. 후자는 네 번째 분류이고 전자는 단순한 발화 행위일 것이다.

(『紅樓夢』) (안쪽에서 사람들이 재잘거리는 소리가 들리는데, 울음소리 같기도 하고, 웃음소리 같기도 하고, 뭔가 의논하는 소리 같기도 하였다.)

(36)은 만약 사람들이 내는 소리에 의도가 담겨 있다면 발화 수반 행위일 것이고, 의도가 없는 소리라면 단순한 의성어일 것인데 그 판단이 어려운 예이다.

4.2 변화된 의미는 강한 담화적 성격을 띤다

본고에서 말하는 "언어로부터 화행으로"의 의미 변화는 강한 담화적 성격을 띠고 있다. 먼저, 이런 형태의 변화를 보이는 어휘는 극소수이며, 일부 어휘들이 이러한 화행 동사의 의미를 가지게 되더라도 임시적으로 그 의미를 가지게 된 것이지 완전히 화행 동사로 변화했다고 보기는 어려운 경우가 많기 때문이다.

(37) "對不起, 實在對不起!" 小伙子語無倫次地道着歉. "光對不起就行了?!" 二紅漲紅了臉. (예문 33)

(38) "你國慶節來看我嗎?" "也許會吧!" "別也許! 你一定要來呀!!......" ("이번 국경절에 올 거야?" "아마도요!" "아마도는 무슨! 꼭 와야 해!!......")

(39) 父母憐男女, 保愛掌中珠. 一死手遮面, 將衣卽覆頭. 鬼朴哭眞鬼, 連夜不知休. 天明奈何送, 埋著棘蒿邱. (唐·王梵志詩) (부모가 아

이를 사랑하기를 손 위에 구슬처럼 하였으나, 죽음에 이르러 손
으로 얼굴을 덮고 옷가지로 머리를 덮어 밤새 슬피 울다가 날이
밝자 발인하여 가시덤불과 쑥으로 덮인 언덕에 묻는다.)

(40) 人間大小莫知聞, 去就**昇常**并不存. 旣是下流根本劣, 爭堪取自伴
郎君. (『變文·長興四年中興殿應聖節講經文』) (속세의 일은 아무
것도 알 수 없다. 무례한 행동거지는 낮고 좋지 않은 일이니, 그
러한 행동을 하는 이를 어찌 낭군으로 삼을 수 있으리.)

(37), (38)에서 "對不起"와 "也許"는 다른 사람의 말을 인용한 것
인데, 발화가 끝난 후 바로 인용되었기 때문에 청자는 "光對不起"와
"別也許"에 대해 "미안하다고 말하다", "아마라고 말하지 말라"는
의미로 쉽게 이해하는 것이 가능하다. 예전에는 장례를 치를 때 "奈
何"라고 곡을 하며 슬픔을 표시했기 때문에 (39)에서 "奈何"는 "奈
何라고 곡을 하다"는 의미이다.[74] (40)에서 "昇常"은 "勝常"으로 쓰
기도 하는데 글자 그대로의 의미는 평소보다 낫다는 뜻이며 "新睡起
來思舊夢, 見人忘却道勝常(唐·王涯『宮詞』) (눈을 떠 옛 꿈을 생각하
다 인사하는 것도 잊다)"에서와 같이 옛 여성들이 사용하는 인사였
다.[75] (40)에서 "去就"는 행동거지의 의미이며 "不存去就昇常"은 실
례를 범하지 않는다는 뜻이고 "昇常"은 "勝常"이라고 말하다는 의
미이다.

---

74 項楚(1991), 『王梵志詩校注』, 上海古籍出版社 참조.
75 蔣禮鴻(1997), 『「祖堂集」詞語試釋』(增補定本), 上海古籍出版社 참조.

이와 같이 임시로 화행 의미를 가지게 되었을 때는 어휘와 어휘를 포함한 담화가 관용어가 아니어도 큰 문제가 되지 않는다. 일반적으로 담화 중에서 방금 출현한 말을 인용하는 것이 이러한 임시적인 화행 의미를 가지게 될 가능성이 높다.

(41) 於是道安聞語, 作色動容, 嘖善慶曰: "亡(望)空便額!……" (중략) 於是善慶聞語, 轉更高聲, 遙指道安, 怒聲責曰: "……賊奴擬問經文, 座主'亡(望)空便額.' (하략)" (『變文·盧山遠公話』) (도안道安이 듣고 낯빛이 변하며 선경善慶을 책하여 가로되 "함부로 질책하다니!", 선경이 더욱 소리 높여 가로되 "경문을 배우러 왔을 뿐인데 "함부로 질책하다니!"라는 말을 듣다니…")

장란성江藍生(1983)에 의하면 "亡(望)空便額"은 이유 없이 질책하다는 뜻이다. (41)에서 두 번째 "亡(望)空便額"은 임시 용법으로 "이유 없이 질책하다는 말을 듣다니"라는 의미이다. 이러한 임시 용법으로 미루어 볼 때 3절의 네 번째 분류인 "관용어로부터 유래한 동사"는 "담화에서 유래한 동사" 용법이라고도 말할 수 있다.

두 번째로, 임시 용법이나 이미 자리 잡은 의미나 변화된 새로운 의미는 담화 속에서의 용법과 관련이 있으며 일반적으로 문자 그대로의 의미가 아닌 담화 전체의 의미를 가진다. 따라서 기능을 표현하는 대명사나 접속사 등의 어휘와 음소조차도 동사로 변화하는 것이 가능하다. 이러한 현상은 일반적인 어휘 의미 변화와 비교해 보면 매우 특수한 상황이라 할 수 있다. 즉, 일반적인 의미 변화와는 반대로 점점 실질적인 의미를 가지게 되는 것인데 변화전과 변화후의 의미를 모두 가지는 중간 단계가 존재하지 않아 반문법화 *antigrammaticalization*의 예에 포함되지 않고 문법화 이론을 거스르지 않는다는 것도 중요한 특징 중 하나이다.[76]

세 번째로, 이와 같은 의미 변화 또는 어휘의 파생은 담화적 특성상 예측이 매우 어렵다는 특징이 있다. 예를 들면, 독일어에는 네 번째 분류인 관용어로부터 동사로 변화하는 예가 많지만 인접한 네덜란드어에는 그 예가 거의 존재하지 않으며, 영어에서는 *a yes/no*가 동의와 거절의 의미로 사용되지만, 프랑스어에서는 *un non*만이 거절의 의미로 사용되고 *un oui*는 동의의 의미로 거의 사용되지 않는다.[77]

5. 意動用法에 대한 再考

고대 중국어에는 명사와 형용사의 의동용법意動用法이 존재한다. 예를 들어, 孔子登東山而小魯(『孟子·盡心上』) (공자가 동산에 올라 내려다 보니 노나라가 작아 보였다)에서 小는 노나라가 작게 보이다는 의미이며, 不如吾聞而藥之也(『左傳·襄公三十一年』) (내가 그들의 논의를 듣는 것을 좋은 약이라고 생각하겠다)에서 藥은 약으로 삼다

---

76 Haspelmath, Martin(2002), *On directionality in language change with particular reference to grammticalization.*
http://email.eva.mpg.de/~haspelmt/Directionality.pdf

77 Anscombre, Jean-Claude, Françoise Létoublon, and Alain Pierrot(1987) 참조.

는 의미이다. 고대 중국어의 어떤 의동용법은 4절에서 서술한 담화로부터 유래된 동사와 관련이 있어 논의해 볼 가치가 있는 것 같다.

(42) (鄒忌) 謂其妻曰: "我孰與城北徐公美?" 其妻曰: "君美甚, 徐公何能及公也!" 城北徐公, 齊國之美麗者也. 忌不自信, 而復問其妾曰: "吾孰與徐公美?" 妾曰: "徐公何能及君也!" 旦日, 客從外來, 與坐談, 問之客曰: "吾與徐公孰美?" 客曰: "徐公不若君之美也." 明日, 徐公來. 孰視之, 自以爲不如; 窺鏡而自視, 又弗如遠甚. 暮, 寢而思之曰: "吾妻之美我者, 私我也; 妾之美我者, 畏我也; 客之美我者, 慾有求于我也." (『戰國策·齊策一』) (추기가 아내에게 가로되: "나와 성북의 서공을 비교하면 누가 더 아름답소?" 처가 대답하여 가로되: "군의 아름다움이 심하여 서공과는 비교할 수 없습니다." 성북의 서공은 제나라에서 가장 아름다운 남자라고 소문난 사람이었다. 추기가 믿을 수 없어 다시 첩에게 물어 가로되: "나와 서공 중에 누가 더 아름다우냐?" 첩이 대답하여 가로되: "서공이 아름답다하나 군께 비교할 수 있겠습니까?" 다음날, 손님이 먼 곳에서 내방하여 추기와 앉아 담소를 나누다 추기가 손님에게 물어 가로되: "나와 서공을 비교하면 누가 아름답소?" 손님이 대답하여 가로되: "서공은 공의 아름다움에 미치지 못합니다." 다시 하루가 지나 서공이 방문하여 추기가 서공을 자세히 살펴보니 자신보다 아름다웠다. 추기가 거울을 비춰 보니 자신이 서공에 훨씬 미치지 못하였다. 저녁이 되어 추기가 누워 쉬며 이 일을 생각하며 말하여 가로되: "아내는 나를 사랑한

고□ 나를 이름답다 한 것이며 접은 나를 두려워하여 나를 아름

답다 한 것이다. 객은 내게 어떤 부탁을 하기 위해 나를 아름답

다 한 것이다.")

(42)의 마지막 부분에서 굵은 글씨로 표현한 세 개의 美는 일반적

으로 以~爲美(아름답다고 여기다)로 해석한다. 그러나 문맥을 잘 이

해하려면 妾之美我와 客之美我에서 美를 "아름답다고 (말)하다"라

고 해석하는 것이 더 정확할 듯하다. 즉, 妾之美我와 客之美我는 妾

說美我와 客說美我인 것이다. 여기에서 말하다를 여기다로 해석하

면 안 될 것 같다. 말하는 것과 생각하는 것은 다를 수 있기 때문이다.

이러한 美의 동사 용법 또한 $美_2 = 說 美_1$ 로 담화로부터 유래한 동사

로 볼 수 있다.

의동용법이 담화로부터 유래한 동사와 관련이 깊은 이유는 화행

과 認爲 또는 以爲(생각하다)의 관련이 깊기 때문이다. 즉, 생각하는

것과 말하는 것은 깊은 관련을 가지고 있고 妻之美我의 예에서는 두

가지 모두로 해석이 가능하다. 孔子登東山而小魯에서 小는 당연히

의동용법이지만 언어 행위와 완전히 분리되었다고는 할 수 없다. 만

약 언어 행위가 수반되었다면 담화로부터 유래된 동사로 보는 것이

타당하다.

(43) 陳成子弑簡公. 孔子沐浴而朝, 告于哀公曰: "陳恒弑其君, 請討

之." 公曰: "告夫三子!"……之三子告, 不可. (『論語·憲問』) (진성

자가 간공을 죽이니, 공자가 목욕하고 조회에 나가 애공에게 가

로되: "진항이 자기 임금을 죽였으니, 토벌하기 바랍니다." 애공
이 가로되: "삼자에게 말하시오." 삼자에게 가서 말하자, "불가
하다"라고 하였다.

(43)에서 可는 허가의 의미이다. 可의 본래의 의미는 적당하다, 가
능하다는 뜻인데, 허가의 의미로 변화한 이유는 (44)와 같이 선진先秦
시기 허가 또는 불가를 나타낼 때 可와 不可를 가장 많이 사용했기
때문이다.

(44) 帝曰: "疇咨若時登庸?" 放齊曰: "胤子朱啓明." 帝曰: "吁! 嚚訟,
可乎!" (『尙書·堯典』) (황제 가로되: "누구에게 물으면 때는 따
르겠는가? 등용하리라." 방제가 가로되: "윤나라의 주가 밝게
깨우쳤사옵니다." 황제 가로되: "아! 송사에 말이 많은데 괜찮겠
는가?")

(45) 顏淵死, 門人欲厚葬之, 子曰: "不可." (『論語·先進』) (안연이 죽
자 문인들이 후하게 장례 치르기를 원했다. 공자께서 안된다고
하셨다.)

허가하다는 可2 = 說 可1 에서와 같이 可하다라고 말하다는 의미
이며 관용어로부터 동사의 의미를 가지게 된 것이다. 선진 시기에는
목적어를 가지는 可의 예를 찾아 볼 수 없었으나 동한東漢 시기에
(46)과 같이 목적어를 가진 可의 예가 나타난다.

(46) 阿耆達歡喜前白佛言. "願留七日, 得敍供養." 佛以歲至, 卽便可
      之. (東漢·縣果共康孟詳譯『中本起經』, 4/163b) (아기달이 세존
      께 7일을 머무르시어 공양받기를 청하니 세존께서 세모임을 이
      유로 허락하셨다.)

목적어를 가지는 타동사의 용법이 자동사보다 늦게 나타나는 것
도 관용어로부터 유래한 동사의 특징 중 하나이다.

(46)에서는 전통적으로는 의동용법이라고 분류했지만 인식하다
는 의미와 발화 행위는 분명히 다른 부분이 있으므로 인식하다는 의
미 보다는 발화 행위, 언어 행위, 화행으로 보는 편이 적절한 것 같다.

즉, 전통 문법에서 말하는 의동용법 중 일부는 담화로부터 유래한
동사로 분류가 가능할 것이다. 의동용법은 인식하다는 의미에 치중
한 반면 담화로부터 유래한 동사는 언어 행위에 좀 더 비중을 둔다.
전통 문법에서는 언어 행위에 대해 소홀한 면이 있으므로 동사, 서
법, 복문 등의 여러 연구에서 인식과 화행의 관계에 대해 응용해 볼
수 있을 것 같다.[78]

6. 결론

본 논문에서 중국어의 언어로부터 화행으로의 의미 변화에 대해

---

78 沈家煊(2003), 「復句三域 "行, 知, 言"」, 『中國語文』 第3期 참조.

살펴보았다. 일반적으로 언어로부터 화행으로 변화된 어휘는 동사
적 의미를 가진다.[79] 새로이 획득한 의미가 관용어로부터 유래되었

---

79 담화로부터 유래한 품사는 동사 외에도 명사, 형용사, 부사 등이 있다. 3절에서 이
미 명사의 예와 *iffy*와 같은 형용사에 대해 언급한 바 있다. 프랑스의 성씨인
*Cheramy*는 *cher ami*에서 유래하였으며 포르투갈어의 영국인을 지칭하는
*camone*은 영어의 *come on!*에서 유래하였다. 프랑스어의 *un Monsieur je sais tout*
와 영어의 *a know-it-all*은 *je sais tout*와 *know it all*에서 유래하였다. 영어의
*touch-me-not*은 특히 여성 중에서 차갑고 도도한 사람을 가리킨다. 스페인어의 동
사 *pordiosear*(구걸하다)와 명사인 *pordiosero*(거지)는 구걸하는 데 자주 사용되
던 *Por dios!*(신을 위해!)에서 유래하였다. Létoublon(1980)에 의하면 희랍어의
명사 *hikétēs*(간청하는 사람)과 호메로스 시기의 *hikánō*(만지다)는 관련이 있다고
한다. 즉, 간청할 때 말하던 *hikánō tà sà goúnata*(당신의 무릎에 손을 대다)에서 유
래했다는 것이다. 다음의 怪哉, 肚子痛 역시 담화에서 유래하였다.

武帝幸甘泉宮, 馳道中有蟲……帝乃使朔視之, 還對曰: "此 '怪哉' 也. 昔秦時拘
繫無辜, 衆庶愁怨, 咸仰首嘆曰: "怪哉! 怪哉!" 盖感動上天, 憤所生也, 故名 "怪
哉." 此地必秦之獄處. (梁·隱藝『隱藝小說』, 券二) (한무제가 감천궁으로 가다
길에서 벌레 하나를 보게 되었다. 무제가 동방삭에게 가서 보라 이르되 동방삭
이 가서 보고 와 이르되: "이는 괴재라는 벌레입니다. 진나라의 무고한 백성들
이 옥에 갇히며 '괴재!(이상하다! 말도 안 된다!)'라 외쳤으니 하느님이 진노하
여 이런 벌레를 만드신 것입니다. 그래서 벌레 이름을 '怪哉'라 하였습니다. 이
자리는 필시 진나라의 옥이 있던 자리일 것입니다.")

冬天, 水缸里結了薄氷的時候, 我們大清早起一看見, 便吃氷. 有一回給沈四太
太看到了, 大聲說道: "莫吃呀, 要肚子痛的呢!" 這聲音又給我母親廳到了, 跑出
來我們都挨了頓罵, 并且有大半天不準玩. 我們推論禍首, 認定是沈四太太, 于
是提起她就不用尊稱了, 給她另外起了一個綽號, 叫作 "肚子痛." (魯迅『朝花夕
拾·瑣記』) (겨울날, 물동이 위에 살얼음이 얼면 우리가 아침 일찍 일어나 보고
얼음을 먹고는 했다. 어느 날, 심사 부인이 큰 소리로 "얼음 먹지 마라, 배 아프
다!"라고 고함을 쳤고, 어머니도 그 소리를 듣고 뛰어나와 우리를 나무라시며
반나절 동안 놀지 못하게 하셨다. 우리는 누가 어머니께 고자질을 했는지 의논
끝에 심사 부인이라고 결론을 내리고 다시는 심사 부인에게 존칭을 쓰지 않고
"배 아픈"이라고 부르기로 하였다.)

이외에도, Fradin and Kerleroux(2002)에 의하면 관용어로부터 유래한 부사도 있
다. 프랑스어의 *diablement, fichtrement, fourement, vachement* 등은 대단히와 같
은 의미의 부사인데 모두 맙소사!를 의미하는 감탄사인 *diable!/fichtre!/foutre!/la
vache!*로부터 유래되었다. 예를 들어, *Il fais diablement noir*는 "날이 어둡다 못해
'*diable!*'이라고 말할 정도이다." 즉, "매우 어둡다"는 의미이다.

으므로 관용어로부터 유래된 동사라고 하였으며 일반적으로 초기
에는 자동사이다가 타동사로 변화한다. 변화된 의미는 담화적 성격
을 강하게 띠며 글자 그대로의 의미가 아닌 언어를 통하여 행위하는
담화 의미를 가진다. 전통 문법에서 말하는 의동용법 중에도 담화로
부터 유래한 동사의 예가 존재한다.

제7장

연속적 시간 순서와 중국어의 어순

다이하오이(戴浩一)

예페이성(葉蜚聲)

1. 연속적 시간 순서의 법칙

연속적 시간 순서의 법칙(The principle of temporal sequence, 이하 PTS)이란 두 개 (이상)의 통사 단위의 상대적 순서는 통사 단위가 표현하는 개념 영역 안에서의 상태의 시간 순서에 의해 결정된다는 것이다.

다른 언어보다 중국어의 어순에 나타나는 현상들은 이 원칙을 더욱 독립적으로 논증할 수 있다. 예를 들어 중국어에서 두 문장이 시간의 연속성을 나타내는 부사로 연결되는 경우 첫 번째 문장의 사건이 발생한 시간은 언제나 두 번째 문장의 사건이 발생한 시간보다 앞선다. 이때 시간의 연속성을 나타내는 부사로는 再, 就, 才 등이 있다.[1] 다음의 예를 보자.

(1)　我吃過飯, 你再打電話給我.

　　　　S$_1$　　　　S$_2$

　　Call me *after* I have finished the dinner.

　　　　S$_2$　　　　　S$_1$

(2)　我們工作一結束, 他就來了.

　　　　S$_1$　　　　S$_2$

　　He came over *as soon as* we finished the work.

　　　　S$_2$　　　　　　S$_1$

1　역자 주: 이처럼 중국어에서 시간의 연속성을 나타내는 부사는 한국어에서는 가장 기본적으로 동사의 어미로 나타날 것이다.

(3) 你給他錢, 他才給你書.

  S₁   S₂

He won't give you the book *until* you give him the money.

  S₂   S₁

위의 예문에서 S₂를 S₁ 앞에 전치시키면 그 문장은 중국어 문법에 부합하지 않겠지만 영어의 경우는 그렇지 않다.

다음의 예와 같이 중국어에서는 두 개 이상의 서술어를 연결하는 경우에도 PTS를 준수해야 한다.

(4) 我吃過飯再打電話給你.

  P₁   P₂

I will call you *after* finishing the dinner.

  P₂   P₁

(5) 李小姐吃了半碗飯就飽了.

  P₁   P₂

Miss Li was full *after* eating just half a bowl of rice.

  P₂   P₁

(6) 你給了錢我才能走.

  P₁   P₂

You can't leave *until* you give me the money.

  P₂   P₁

(4)-(6)의 영문 번역문을 보면 영어는 PTS에 부합하지 않으나 중국어에서는 시간을 나타내는 부사가 따로 없더라도 연속적인 동작이나 행위를 표시할 때 개념 영역의 연속적인 시간 순서 그대로 표현되어 PTS를 준수하고 있음을 알 수 있다. (7)의 예도 마찬가지다. (7a)는 문법적인 구문이나 (7b)는 비문이다.

(7)　　a.　張三上樓睡覺.

　　　　　　VP₁　VP₂

　　　　　장산은 위층에 올라가서 잔다.

　　　　b.　*張三睡覺上樓.

　　　　　　VP₂　VP₁

또한 예문 (8)과 (9)에서와 같이 중국어에서는 어순이 바뀌게 되면 구문의 의미도 그 어순에 따라 변화하게 된다.

(8)　　張三到圖書館拿書.

　　　　　VP₁　　VP₂

　　　John went to the library to get the book.

(9)　　張三拿書到圖書館.

　　　　　VP₂　VP₁

　　　John took the book to the library.

Li & Thompson(1973)가 언급했던 (10)의 예문을 보자.² (10)에

서는 동작주의 반복적인 행위를 나타내는 것이므로 동사의 위치가
바뀌는 두 가지 표현이 모두 가능하다.

(10) a. 張三天天**會客寫信**.

장산은 매일같이 손님을 접대하고 편지를 쓴다.

b. 張三天天**寫信會客**.

(10)과 같이 매일매일 반복되는 행위는 시간의 순서에서 자유롭
기 때문에 어순이 바뀌어도 의미의 변화가 일어나지 않으므로
(10b)는 문법적인 문장이며 의미 또한 (10a)와 동일하다. 즉, (10)과
같이 반복적인 동작이나 행위는 시간 순서가 개입되지 않는다고 할
수 있다.

Li & Thompson은 반복적인 동작이나 행위 외에 목적을 나타내
는 구문과 동시 발생 구문에 대해 언급하였다. (11)과 같이 목적을
나타내는 구문에서 동작은 반드시 달성하고자 하는 목적에 전치하
는 어순을 가진다.

(11) a. 我們**開會解決**問題.

　　　 1　　 2

우리는 회의를 열어 문제를 해결하고자 했다.

---

2 Li, Charles N., and Sandra A. Thompson(1973), *Serial verb constructions in Mandarin Chinese*, Papers from the Comparative Syntax Festival, Chicago Linguistic Society. 96-103 참조.

b. *我們**解決問題開會**.

　　　　2　　　1

따라서 (11a)는 문법적이고 (11b)는 비문이다. Li & Thompson은 또한 (12a)와 같은 구문은 동시 발생적 구문이라고 주장한다.

(12)　a.　張三**騎脚踏車走了**.

　　　　　장산은 자전거를 타고 갔다.

　　b. *張三**走了騎脚踏車**.

Li & Thompson의 주장대로라면 PTS에 따라 (12)의 동사는 (10)에서와 같이 두 가지의 어순이 가능할 것이다. 그러나 개념 영역에서 동작주가 어떤 장소로부터 떠나려면 반드시 먼저 자전거에 올라타야 한다. 따라서 (12)와 같은 구문이 동시 발생 구문인지에 대해서는 의문의 여지가 있다. 모(국)어 화자의 직관에 의하면 진정한 동시 발생 구문은 (13)과 같이 접속 성분 "一邊兒……一邊兒"에 의해 연접되는 구문이며 두 가지 어순이 모두 문법적인 동시에 의미가 등가인 구문이다.

(13)　a.　他一邊兒**走路**一邊兒**看書**.

　　　　　그는 걸으면서 책을 본다.

　　b.　他一邊兒**看書**一邊兒**走路**.

　　　　　그는 책을 보면서 걷는다.

　　중국어의 복합 동사 분류 중 동사+결과의 구조 또한 당연히 PTS를 준수해야 한다.[3] 중국어와 영어의 동사구를 비교해 보면 PTS가 중국어의 구조와 어순에 미치는 영향을 좀 더 명확하게 알 수 있을 것이다. 예를 들어 목표에 대해 표현할 때 영어에서는 *to build, to find*와 같이 동사에 내재된 형태를 사용할 것이다. 이와 달리 같은 의미를 중국어로 표현하려면 盖+好(집, 건물 등을 지었다, 도장 등을 찍었다), 找+到(찾았다) 등의 동사+결과의 술보식 구조로 표현해야 하며 盖, 找 등 동사 단독으로는 표현할 수 없다. 그 이유는 중국어의 동사는 단독으로 목표라는 의미를 내포하지 않기 때문이다. 打+破(부수다), 打+死(죽이다) 등은 영어에서 *to break, to kill*로 표현되며 看+懂(읽고 이해하다), 廳+懂(듣고 이해하다)는 영어에서 *to understand*로 표현된다. 또한 영어에서 지각 동사인 *to see, to hear*과 동작 동사 *to look, to listen*은 형태적으로 전혀 무관하지만 중국어에서는 看(보다), 廳(듣다), 看+見(보았다), 廳+見(들었다) 등과 같이 동일한 형태를 공유한다. 중국어에는 영어의 *to manage, to persuade*와 같은 동사 부류가 존재하지 않는다. 영어 구문에서 추출할 수 있는 *attempt, attainment of goal*의 의미는 중국어에서 동사의 술보 구조 앞에 設法를 첨가하여 표현한다. 예를 들어, *to manage to find*는 중국어로 設+法(방법 등을 강구하다)와 找+到로 표현할 것이다. 이는 PTS를 준수하며 연속적인 시간의 세 가지의 상태를 표시한다. (14)와 (15)

3　역자 주: 중국어의 술보식(動補) 구조의 일종으로 동사와 그에 대한 결과를 나타내는 보어(補語)로 구성되는 동사구.

또한 PTS로써 설명할 수 있을 것 같다.

    (14)   他念完了這本書.

            1 2 3

        He has finished reading *this book*.

           3   2   1

    (15)   他做成了這件工作.

            1 2 3

        He has succeeded *in* doing *this job*.

           3   2   1

(14)와 (15)에서 알 수 있는 것은 念-完-了와 做-成-了는 동작-결과의 자연적인 시간 순서에 따라 배열되었으며 영어의 경우는 그렇지 않다는 것이다.

이상으로 중국어의 두 개 이상의 문장, 서술어, 복합 동사, 술보식 구조의 어순을 PTS로 설명할 수 있다는 것을 살펴보았다. 이러한 통사 단위들은 모두 개념 영역 내부의 사건이나 동작 또는 행위이며 이들은 PTS에 의거한 시간 순서대로 배열된다.

2. PTS와 중국어 부사어의 어순[4]

PTS는 중국어 부사어의 어순과 관련된 흥미로운 현상에도 그 적
용의 범위를 넓힐 수 있다. 다음의 예를 보자.

(16) a.   他從中國來.

He came *from China.*

b. *他來從中國.[5]

(17)   他昨天到美國來.

He left *for the United States yesterday.*

(18)   他昨天來到美國.

He arrived *in the United States* yesterday.

(16)과 같이 중국어의 전치사 從에 의한 전치사 구는 반드시 동사
에 전치한다. 이를 PTS로 해석하면 다음과 같다. 전치사 從구는 출
발점을 나타내므로 언제나 동작이 일어나기 전의 상태를 표시하기
때문에 동사에 전치하는 것이다. 중국어의 전치사 대부분, 그리고
從이 동사로부터 유래한 전치사이기 때문에 더욱 PTS에 부합하는
동시에 PTS에 대한 근거가 된다고도 할 수 있다. (17)과 (18)은 대비

---

4 역자 주: 狀語라고 하는 중국어 부사어는 한국어 부사어와는 다른 여러 가지 특성
을 가지고 있다. 번역문에서는 부사어로 번역한다.

5 從을 문어체인 自로 바꾸면 (16b)의 구문도 문법적인 문장이 된다. 문어체에 쓰이
는 于와 以 또한 동사 뒤에 후치할 수 있다. 이는 고대 중국어는 PTS를 준수하지 않
았다는 것을 의미한다. 따라서 이러한 예들은 본고의 반례가 될 수 없다.

되는 의미의 두 구문인데 到에 의한 전치사구가 동사 앞에 전치하면 목적지를 의미하고 전치사구가 동사 뒤에 후치하면 도착지를 의미하게 된다. 이는 시간 순서상 어떤 장소로의 이동은 반드시 도착에 선행하기 때문이며 어떤 장소에 도착하는 것은 이동하는 동작에 후행하기 때문이다. 到는 또한 他到了(그가 도착했다)에서와 같이 한 문장의 주동사로 사용되기도 하기 때문에 PTS에 대한 근거가 될 수 있다. 즉, (17)과 (18)에서 到가 이끄는 전치사 구는 전치사 구라기보다 동사구라고 하는 편이 나을 것이다.

(19)와 (20)의 예에서는 到가 이끄는 전치사구와 교통수단을 나타내는 어휘가 상호 작용을 한다면 서로 다른 어순에 의한 의미의 대비가 더욱 선명하게 나타난다. 즉, (19)에서는 버스에 오르는 것이 버스를 타고 도착하는 행위에 선행하며 (20)에서는 그 반대이다.

(19) 他坐公共汽車到這兒.

　　　He came by bus.

(20) 他到這兒坐公共汽車.

　　　He came here to ride in a bus.

목적지와 교통수단이 함께 출현하는 문장도 PTS를 준수해야 한다. (21)에서 어순을 바꾸면 의미가 달라진다.

(21) 他從舊金山坐長途公共汽車經過芝加哥到紐約.

　　　　　1　　　　2　　　　　　　3　　　　4

He came to New york from San Francisco.

4   1

through Chicago by greyhound bus.

3   2

PTS는 비교 구문에도 적용된다. 두 사람 중 누구의 키가 큰지에 대한 판단을 할 때 비교하는 행위가 선행해야 하므로, (22a)는 문법적이고 (22b)는 비문이다.

(22)　a.　他比我高.

　　　　　그는 나보다 크다.

　　　b. *他高比我.

두 가지 사건이나 정도에 대한 비교 구문에서도 비교하는 행위는 비교 결과에 선행한다.

(23)　a.　他說中國話比我說日本話說得好.

1   2   3

　　　　　그가 하는 중국어는 내가 하는 일본어보다 낫다.

　　　　　그가 중국어를 하는 것이 내가 일본어를 하는 것보다 낫다.

　　　b. *他說中國話說得好比我說日本話.

1   3   2

중국어의 동사에 전치하는 전치사구 또한 PTS로 설명이 가능하다.

(24)　a.　他往南看.

그는 남쪽을 향해 바라본다.

b. *他看往南.

남쪽을 보기 위해서는 보다라는 행위 전에 남쪽을 향해야 하므로 전치사 구문이 PTS에 부합하는 것이다. 기타 전치사구도 PTS로 설명할 수 있다.

(25)　a.　他對我說.

그는 남쪽을 향해 바라본다.

b. *他說對我.

(26)　a.　他跟我去.

그는 나와 함께 간다.

b. *他去跟我.

어떤 전치사는 중국어의 형태 표지인 着와 함께 출현하는데 이때도 PTS는 유용하다. (27)과 (28)의 의미는 대조적인데 두 문장의 의미 차이 또한 PTS로 설명된다.

(27)　他對着我笑.

He was smiling to me.

(28) 他笑着對我.

He faced me smiling.

PTS는 양태와 도구 등을 나타내는 부사에도 적용할 수 있는데 이러한 부사는 동사에 전치할 때는 특정한 사건을 묘사하는 경우가 많으며 동사에 후치할 때는 일반적인 설명을 나타낼 때가 많다.

(29) a. 他很快地跑了.

　　　b. *他跑了地很快.

　　　He ran away *very quickly*.

(30) a. 他跑得很快.

　　　b. *他很快跑得.

　　　He runs *fast*.

(31) a. 他用筷子吃了那碗飯.

　　　b. *他吃了那碗飯用筷子.

　　　He ate that bowl of rice *with chopsticks*.

(32) a. 他用筷子吃飯.

　　　He eats meals *with chopsticks*.

　　　b. 他吃飯用筷子.

(29)는 他采取非常迅速的動作跑開(그는 매우 빠른 동작을 통해 달아났다)의 의미로 특정 시간에 이루어진 특정한 행위를 표시한다. 즉, 동작주는 특정 시간에 매우 빠른 성질을 띠며 달아나는 동작을

한 것이다. 그가 달아나는 동작이 발생하기 전에 매우 빠르게 뛰는 동작이 선행한다. 따라서 PTS에 의해 통사 단위인 "매우 빠르게"는 필히 달아나다에 선행해야 한다. (30)에서는 특정 시간과 특정한 사건에 구애받지 않는 뛰는 동작에 대한 일반적인 설명이다. 이때 뛰다는 전제(presupposition)이며 "매우 빠르게"는 전제에 대한 내용이므로 뛰다가 "매우 빠르게"에 선행하게 되는 것이다. 같은 이치로 (31)은 특정 시간에 발생한 특정 사건이다. 젓가락으로 밥을 먹기 위해서는 필히 먼저 젓가락을 들어야 한다. 따라서 도구를 나타내는 전치사구는 PTS에 의하여 필히 동사에 전치해야 한다. (31)과 비교하면 (32)는 일반적인 설명에 속한다. (32a)는 젓가락을 가지고는 전제이고 먹는 동작은 중심 내용에 속한다고 해석할 수 있다. (32b)는 그가 밥을 먹는다는 동작이 주제, 젓가락을 가지고가 설명인 주제와 설명 구조에 속할 것이며 시간 순서로 볼 때 주제는 설명에 전제하고 어순 또한 그에 부합한다.

 양태를 나타내는 부사의 또 다른 어순도 PTS로 설명이 가능하다. 동작주의 심리 상태를 나타내는 성상 부사가 동사에 선행한다면 이는 심리 상태가 동작의 시발점보다 앞서는 것과 동시에 동작의 전체적인 과정 동안 지속된다는 것을 뜻한다. 심리를 나타내는 양태 부사가 동사에 후치한다면 심리 상태가 동작이나 행위 이후에 발생했다는 것을 나타낸다. 예를 들어 (33)에서 매우 기쁘다는 놀다라는 동작의 과정 중에 느끼는 심리 상태일 뿐 아니라 동작주가 시간적으로 동작 전에 느낀 심리 상태를 나타내므로 심리가 동작에 선행한다. 그리고 PTS에 의하여 (33)과 같은 어순이 결정되는 것이다. (34)에서는 심리 상태가 동작의 결과로 나타난 것이므로 PTS에 부합하게 된다. 이와 같이 (33)과 (34)의 의미 차이는 PTS로 설명할 수 있다.

    (33) 他很高興地玩兒.

          He is playing very happily.

    (34) 他玩兒得很高興.

          He is very happy from playing.

    필자는 졸고(1975)에서 보통화에 나타나는 在를 기반으로 하는 장소 부사에 대해 언급한 적이 있다.[6] 당시의 결론은 장소 부사가 동사 앞에 전치할 때는 어떤 일이 발생한 장소를 나타내며 동사에 후치할 때는 사건이 발생한 후 사건의 참여자가 소재해 있는 위치를 나타낸다는 것이다. 예를 들어 (35)에서 부엌에서는 밥을 짓다라는 동작이 발생한 장소이기 때문에 필히 동사의 앞에 전치해야 하며, (36)의 물은 동작주 또는 피동작주가 동작의 결과로 소재하게 된 위치이기 때문에 동사에 후치해야 한다.

    (35) a. 他在廚房里做飯.

            그는 부엌에서 밥을 짓는다.

        b. *他做飯在廚房里.

---

6 Tai, James(1975), On two functions of place adverbials in Mandarin Chinese, *Journal of Chinese Linguistics*, 1.3. 397-413.

(36) a. 他掉在水里.

그는 물에 빠졌다.

b. *他在水里掉.

필자가 내린 결론으로 在자를 포함한 구의 아주 작은 차이로 나타나는 의미 차이를 설명할 수도 있다.

(37) 小猴子在馬背上跳.

The little monkey was jumping on the horse's back.

(38) 小猴子跳在馬背上.

The little monkey jumped on the horse.

필자가 在자를 포함한 구와 관련하여 내린 결론은 틀림이 없는 듯하다. 그러나 당시에 내렸던 결론은 좀 더 심오한 질문에 대한 대답이 될 수는 없는 것 같다. 예를 들면, 중국어는 왜 두 가지 서로 다른 유형의 장소를 나타내는 어휘를 사용하여 상이한 어순을 가지게 되었을까? 또는 중국어에서는 왜 동사에 전치하여 사건의 발생지를 나타내고 동사에 후치하여서는 나타내지 않을까? 라는 질문들이다. 이제는 시간 순서에 따라 구문을 분석해 보면 부엌에서라는 장소는 밥을 짓는 것에 선행하므로 부엌에서라는 어휘도 동사에 선행해야 함을 알 수 있다. (36)에서 빠지다는 동작이 선행하고 그 결과 물 속에 있게 된 것이므로 PTS에 의하여 (36a)는 문법적이며 (36b)는 비문이 된다. 같은 이치로 (37)에서 말이라는 위치는 동작에 선행하므

로 PTS에 부합하며 (38)에서는 동작이 위치에 선행하므로 (38)의
어순도 PTS에 부합한다.[7]

중국어에서 시간의 지속을 나타내는 부사어는 반드시 동사 뒤에
후치한다.

(39) a. 他病了三天了.

그는 3일 동안 아팠다.

b. *他三天病了.

c. *三天他病了.

(39)에서 그가 아프다는 상태는 3일이라는 시간에 선행할 수밖에
없으며 전체 문장의 의미는 그가 아프기 시작해서 3일 동안 지속되
었다는 것이다. (40)에서는 이러한 특징이 더욱 잘 드러나 있다.

(40) 他走了三天了.

그가 떠난 지 3일이 되었다.

---

7 상태의 지속성을 가지는 부류의 동사, 住(-에 살다), 睡(자다), 坐(앉다) 등의 동사
는 在가 이끄는 구의 전후에 모두 나타날 수 있으면 위치에 따른 의미 차이도 극히
미미하다. 예를 들어, 다음 (1a)와 (1b)의 예문은 모어 화자가 느낄 수 있는 의미 차
이가 없이 자유로운 어순을 가진다.

(1) a. 他在上海住.
    b. 他住在上海.

이와 같은 동사들은 순간적이고 일시적인 동작을 나타내는 것이 아니라 지속적인
상태를 나타내므로 在와 동사 간의 시간 순서가 모호하다. 따라서 PTS가 적용되
지 않는다.

(40)에서 3일이라는 시간 부사는 그가 떠난 후부터 발화 시점까지 경과한 시간이며 그가 3일 동안 떠나고 있다는 의미일 가능성은 크지 않은데 已經(이미), 有(-동안의 시간이 지나다) 등의 어휘가 이를 증명할 수 있다. 즉, 두 가지의 어휘는 반드시 주요 동사와 시간 부사어 사이에 나타난다.

(41) a. 他病了已經三天了.

　　　 b. 他病了有三天了.

　　　 c. 他病了已經有三天了.
　　　　　그가 병석에 누운 지 이미 3일이 되었다/지났다.

또한 문장의 주요 동사가 목적어를 취할 경우에는 꼭 목적어 뒤, 즉, 지속을 나타내는 부사 앞에 주요 동사를 다시 한 번 출현하게 해야 한다.

(42) a. 他**看書**看了三天了.
　　　　　그는 3일 동안 책을 보았다.

　　　 b. *他看書三天了.

(43) a. 他**生病**生了三天了.

　　　 b. *他生病三天了.

Huang에서는 이러한 중국어의 동사 중복에 대하여 정확한 의견을 제시한 바 있다.[8] 중국어의 이러한 동사의 중복은 행위나 과정의 연

_ 273

장을 반영하는 것이며 통사적 현상에 대한 모사라고도 할 수 있다. 시간의 순서로 보았을 때 이러한 문장은 시간의 배열에 근거하여 세 부분으로 분석할 수 있는데 첫 번째 부분은 행위의 시발점, 두 번째 부분은 행위의 중복, 세 번째 부분은 행위가 지속된 시간의 총합이다.

(44) a. 他來了三次.

그는 세 번 왔다.

b. *他三次來了.

c. *三次他來了.

(45) a. 我打了他三次.

나는 그를 세 대 때렸다.

b. *我三次打了他.

c. *三次我打了他.

같은 방법으로 PTS를 이용하여 빈도를 나타내는 부사에 대해 설명할 수도 있는데 빈도 부사는 지속을 나타내는 부사와 출현하는 위치가 거의 동일하며 (45)에서와 같이 빈도 부사가 출현하는 문장에서는 동사를 중복할 필요가 없다는 것이 유일한 차이점이다. 물론 동사를 중복하더라도 (46)과 같이 문법적인 문장이 된다.

8 Huang, Shuan-fan(Manuscript), *Language and the verb copying rule*, National Taiwan University.

(46) 我打他打了三次.

    1   2   3

시간 순서의 개념으로 이러한 차이를 설명하는 것은 그 어떤 임의의 문법적 설명보다도 더욱 자연스러운 설명이 된다. 동사의 중복에 통사적 모사 성분이 포함되어 있다면 지속을 나타내는 부사가 빈도 부사보다 더 시간의 연장에 대한 개념적 의미가 포함되어 있을 것이다.

마지막으로, 결과를 나타내는 보어와 정도를 나타내는 보어는 반드시 동사에 후치한다.[9]

(47) a. 他跑累了.

      He is *tired* from running.

    b. *他累跑了.

(48) a. 他累得不能說話了.

      He is so tired that *he can not speak.*

    b. *他不能說話得累了.

(47)과 (48)에서 시간 순서로 보았을 때 결과와 정도를 나타내는 보어는 동사 뒤에 후치하며, PTS로도 그러하다.

즉, PTS로써 이전에는 서로 관련이 없다고 생각하던 동사와 연관

---

9 중국어의 補語는 한국어 문법에서의 보어와 달리 동사 뒤에 위치하여 동사에 대한 설명을 부가하는 기능을 하며 한국어의 부사어에 해당한다. 번역문에서는 보어와 부사어를 혼용하여 번역한다.

된 여러 종류의 부가어 현상에 대해 체계적인 해석이 가능하며, 정리하면 다음과 같다. PTS로써 (1) 장소를 나타내는 부사어의 위치, (2) 부동사(co-verb)로 인식하던 부사어구, (3) 도구와 양태를 나타내는 부사어, (4) 지속을 나타내는 부사어, (5) 결과와 정도를 나타내는 부사어, (6) 장소와 양태를 나타내는 부사어의 위치에 따른 의미 차이 등에 대해 체계적으로 설명할 수 있게 되었다.

3. 시간 범위의 법칙

시간과 관계된 어휘에 대한 현상을 설명할 때 시간 순서의 법칙보다 시간 범위의 법칙으로 고찰한다면 더욱 효율적인 설명이 가능하다. 시간 범위의 법칙(The principle of temporal scope, 이하 PTSC)의 내용은 다음과 같다. 즉, 통사 단위인 Y가 나타내는 개념이나 상태가 진행되는 시간의 범위 내에 또 다른 통사 단위인 X가 나타내는 개념이나 상태가 포함된다면 그 문장의 어순은 YX이다.

PTSC에 의하면 시간적 거리가 작은 성분은 시간적 거리가 큰 성분에 후치하는데 중국어에서는 시간은 물론이거니와 공간 또한 큰 범위를 나타내는 성분이 작은 범위를 나타내는 성분에 전치한다는 좀 더 보편적인 법칙이 존재한다. (49)와 (50)의 예는 중국어에서 주소와 시간을 표현할 때 유일하게 허용되는 어순이다.

(49) 미국, 일리노이주, 카본데일시, 유니버시티 애비뉴, 800호

(30) 1980년, 12월, 22일, 오전, 10시

다음의 예를 보면 PTSC의 가치가 더욱 두드러진다. 중국어의 시간 부사와 시간을 나타내는 종속절은 반드시 동사 앞에 전치한다.

(51) a. 他昨天走了.

　　　　그는 어제 떠났다.

　　　b. 昨天他走了.

　　　c. *他走了昨天.

(52) a. 你不在的時候, 他走了.

　　　b. *他走了, 你不在的時候.

이러한 어순이 허용되는 이유는 동사가 표현하는 행위의 시간적 거리가 시간을 나타내는 부사어가 지정한 시간적 거리의 범위에 포함되기 때문이다. 시간적으로 동사는 부사어에 포함되기 때문에 PTSC에 의하여 동사는 반드시 부사어에 후치해야 한다.

앞서 우리는 지속을 나타내는 부사와 빈도 부사가 동사에 후치한다고 하였다. 그러나 이러한 부사 뒤에 종합적으로 개괄하는 의미를 가진 都(모두)를 첨가하면 부사어 전체가 동사에 대하여 시간적 거리를 제한하게 되므로 이때는 동사에 전치한다.

(53) a. 他三天來都病着.

그는 3일 내내 아팠다.

b. 三天來他都病着.

c. *他都病着三天來.

(54) a. 他三次都失敗了.

그는 세 번 다 실패했다.

b. 三次他都失敗了.

c. *他都失敗了三次.

　(53)에서 그가 아팠던 기점과 종결점이 되는 시간은 모두 3일 안에 포함되어 있으므로 어제, 작년 등과 같이 사건이 발생하거나 상태가 존재하는 특정 시간대가 된다. (54)에서도 都가 하나의 시간대를 형성하여 세 번의 시도에서 그는 매번 모두 실패했다는 의미가 된다.[10]

　논리학에서 말하는 범위의 개념을 설명할 때 PTSC는 더욱 그 가치를 발휘할 것이지만 본고에서 중점적으로 다루는 내용은 시간 순서의 개념이기 때문에 더 이상의 언급을 하지 않기로 한다. 다시 한 번 강조할 것은 중국어의 어순을 결정하는 두 가지 독립적인 법칙은 PTS와 PTSC라는 것이다.

---

10 常常(자주), 很少(아주 가끔) 등의 빈도를 나타내는 어휘는 세 번 등과 같이 명확한 시간의 범위를 정하지 못하므로 PTSC와 무관하게 반드시 동사에 전치한다.

4. PTS와 명사구

중국어 문법에는 동사에 전치하는 명사는 특정성을 가진 명사이고 동사에 후치하는 명사는 불특정하다는 유명한 조항이 존재한다. 이는 전제와 대용어(anaphor)와 관련된 조항일 것이다. 시간을 중심축으로 놓고 전제와 대용에 대해 고찰해 본다면 PTS와 이 조항은 동전의 양면과도 같다.

Li(1976)에서는 寫字(글씨를 쓰다)와 擦字(글씨를 지우다)를 비교한 바 있다.[11] 글씨는 쓰다일 경우 (55b)의 어순이 일반적이지만 글씨를 지울 때는 반대로 (56a)와 같은 어순을 가진다는 것이다.

(55) a. *他把黑板上的字寫了.

b. 他寫字寫在黑板上.

그는 칠판에 글씨를 썼다.

(56) a. 他把黑板上的字擦了.

그는 칠판 글씨를 지웠다.

b. *他擦字擦在黑板上.

(56a)에서 전제는 글씨를 지우기 전에 칠판 위에 글씨가 쓰여 있는 것이며 따라서 어순은 시간 순서의 법칙을 준수하였다는 Li의 말

---

11 Li, Ying-che(1976), Order of semantic units in Chinese, *Journal of the Chinese Language Teachers Association,* 11. 1. 26-38.

은 옳은 것 같다. 또한 (55b)에서 칠판의 글씨는 글씨를 쓴 후에 나타
나는 것이므로 (55)와 (56)의 어순은 개념 영역 내의 시간 순서를 반
영하고 있으며 PTS에 근거하여 어순 상의 차이는 자연스럽게 설명
이 된다.

중국어의 把자 구문과 그에 대응되는 SVO 구문을 대조해 보면 명
사구의 이러한 현상이 더욱 의미가 있다. Thompson(1973)의 가설
에 의하면 把자 구문의 전제는 동작주가 명사구를 어느 위치에 놓는
다는 것이다.[12] 그렇다면 (57)은 두 가지 상태를 나타낼 수 있다. 즉,
책을 이라는 상태가 시간적으로 팔다에 선행하는 것과 개념 영역에
서 계획한 행동이 시간적으로 실제 행동에 앞선다는 것이다.

    (57) 他把書賣了.

        He sold the book.

Light(1979)는 중국어의 명사와 부사의 의미가 주요 동사에 전치
하는지 후치하는지에 달렸다고 하였다.[13] 따라서 우리는 PTS와
Light의 해석에 주목할 필요가 있다.

---

12 Thompson, Sandra A,(1973), *Transitivity and some problems with ba construction in Mandarin Chinese,* Journal of Chinese Linguistics 1,2. 208-221.

13 Light, Timothy(1979), Word order and word order change in Mandarin Chinese, *Journal of Chinese Linguistics,* No. 7.2. 149-180.

5. 결론

본문에서 우리는 PTS가 중국어 문법에서 독립적인 근거를 가지고 있고 문법 현상을 해석할 수 있는 고유의 가치를 가지고 있음을 살펴보았다. 우리는 PTS를 통하여 그동안 서로 관련이 없는 듯 여겨졌던 대량의 어순 규칙에 대해 정리된 규칙을 세울 수 있게 되었으며 PTS의 대원칙 아래에 대다수의 중국어의 통사 범주에 속하는 어순 규칙을 재정비할 수 있게 되었다. 따라서 PTS는 종합적인 문법 및 통사 규칙이라고 할 수 있다. 또한 PTS는 시간 순서의 개념에 따라 규정한 것이므로 개념에 관한 내용을 포함하고 있으며 이는 그동안 변형생성문법에서 다루지 못한 부분도 포함한다.

중국어는 굴절어가 아니기 때문에 통사 범주가 모호하다고도 할 수 있다. 이러한 사실과 PTS의 적용 범위를 고려하면 다음과 같은 결론을 도출할 수 있다. 즉, 중국어 문법의 기본 수단은 어떤 구체적인 개념상의 원칙으로 통사 단위를 순서대로 결합하여 문법적인 문장을 만드는 것이다. 다시 말하면 중국어에서 문법이라는 것은 통사와 형태 범주에 적용되는 규칙보다는 개념 영역에 속하는 원칙에 좀 더 의존한다. 이와 비교하면 영어는 일정 정도의 굴절성을 가진 굴절어로서 문법 규칙의 기준은 식별이 가능한 문법 범주에 더 의존한다. 의미 규칙이 표층 구조로 투사된다는 생성 문법 이론의 관점에서 보면 중국어와 같은 굴절어에 속하지 않는 언어는 비교적 직접적인 투사를 한다고 할 수 있으며 영어와 같은 굴절어는 간접 투사를 한다고 할 수 있다. 즉, 투사는 통사 범주가 규정한 층위의 제한적 규칙을 따른다고 할 수 있다.

    Chomsky(1966)는 서로 다른 언어에서 통사 단위 간의 의미 관계가 어떻게 발현되는지에 대하여 다음과 같이 밝힌 바 있다.[14] 즉, 포트 루아얄(Port Royal) 문법에서는 이러한 관계가 격 단위 체계에서 내부적 변화, 허사, 고정된 어순에 의하여 표현된다는 것인데, 중국어가 문법적 요소의 많은 부분을 어순에 의존하는 점에서 이에 부합한다고 할 수 있다. Chomsky는 변형 생성에 대한 자유 정도와 굴절의 풍부성의 상호 관계에 대해 언급한 뒤마르세(Du MarSais)의 의견도 인용하였다. 본고의 연구에 의하면 중국어의 어순은 고정된 부분이 있고 의미에 따라 변화를 보이는 부분도 존재한다. 그러나 더욱 중요한 사실은 이와 같은 유형의 언어는 동사를 가장 중요한 기준으로 삼아 시간 순서에 따라 동사와 의미 관계를 가지는 통사 성분들을 배열하게 된다는 것이다. 이는 중국어의 어순은 의미와 문법을 연결하는 임의의 추상적인 기제가 아니라는 것을 의미한다. Chomsky가 제기한 4종의 기본적인 투사 체계는 모두 사유의 과정을 거칠 필요가 없는 임의적인 체계인데 중국어는 예외로 어순과 화자들의 사유 방식이 매우 자연스럽게 연결되는 흥미로운 예라고 할수 있다.

    Slobin(1966)에서는 표면 구조에 나타나는 성분의 순서와 개념의 순서가 일치하지 않을 때 문장을 이해하는 것이 어려워질 것이라고

---

14 Chomsky, Noam.(1966), *Cartesian Linguistics*, New York: Harper & Row Publishers.

지직하였나.[16] 이와 같은 관점에서 보면 PTS는 언어를 처리하는 데 드는 심리적 공정이 가장 절감되는 가장 자연스러움에 부합하는 법칙이다. Huang(1981)의 연구에 의하면 중국어의 수량사의 표층 구조의 순서는 논리의 순서를 반영한다.[16] 즉, PTS와 수량사의 순서는 중국어에서 개념 영역과 표층 구조의 순서가 보편적인 동질성을 가지고 있다는 것을 보여준다. 따라서 중국어에서 동작주가 피동작주에 전치하거나 전체적인 것이 부분적인 것에 전치하는 현상은 중국어 문법에 나타나는 또 다른 두 가지 법칙이라고 해야 할 것이며 이에 대한 후속 연구가 기대된다.

　PTS는 또 다른 의미에서 자연의 법칙이라고 할 수 있다. Osgood (1980)에서는 자연 언어에 나타나는 두 가지 어순에 대해 자연적인 어순과 특수한 현상을 보이는 어순으로 분류한 적이 있다.[17] 자연적인 어순은 개념을 그 기준으로 하며 특이한 어순은 발화자의 정서, 초점 등을 반영한다. 예를 들어 *Because John went walking in the freezing rain he caught cold* 는 자연스러운 어순이지만 *John caught cold because he went walking in the freezing rain* 은 특이한 어순이며 PTS는 자연적인 어순을 관할하는 원칙이다. 중국어에 실제로

15　Slobin, D.I.(1966), Grammatical transformations and sentence comprehension in childhood and adulthood, *Journal of Verbal Learning and Verbal Behavior*, No. 5, 219-227.

16　Huang, Shuan-fan(1981), The scope phenomena of Chinese quantifiers, *Journal of Chinese Linguistics*, 9.2. 226-243..

17　Osgood, Charles E.(1980), *Lectures on Language Performance*, Springer-Verlag New York Inc.

PTS에 부합하지 않는 반례가 있다면 이러한 특이한 언어 현상에 대한 연구가 선행되어야 할 것 같다. 그렇지 않다면 PTS는 아마도 중국어 문법에서 가장 보편성을 가지고 있는 원칙일 것이다.

Haiman(1980, 1983)에서는 모사성이 인류가 가진 언어의 문법에서 매우 중요한 역할을 수행하고 있다고 하였다.[18] 이러한 Haiman의 이론에 의하면 언어의 구조가 실제 시간적 구조를 직접적으로 반영하는 PTS는 모사성의 가장 좋은 예시가 될 것이다. Haiman 또한 PTS가 가장 광범위한 모사성을 가지고 있으나 보편성에 있어서는 조금 부족하다고 지적한 바 있다. 중국어는 우리가 알고 있는 어떠한 언어보다 모사성을 가지고 있다. 필자가 최근에 진행한 중국어의 모사성에 관한 연구에 의하면 중국어에서는 PTS 이외에도 다른 유형의 모사성이 매우 많이 발견된다. Hsieh(1978)에 의하면 중국어는 일종의 회화繪畵 양식을 가진 언어이다.[19] 중국어는 구어와 문어 모두 모사성을 가진 언어이다. 이러한 모사성이 중국어와 다른 언어들에서 굴절성이 결핍되었다는 것과 관련이 없다는 것을 증명할 수 있다면 중국인의 사유 방식이 구체적인 사물을 감지하는 것을 중시한다는 중국 철학자들의 관점을 무시하기 어려울 것이며 볼프Whorf가 언급한 언어와 사유 방식은 상호 작용한다는 가설 또한 쉽게 받아들일 수 있게 될 것이다.

---

18 Haiman, John(1980), The iconicity of grammar: Isomorphism and motivation, *Language,* 56.3. 515-540.

19 Hsieh, Hsin-I(1978), Chinese as a picorial language, *Journal of Chinese Language Teachers Association,* 13.2. 16-172.

제8장

언어의 층위와 문자 본위의 층위

왕훙쥔(王洪君)

문자 본위는 쉬통창徐通鏘 선생으로부터 제기된 주장인데, 이 문자 본위론에 동의하거나 동의하지 않는 학자들이 이해하는 문자 본위의 뜻은 서로 같지 않으므로 본고에서는 먼저 이 문자 본위에 대해서 설명하도록 하겠다.

1. 언어 체계에는 몇 가지 층위와 소체계가 존재한다

문자 본위에서 말하는 문자란 단순히 문자를 일컫는 것만은 아니다. 문자 본위에서 말하는 문자는 음운 단위(즉, 음절), 어휘로서의 단위(즉, 형태소), 문자로서의 단위(즉, 한자漢字), 음운-어휘-문자가 삼위일체로 결합된 단위 등, 우리가 흔히 말하는 문자의 네 가지 함의를 포함하고 있다.

이러한 문자의 서로 다른 함의는 언어의 층위와 관련을 가지는데, 문자 본위 또한 언어의 층위들과 서로 다른 관계가 있다.

중국의 언어학계에서 비교적 보편적으로 인정하는 언어의 3대 분류인 음운, 문법, 어휘의 세 가지 층위에 대해서는 앞으로 논의가 필요하다.

현대 언어학 이론에서는 언어를 음운, 문법/어휘, 의미/화용의 세 가지로 분류한다. 이때 문법과 어휘는 통사 규칙과 또 다른 어휘(lexicon)으로도 표현할 수 있다. 음운 층위는 문법과 어휘 층위의 표현 형식이라고 할 수 있으며, 의미와 화용 층위는 문법과 어휘 층위의 표현 형식에 담긴 내용이라고 할 수 있다. 의미와 화용 층위에 포함되는 내용에 대해 언어학파 간의 인식이 서로 다른데 혹자는 의미에 대해 진리치와 관련한 논리적 의미라고 정의하고, 혹자는 언어의 도구적 특성에 치중하여 화용적 의미에 무게를 둔다. 이 두 가지 인식에서 빠져 있는 것은 형태소의 의미와 어휘의 의미이다.

쉬통창(2007)에서는 중국어에서 일반적으로 어휘를 나타내는 단어인 詞滙를 語滙로 바꾸어 사용했는데 본고에서는 일반적으로 사용되는 어휘인 詞보다 더 큰 단위인 연어의 결합 형식 또한 언어의 어휘(lexicon)에 포함되어 있는 단위이며 문법 규칙을 통하여 임시적으로 생성된 단위가 아니라는 점에서 쉬통창의 견해에 동의한다.[1]

Haliday(1985)와 Lamb(1966) 등의 학자들의 주장에 따르면 음운과 문자는 같은 등급에 위치하는 병렬 관계이며 호환이 가능한 선택항이자 같은 어휘/문법 층위에 존재하는 추상적인 부호와 이 부호들의 배열이 구체적으로 실현되는 형식이다.[2,3] 그러나 쉬통창(2007)에서는 어떤 민족이 현실에 대해 인식하는 것을 문자로 표현하는 것이라는 관점에서 출발하여 시각적인 문자 기호와 청각적인 음운 기호가 인간이 현실에 대해 인식하고 정보를 획득하는 두 가지의 평행적인 체계임을 논증하였다. 필자는 다시 한 번 문자와 음운의 관계에 대해 고찰해 보다가, 음운은 문자에 앞서 출현하였고 문자에 의

---

1 徐通鏘(2007), 『語言學是什麽』, 北京大學 出版社 참조.

2 Haliday, MAK.(1985) *An Introduction to Functional Grammar*, London: Edward Arnold.

3 Lamb, Sydney, M.(1966) *Outline of Satisfactional Grammar*, Revised Edition, Washington D.C.: Georgetown University Press.

거하지 않고 독립적으로 존재하며, 언어는 음운과 의미가 결합하는 동시에 음운 층위의 단위(음운 기호)와 어휘 층위의 단위(의미 기호)가 분리되어야 언어로서 존재할 수 있으나, 음운과 의미가 결합된 형태에서 의미 기호를 분리해 낸다면 이 의미는 상대적으로 독립성을 가지게 되고 음운이 아닌 다른 물질 형태로써 표현할 수도 있으며 이미 분리해 낸 의미 기호는 또 한 번의 부호화 과정을 거치게 될 것이라는 것에 대해 인식하게 되었다. 이때 재 부호화된 의미 기호는 두 가지 또는 그 이상의 병렬적인 형식 층위를 가지게 될 것이며 언어에서 분리해 낸 의미 기호는 인위적인 기호일 뿐 직접적으로 인식하는 현실은 아니다.

기호를 재 부호화할 때 서로 다른 민족이 겨냥하는 층위는 다른 모습을 보인다. 자모로 이루어진 문자가 겨냥하는 바는 의미 기호의 음운 형식이다. 따라서 최소 단위의 음운 기호가 최소 단위의 문자 기호를 의미하고 자모는 최소 단위의 음운 기호와 동일하며 선형적 결합을 통해 더 큰 단위를 형성했을 때 의미 기호의 의미를 표현할 수 있게 된다. 이에 반해 한자는 중국어의 최소 의미 기호가 가진 의미인 어휘 문자 의미로써 비선형적, 계열적으로 부호화 하는데 부호화의 방식에는 네 가지가 있다. 첫째로, 문자가 반영해야 하는 현실의 물상物象이나 추상적인 관계를 사각형의 공간에 모사하는 기본 문자 기호가 있다. 상형 문자와 지사指事 문자가 첫째 분류에 속한다. 둘째로, 동일 음운 또는 유사 음운에 계열적으로 결합된 음운 기호나 일단의 문자에 포함된 기본형 기호로써 사각형의 문자 형태의 하위 문자 기호인 소리 부분을 표시하는 것이다. 예를 들면 淺, 錢, 賤 등에서 戔은 음운 간의 유사성을 표시할 뿐 아니라 적다, 작다 등의 의미를 공통적으로 포함하고 있음을 뜻한다. 셋째로, 의미 기호에서 계열적으로 결합된 공통 형태소를 추출하여 사각형의 문자 형태의 하위 기호인 뜻 부분을 표시하는 것이다. 예를 들어 삼수변 등의 부수가 그것이다. 넷째로, 2차원인 사각형의 문자 공간에 여러 개의 기호가 포함되거나, 회의會意자와 같이 기호가 모사하는 의미를 합성하거나 "水小爲淺(물이 적은 것을 淺이라 한다)"와 같이 소리 부분이나 뜻 부분으로 전체의 의미를 합성하는 것이다. 또는 음차자, 가차假借자와 같이 소리 부분이 발음만을 의미하는 경우도 있다. 이처럼 기호를 부호화하는 것은 2차원의 사각형 공간에서 비선형적으로 배열하는 것인데 日+木=東, 東+木=棟과 같은 복합적인 다층적 구조도 존재한다.[4]

이상의 내용을 정리하면 한자는 2차원의 사각형 공간 내에 비선형적으로 분포하는 문자의 최소 단위가 중국어의 기호 의미에 대해 비선형적, 계열적으로 재 부호화된 것이다. 이때 부호화는 서로 분리되어 있는 기호 의미의 기초 하에 이루어지며 기호 의미의 계열적 의미 요소를 추출하는 것이기 때문에 본래의 기호 의미를 뛰어 넘는 의미를 가지며 문자를 생산할 때 이루어진 현실에 대한 높은 수준의 이해를 반영한다. 예를 들어 水, 淺, 江, 河, 海, 湖, 溪, 湍이라는 문자들은 공통적으로 물(水)와 관련이 있고, 鯨은 일종의 어류魚類이며, 花는 草(풀)의 일종인 반면 樹(나무)나 木과는 관련이 없다. 즉, 문자

---

4 徐通鏘(2007).

가 발생한 이후로부터 공시적인 관점에서 본다면 문자와 음운은 어휘의 의미를 나타내는 병렬적이고 선택적인 두 가지 층위이며 이 두 가지 층위 간에는 1차적이거나 2차적인 관계가 아닌 매우 밀접하고 복잡한 통로가 존재한다.

문자는 어휘의 층위를 표현하는 형식 층위의 하나로서 문자 본위 이론에서 중요한 위치를 차지한다. 일반적으로 사용하는 언어言語의 언言과 어語는 모두 음성 언어를 가리키는 개념이기 때문에 본고에서는 음운과 문자를 포함하는 거시적인 체계를 어문語文 체계라고 하기로 한다. 그렇다면 "문자는 중국어의 본위이다."라는 명제는 다시 "문자는 중국어의 거시적 체계의 본위이다."라고 바꾸는 것이 맞을 것 같다.

이상의 내용을 종합하면 어문의 거시적인 체계는 음운/문자, 문법-어휘, 의미/화용의 세 가지 거시적 층위와 다섯 가지 미시적 층위로 분류하는 것이 비교적 합리적인 것 같다. 음운과 문자는 서로 독립적인 병렬 층위이자 두 발이 달려 술잔(鼎)을 지탱하고 있는 것과 같이 문법과 어휘 층위의 형식을 나타낸다. 본고에서는 문법과 어휘의 층위를 간단히 어휘 층위라고 부르기로 하겠다. 두 가지 단어를 줄여 부를 때 문법이라는 단어를 생략해 버린 것은 다음과 같은 이유에서이다. 즉, 음운 층위는 음성에 속하는 크고 작은 여러 가지 단위와 그에 따른 배합, 생성 규칙을 포함한다. 어휘 층위 또한 어휘의 여러 단위와 배합, 규칙을 포함한다. 따라서 음운 층위를 음법이라고 부르지 않듯이 어휘 층위도 문법이라고 부르지 않는 것이다.

2. 본위의 개념과 문자 본위의 다양한 층위

본위란 어떤 체계나 하위 체계의 기본적인 단위를 말한다. 쉬통창(1997)의 지적과 같이 본위는 최소 단위라기보다는 음운과 의미가 관련되고 모국어 화자들의 직관에서 이미 형성되어 있는 기성의 단위가 되어야 한다.[5] 쉬통창(2007)은 다시 본위란 형식적으로 폐쇄성을 가지고 있어야 한다고 하였다.[6]

이에 대해 필자(1999)는 본위란 서로 다른 층위 또는 하위 체계에 속하며 단위들 간에 교차 관계가 성립되는 최저점을 가리키는 것이라는 주장을 제기한 적이 있다.[7] 본위는 반드시 층위를 뛰어넘는 교차 관계를 가지는 최저점이어야 한다. 이는 어문의 거시적 체계 또는 어문의 거시적 체계에 속하는 서로 다른 층위의 핵심이며 모국어 화자가 가진 직관에서 기성 단위로 인식될 수 있는 것이다.

문자에 대한 정의가 다양하듯 문자 본위에도 다양한 층위가 존재한다. 단자음單子音은 단일한 의미를 가지고 기본적인 성조로 발음하는 음절인데 이는 중국어의 음운이라는 층위라는 하위 체계에서의 본위가 된다. 어휘자語滙字는 음절 하나와 의미 하나가 결합한 것인데 중국어 어휘 층위의 하위 체계에서의 본위이다. 문자자文字字는 한 가지의 의미를 가지는 사각형의 문자이며 중국어의 문자 층위의 하위

---

5 徐通鏘(1997),『語言論-語義型語言的結構原理和研究方法』, 東北師範大學 出版社 참조.

6 徐通鏘(2007).

7 王洪君(1999).『漢語非線性音系學: 漢語的音系格局與單字音』, 北京大學 出版社.

체계에서 본위가 된다. 이 분자자는 중국어 어문의 거시적 체계 안에서 본위의 역할을 하며 하나의 음절, 하나의 의미, 하나의 사각형 태를 가지는 문자이다.

3. 개별 층위에서의 문자 본위

3.1 음운 체계에서의 문자 본위

음운 체계의 최소 단위는 음절이 아닌 분절음(segment)이다. 그런데 왜 중국어의 음운 체계에서는 음절을 최소 단위로 할까?

음운 체계에서의 본위라는 것은 다음 두 가지 조건을 만족하는 것이어야 한다. 하나는 해당 단위가 어휘 체계의 단위와 층위를 초월하는 관련성을 가지고 있는지와 다른 하나는 해당 단위가 고유의 초분절음적 운율 특성을 가지고 있는가 하는 것이다.

중국어의 분절음과 어휘 체계의 단위는 직접적인 관련성을 가지고 있지 않으며 더구나 초분절음적인 운율 특성도 가지고 있지 않다. 그러나 중국어의 음절은 어휘 단위와 층위를 초월하는 관련성을 가지고 있으며 중국어의 어휘자는 대개 하나의 음절을 구성한다. 이렇듯 하나의 발음으로 읽히는 어휘자를 학계에서는 보통 단자음單子音으로 불러 왔다. 이 단자음은 중국어의 음운 체계에서 핵심적인 단위를 구성한다. 단자음의 하위 단위로는 분절음, 음절초 자음(聲母), 음절 초 자음을 제외한 모음과 받침음(韻母), 성조 등으로 구성되어 있으며 이러한 구성 요소들을 통해 단자음이 발음으로 표현된다. 단자음의 구성 요소들은 반드시 단자음의 범위 내에서 상보적인 대립항이 관찰되어야 하며 음절의 범위를 벗어나는 얼화 현상兒化音, Z-변용, 경성輕聲, 임시적인 음의 변화 등은 이에 포함되지 않는다. 단자음의 상위 단위에는 단자음을 기본으로 하여 생성되는 얼화 현상이나 Z-변용과 단자음을 기본으로 하는 의성어와 의태어가 포함된다.[8] 그러나 중국어의 음보音步와 같은 운율적인 어휘나 휴지休止 같은 운율적인 요소와 같은 좀 더 큰 운율 단위의 구성은 음절의 개수와 경성 여부에 영향을 받는다.[9],[10],[11],[12],[13] 이렇게 보면 단자음은 좀 더 작은 음운 단위를 분석할 수 있는 기점이자 좀 더 큰 음운 단위를 생성할 수 있는 기점이기도 하다. 즉, 단자음은 중국어의 음운 체계를 운용하는 가장 핵심적인 요소이자 본위가 된다.[14]

　여기에서 중요한 사실 하나는 단자음과 음절이 완전히 대등한 개

8　王洪君(1999).

9　馮勝利(1997).『漢語的韻律, 詞法與句法』, 北京大學 出版社.

10　馮勝利(1998).「論漢語的"自然音步"」,『中國語文』, 第1期.

11　王洪君(2000).「漢語的韻律和韻律短語」,『中國語文』, 第6期.

12　王洪君(2002).「普通話中節律邊界與節律模式, 語法, 語用的關聯」,『語言學論叢』, 第26輯. 商務印書館.

13　王洪君·富麗(2005).「試論現代漢語的類詞綴」,『語言科學』, 第5期.

14　미국의 음성학계에서 운율을 가진 어휘와 음보에 대한 정의는 학파마다 각각 다르다. 어떤 학파에서는 담화 중의 표층적인 음보가 바로 운율을 가진 어휘라고 하는데 또 다른 학파에서는 王洪君(2000)에서와 같이 음운과 통사의 두 가지 측면을 고려하였다. 즉, 음운 요소의 통사적 특성을 동시에 고려한 것인데 이는 모국어 화자의 직관이 판단하는 어휘를 반영하는 것이며 언어 내부의 기본 어휘와도 같은 것이다.

넘이 아니라는 것이다. 단자음은 어휘 동일성 조건을 포함하며 단자음조(tone) 조건도 포함한다. 따라서 문자 본위라는 말은 음절 본위라는 말보다 더욱 정확한 것이다.

영어와 비교해 보면 좀 더 쉽게 이해할 수 있을 것 같다. 영어의 음운 체계는 무엇을 본위로 하고 있을까? 영어의 분절음과 음보는 어휘 층위의 단위와 직접적인 관련을 가지지 않는다. 영어의 분절음은 고유의 운율 특징을 가지고 있지도 않으며 분절음이 어떤 어휘에 진입했을 때만 확실한 경계를 가진다. 영어의 음운 단위는 운율을 가진 어휘에 진입해서야 어휘 단위와의 관계가 형성되는데 보통 하나의 운율을 가진 어휘는 하나의 어휘와 대응되고, 이때서야 고유의 운율적인 특징, 고유의 강세, 고유의 음절과 분절음의 경계를 가지게 된다. 이처럼 영어에서는 운율을 가진 어휘가 음운 체계의 각 층위를 운용하는 핵심적인 요소이므로[15] 운율을 가진 어휘의 하위 단위들은 운율을 가진 어휘를 기준으로 생성되어야 한다. 즉, 영어의 기저 분절음을 확정하려면 해당 분절음이 단어의 어근(가장 좋은 기준은 단음절 어휘이다)에 어떻게 분포하는지에 근거해야 하며, 분절음을 판단하려면 운율을 가진 어휘의 강세의 위치에 근거해야 할 것이다. 운율을 가진 어휘의 상위 단위, 복합어, 운율을 가진 구, 어조를 가진 구 등은 운율을 가진 어휘를 기반으로 문법, 의미, 화용적 조건에 의거하여 생성되어야 한다. 따라서 운율을 가진 어휘는 영어의

---

15 王洪君(1994). 「從字和字組看詞和短語-也談漢語中詞的劃分標準」, 『中國語文』, 第2期.

음운 체계를 운용하는 핵심 요소라고 할 수 있다.

3.2 문자 체계에서의 본위

추시구이^{裘錫圭} 선생은 문자와 기호로서의 문자를 구분했는데 여기서는 선생의 구분에 기초하여 문자 체계의 본위 문제에 대해 고찰해 볼 것이다. 선생(1988)은 문자에는 서로 다른 크기의 단위가 존재하는데 그 중 비교적 큰 문자 단위는 발음과 의미를 겸비하고 언어 기호(본고에서 말하는 어휘 단위)와 관련성을 가지는데, 예를 들면 사각형을 이루는 한자와 영어의 문자 어휘이다. 이와 같은 층위의 단위는 더욱 작은 문자 기호로 이루어지며 중국어의 부수와 영어의 자음과 모음이 그것이다. 문자와 문자 기호를 구분하는 것은 문자 단위와 어휘 단위의 관련성을 밝혀내는 관건이다.

우리는 문자 체계의 본위를 확정할 때 어휘 단위와의 관련성만이 아니라 음운 단위와의 관련성도 함께 고려해야 한다고 생각한다. 문자 층위에 속하는 각급 단위 중에서 어휘와 음운의 각급 단위와 고유의 관련성을 가지는 최소 단위가 바로 문자 체계에서의 본위이다.

한문^{漢文}에서 문자보다 작은 단위는 문자 기호이며 이를 다시 획으로 분석할 수 있다. 획과 음운 단위, 어휘 단위는 서로 관련이 없으므로 해당 층위의 본위가 될 수 없다. 문자 기호는 의미와 발음을 가지고 있지만 어휘 의미의 어떤 단위나 음운의 어떤 단위와 고유의 관련을 가지고 있지 않다. 성부^{聲符}는 음을 표시하지만 어떤 음절, 운모, 운과 고정적인 대응 관계가 없다. 의부^{意符}와 표의성을 가지는 성부는 의미를 표시하지만 계열적인 의미장의 의미(棧, 楊, 柳, 樹에서 木의 의미) 또는 계열적인 일단의 어휘들이 가진 공통적인 의미(棧, 淺, 錢, 箋에서 적다는 의미)만을 표시할 뿐 어휘 층위에서의 선형적 배열에 의한 단위의 의미(문자의 의미 또는 어휘의 의미)를 표시하지 않는다. 한문에서는 문자라는 단위에 도달해서야 한 음절당 하나의 의미를 가지는 어휘자인 어휘 층위의 최소 단위와 관계를 형성할 수 있으며 이러한 어휘자를 통하여 음운 단위인 음절과도 관련성을 가지게 된다. 이렇게 층위를 초월하여 관련성을 가지는 문자는 중국어를 모국어로 하는 화자의 직관에 단위를 형성할 수 있으며 문자 기호나 획은 그렇지 못하다. 어휘 의미와의 관련성 이외에 사각형으로 이루어진 문자가 형태적으로 가지는 폐쇄성과 공간의 경계 또한 매우 중요한데 문자 기호, 획 등은 이러한 공간적 통일성을 가지지 못한다.

영문의 경우에는 자음과 모음이 영어의 음운 층위에 속하는 분절음 단위와 거의 일대일 대응 관계를 가지므로 층위를 뛰어넘는 관계를 형성한다. 영문에서 자음과 모음보다 높은 단위인 문자 어휘(띄어쓰기로 분리되는 각각의 자음과 모음의 조합)과 어휘는 대략 일대일의 대응 관계를 가지며 층위를 뛰어 넘는 관련성을 형성한다. 그러나 자음과 모음은 이러한 문자 어휘보다 작은 단위이기 때문에 자음과 모음은 영문의 체계를 뛰어넘는 관련성을 성립시키는 최소 단위이며 영문의 본위가 된다.

3.3 어휘 체계에서의 본위 (1)

어휘 체계에 있어서 층위를 뛰어넘는 관련성을 형성하는 통로는 두 가지가 있다. 하나는 하위 단위인 음운 층위와의 관련성과 다른 하나는 상위 단위인 의미/화용 층위와의 관련성이다. 먼저 어휘와 음운 층위와의 관련성에 대해 고찰해 보자.

중국어에서 어휘 층위와 음운 층위가 관련되는 최소 단위는 어휘 층위에서도 최소 단위인데 학자들은 이를 형태소로 불러 왔으며 일반적인 독자들은 글자로 불러 왔다. 형태소라는 단어를 살펴보면 발음과 의미가 결합된 최소 단위라는 뜻을 포함하는데 이 점에서 영어의 *morpheme*과 동일하다. 글자는 어휘, 발음, 문자의 세 가지 층위를 넘나들 수 있는 단위인데 영어의 *word*와 대응될 것이다. 본고에서 어휘자라고 지칭한 이유는 각 층위를 연결해 주는 핵심 역할을 강조하는 한편 어휘 층위에 속하는 단위임을 부각시키려는 의도에서이다.

보충 설명을 하자면 우리는 어휘자에 대해 발음과 형태와 의미의 결합의 출발점이 되는 "성조를 가진 음절과 어휘 의미가 결합된 것"이라고 정의한다. 그러나 발음과 의미가 결합된 것에 다른 규칙을 적용하여 생성한 것은 어휘자가 아니다. 예를 들어 작은 칼을 의미하는 刀兒는 1음절이지만 그 발음과 의미는 칼과 兒(작다는 의미의 접미사)로부터 유래된 것이기 때문에 어휘자가 될 수 없다. 또 啪啦(쩽그랑하는 소리)나 輾轉은 발음과 형태와 어휘 의미를 분리해 낼 수 없으며 상성자象聲字인 啪과[16],[17] 실제 의미를 표현하는 轉이[18] 다른 음운 규칙을 적용하고 음운 모형을 이용하여 파생시킨 2음절자인데, 이 중 啪啦는 啪자를 기반으로 하여 중첩한 2음절자이고 이 때 성모의 파열음을 유음으로 교체한 것이며 특정한 음운 모델로서 연속적이고 울리는 복합적인 소리를 표현한 것이다. 또한 輾轉은 轉자를 기반으로 하여 중첩한 2음절자인데 중첩되는 글자인 輾은 원순 모음을 비원순 모음으로 교체하여 특정한 음운 모델을 적용시켜 반복적으로 여러 번 이루어지는 행동을 묘사한 것이다. 이러한 啪啦와 輾轉은 단일어가 아니라 파생 성분과 어간이 선형적 결합이 아닌 변화와 생성 과정을 거친 파생어이기 때문에 선형 구조 분석법으로는 단일어로 오판하는 경우가 있다. 이와 같은 2음절자도 어휘자에 포함되지 않는다.

가차가 포함된 외래어를 제외하고 중국어의 어휘자는 성조를 가진 단음절과 관련이 있을 뿐 아니라 사각형태의 한자와도 관련성을 가진다. 특히 한자는 어휘자와 거의 일대일의 대응 관계를 이루는데 성조를 가지는 단음절은 여러 개의 어휘자와 대응될 수 있다. 문자는 언제나 음성 언어보다 늦게 출현하는 것이므로 뒤늦게 출현한 문자는 문자의 기본 단위로써 음운적으로 분리된 어휘 기호를 직접 표현할 가능성이 있기 때문이다.

---

16 朱德熙(1982). 「潮陽話和北京話重疊式象聲詞的構造」, 『方言』, 第3期.

17 王洪君(1999).

18 Sun, Jingtao(1999), *Reduplication in Old Chinese*, Ph. D. Dissertation, Vancouver University of British Colombia.

3.4 어휘 체계에서의 본위 (2)

상위 층위인 어휘 층위와 의미/화용 층위의 관계를 생각했을 때 필자는 어휘 층위 위로 어휘 단위를 구체적이고 실제적인 의사소통에 운용하는 화용 층위가 존재한다는 기능주의 학파의 관점에 동의한다. 화용 층위는 발화자, 발화 시간, 발화 장소와 관련된 여러 가지 범주인 인칭, 시제와 동작상, 지시 관계, 발화자와 청자의 교류 역할, 교류 거리 및 지위 관계의 선택, 청자의 정보 관계와 전제 등을 포함한다. 화용 층위에서는 크고 작은 어휘 구조 단위가 이들 범주를 표현하는 어휘 형식 또는 운율 형식(또는 어조) 등을 조합하여 화용 단위를 생성한다.

중국어의 어휘 층위에서 화용 층위와 층위를 뛰어넘는 관련성을 형성하는 것은 지시 관계, 인칭, 특정과 불특정, 어조, 상대적 시간, 방향 등 어휘 층위에 속한 폐쇄적인 성분이다. 이 성분들은 어휘 층위에 있는 단위에 부가되어 하나 또는 여러 개의 어휘 단위를 포장하거나 결합하여 의사소통에 적용되는 언어로서 작용하게 한다.

어휘와 문법 층위에서 화용 범주를 표현하는 여러 가지 성분이 부가된 최대 단위는 중국어의 구이다. 영어와 달리 중국어는 형식적으로 주어와 술어가 일치해야 하는 제한이 없으며 구보다 큰 문장 구조가 존재하지 않는다. 따라서 중국어에서는 어휘 층위와 화용 층위를 연결하는 최고의 교차점이 구이며 이러한 관점에서 보면 주더시 선생이 제기한 구[19] 본위 이론은 매우 설득력이 있다.[20,21] 중국어의 글자자, 어휘사, 구는 모두 폐쇄성 성분을 부가하여 화용 범주를 표연할 수 있으며 화용 층위에서 독립적으로 운용할 수 있는 최소 단위가 될 수 있다. 이러한 화용 층위에서 독립적으로 운용할 수 있는 최소 단위를 우리는 담화구로 부르기로 한다.

3.5 거시적 어문 체계에서의 본위

우리는 이상의 내용으로부터 단자음, 어휘자, 한자漢字가 중국어의 음운, 문자, 어휘의 세 가지 층위에서 층위를 뛰어넘는 관련성을 가지는 최소 단위라는 것을 알아보았다. 모국어 화자는 이렇게 층위를 초월하는 관련성을 가진 단위들을 쉽게 구분하지 못하기 때문에 이 세 가지 단위를 일상적으로는 모두 글자라고 부르며, 글자가 중국어 어문의 거시적 체계 내부의 기본 본위, 즉, 중국어에서 문자 본위가 되는데 일조한다. 세 가지 층위에서 문자는 문자보다 작은 단위를 확정하는 역할과 보다 큰 단위를 생성하는 기준의 역할을 한다. 모국어 화자들은 담화 또는 문장 중에서 쉽게 문자를 분리해 내고 담화나 문장의 연속으로 인하여 발생한 변화를 다시 복원시킬 수 있기 때문에 기성 단위라고 부르는 것이다. 문자는 중국어 어문의 거시적 체계 내부에서 층위를 뛰어넘는 관련성을 형성하는 최저점으로서 각 층위들은 최종적으로 문자로 집결되기 때문에 각 층위에서 문자

---

19 역자 주: 원문에서 구는 詞組 즉 하나 이상의 어휘 조합을 말한다.

20 姜望琪(2006).「漢語的"句子"與英語的sentence」, 楊自儉 主編『英漢語比較與翻譯(6)』에 수록, 上海外語教育出版社.

21 沈家煊(2006).「漢語里的名詞和動詞」, 東亞語言比較國際研討會.

는 매우 특수한 지위를 가지고 있다.

중국어에서 이러한 각각의 층위 또는 층위 간의 관련성을 통하여 그 층위의 본위를 결정하는 것은 미국의 구조주의 학파의 이론과 확연히 다르다. 미국의 구조주의 학파의 이론에서는 언어의 각 층위를 엄격하게 나누기 때문에 음운 층위의 단위를 판단할 때 어휘 층위가 가진 조건을 참조할 필요가 없다. 층위와 층위는 상대적으로 독립적이면서 상호 관련성을 가지고 있기도 하다. 생성문법학파로부터 각 층위 간의 관련성은 점점 그 중요성을 인정받고 있다. 이는 언어적 사실에 대한 존중이자 언어학이 발전하는 일면이다.

음운, 문자, 어휘, 중국어 어문의 거시적 체계에서 모두 문자 본위라고 하지만 층위 사이에 차이가 존재하는 것도 사실이다. 본고에서는 이러한 차이에 대해 문자 본위의 또 다른 측면이라고 생각한다. 문자를 본위로 하는 네 가지 층위를 살펴보면 중국어 어문과 다른 언어와의 유형적인 차이를 알 수 있다. 또한 네 가지 층위가 가진 문자 본위의 특성은 각각 고유의 풍부한 방식을 내포하고 있기 때문에 앞으로 연구할 가치가 충분하다. 다음 절에서는 문자 본위가 어휘 층위에서 어떻게 나타나는지에 대해 토론해 보자.

4. 어휘 층위에서 나타나는 문자 본위의 특성

자오위안렌趙元任(1975, 1992) 선생은 "중국인의 관념 속에서 글자는 중심이 되는 주제이고 어휘는 다양한 의미에서 보조적인 역할을

하는 부제에 불과한 경우가 많다. 이는 중국어의 운율에 의해 결정된 양식이다."라고 하였다.[22,23]

다시 한 번 강조할 것은 본고에서 어휘 층위에서 문자를 본위로 삼는다고 한 것은 어휘 층위에서 문자에 대해 설명하는 것으로 충분하다는 뜻이 아니라 어휘 층위에서의 문자, 즉 어휘자는 다양한 함의에서 최소한의 자유성을 가진 단위라는 것이며 이러한 최소 단위보다 큰 단위에서 발음과 의미가 관련성을 가지는 모델은 직접 또는 간접적으로 최소 단위의 통제를 받는다는 것을 의미한다.

4.1 단일문자單字의 자유성

문법 연구에서는 통사적으로 자유로운지에 따라 어휘 단위를 자유식과 교착식으로 양분하곤 한다. 그러나 이와 같은 양분법은 중국어에서 통용되기가 쉽지 않다. 적어도 중국어의 어휘자에 나타나는 교착은 영어의 형태소에서 보이는 교착과 매우 다르다.

먼저, 중국어에서는 교착성을 가진 어휘자들은 통상 자유롭게 문장을 구성할 수는 없지만 독립적으로 사용하는 것이 가능하다. 예를 들어, 人民에서의 民과 같은 것이다. 영어에서는 교착적인 특성을 가진 의존 형태소를 독립적으로 사용할 수 없다. 예를 들어 *national*에서 *-al*을 중국어에서와 같이 *-al*, 또는 *national*에서의 *-al*이라고 말

---

22 趙元任(1975/1992). 「漢語詞的槪念及其結構和節奏」, 중역본, 『中國現代語言學的開拓和發展-趙元任語言學論文選』에 수록, 淸華大學出版社.

23 趙元任(1975),

할 수 없고, -al의 발음인 [-əl]으로만 지칭할 수 있다. 이러한 언어 간의 차이는 어휘의 최소 단위가 고유의 운율 구조를 가지고 있는지의 여부에 달려 있다. 중국어의 어휘자는 기저적으로 운율 구조를 가진 1음절 문자이며 음운적으로 독립성을 가진다. 반면 영어의 형태소는 기저적으로 분절음의 배열에 불과하기 때문에 고유의 운율 경계와 강세를 가지지 못한다. 이러한 이유로 영어의 형태소는 독립적으로 사용할 수 없는 것이다. 영어의 자유 형태소는 고유의 운율 구조를 가지므로 어휘로서의 지위를 가지는데 이는 교착적 특성을 가지는 의존 형태소와는 매우 다른데 중국어에서는 자유 형태소와 의존 형태소가 큰 차이를 보이지 않는다.

다음으로, 일부 허자虛字를 제외하고 중국어의 교착적 문자는 두 문자로 구성되는 문자 조합의 위치에서 거의 완전한 자유성을 가지고 있다. 예를 들면 人民:民主, 桌子:書桌 등이 그것이다. 그러나 영어에서는 교착적인 형태소의 위치가 자유롭지 못하고 제한을 받는데, 전치사로만 쓸 수 있는 *pre-, anti-*, 후치사로만 쓸 수 있는 *-ly, -al, -ity* 등이 그 예이다. 중국어에서 이러한 위치가 비교적 고정된 접사는 -仔, -兒, -頭 등 극소수만 존재하며 이러한 접사의 기원이 되는 한자는 현대 중국어에서 여전히 매우 자유로운 모습으로 사용되고 있다.

더욱 중요한 언어적 사실은 중국어에서 교착적 문자라고 불리는 실자實字조차도 爲民做主(사람이 먼저다), 擺桌咨詢(문의처), 送鴨上門(오리구이 배달), 彩蝶飛舞(나비가 나는 듯 아름다운 춤), 生女也一樣(딸을 낳는 것도 마찬가지다), 花錢擇校是否値得(돈으로 입학하는 것이 적절한가)에서와 같이 거의 모두 자유롭게 사용하는 것이 가능하다는 것이다. 不覺(느끼지 못하다, 깨어나지 못하다), 深恐(매우 두렵다), 未持(미소지, 미지참), 重操(재개하다), 又需(또 필요하다), 才知(마침내 알다) 등의 예는 교착적 동사에 부사적 의미를 가진 부가 문자가 결합한 형식이고, 窓前, 機內, 鼻下, 桌上 등은 교착적 특성을 가진 명사와 방향을 나타내는 성분이 결합한 것이다. 이때 부가 문자와 방향을 나타내는 성분은 통사 체계에서 자유 성분으로 처리된다. 그렇다면 이러한 2음절 조합구조는 어떤 특성을 가지고 있을까? 만약 앞의 예에 나타난 동사와 명사를 모두 교착적 성분으로 간주한다면 이러한 2음절 어를 모두 어휘로 처리해야 하는데 이는 중국어 화자의 직관에 위배된다. 따라서 앞서 나타난 2음절 조합을 구로 처리해야 하며 이때 동사와 명사가 자유성을 가지고 있다는 것을 인정해야 체계 내부에 대하여 동일성을 가지고 설명할 수 있다.

중국어의 어휘자가 영어의 형태소와 차이를 보이는 것은, 거의 대부분의 문자를 어휘로부터 추출하여 독립적으로 사용할 수 있고, 거의 대부분의 실자는 음절 조합 중에서 그 위치가 자유로우며, 음절을 조합할 때 자유롭게 운용할 수 있는 잠재력을 가지고 있다는 점에서이다. 미국의 한 언어학자는 중국어의 문자는 화학에서 물질을 형성할 수 있는 이온에 영어의 형태소는 물질을 이룰 수 없는 원자에 비유한 바 있다.[24] 이러한 단일 문자의 자유성은 어휘 층위에 나타나는 문자 본위의 중요한 특징이다.

---

24 趙元任(1975/1992).

4.2 어휘에 대한 문자의 통제력 (1)
單字有義(단일 문자는 고유의 의미를 가진다), 雙音定義(2음절 어휘는 어휘 의미를 가진다)의 발음과 의미의 관련성 모델

중국어에서 單字有義는 최소 단위의 기준에서 발음과 의미의 관련성을 고찰하는 것이다. 1음절 크기의 분절음은 모두 하나의 어휘자로 이루어지는데 단위의 통일성이라는 관점에서 발음과 의미의 관계를 보면 그 양상이 조금 달라진다. 현대 중국어는 1000여개의 음절로 구성되어 있는데 사용이 빈번한 어휘자는 최소 7000개 이상이어서 하나의 음절이 다수의 어휘자와 대응되며 하나의 어휘자는 다시 여러 개의 의미항을 가질 수 있다. 이렇듯 하나의 음절에 대응되는 어휘자의 의미는 더욱 많아질 것이므로 單字有義는 "중국어에서 단일한 음절은 고유의 의미를 가지나 어휘 의미를 가지지 않는다"고 표현하는 것이 더 정확할 것이다.

雙音定義에 대해서도 재고해 보자. 2음절 어휘는 문자와 문자가 교착적으로 결합하는 초기 형태이다. 이러한 교착적 결합을 통하여 1000여개의 1음절 자는 10만여 개의 2음절 어휘를 조합하며 이중 동음이의어는 그리 많지 않다. 더욱 중요한 것은 단음절이 2음절의 발음과 의미를 가진 어휘로 조합될 때 각 음절이 담당해야 하는 문자와 문자가 가진 의미가 단일하다는 것이다. 예를 들어, 단음절 shā에 대응되는 글자는 沙, 殺, 紗, 痧, 裟, 鯊 등 다수의 문자이며 이중 沙는 미세한 돌 부스러기, 모래와 같은 물건, 모래 입자와 같은 음식의 느

낌 등의 의미항을 가지고 있다. 그러나 2음절 어휘는 shātǔ에서의 sha는 殺, 紗, 痧, 裟, 鯊 중 어떤 의미로도 어떠한 tǔ(土吐 등)와도 함께 조합할 수 없으며 오로지 沙만을 선택하여 조합해야 한다. 의미에서도 오로지 미세한 돌 부스러기라는 의미항만이 土와 의미 있는 병렬적 결합을 할 수 있다. 이와 같이 2음절 어휘의 구성 성분인 1음절 자는 선택적 조합에 의해서만 의미를 가질 수 있으므로 2음절 어휘가 어휘 의미를 가지게 되는 것이다.

2음절 어휘는 단음절 문자와 다른 특성을 가지고 있는데, 더 큰 어휘 단위를 구성하는 중요한 중개자 역할을 하고, 중국어 화자가 느끼는 완전한 구조의 단위를 저장할 수 있는 기본적인 단위가 되는 등 중국어에서 2음절 어휘 특유의 중요한 역할을 한다. 이때도 잊지 말아야 할 것은 2음절 어휘는 고유의 의미를 가진 단음절을 기반으로 하여 선택적 조합을 통하여 형성된 어휘라는 것이다. 영어에서는 고유한 의미를 가진 단음절이 존재하지 않기 때문에 2음절 형성이라는 현상도 찾아볼 수 없다.

이상의 내용과 같이 중국어의 어휘 층위에서 문자 본위라는 것은 單音有義 뿐 아니라 雙音定義도 중요한 작용을 한다. 중국어 화자에게 이루어지는 어문 교육 중 lǐ는 mào의 , jìnglǐ의 lǐ(禮는 禮儀의 禮, 경례의 禮), lǐ는 lìshù의 lǐ, táolǐ의 lǐ(李는 오얏 나무의 李, 자두와 복숭아의 李)와 같은 예는 중국어 어휘 층위에 나타나는 單音有義, 雙音定義와 같은 발음과 의미의 관련성 모델을 쉽게 설명하는 가장 좋은 예이다.

4.3 어휘에 대한 문자의 통제력 (2)
글자 수와 중국어의 어휘 단위의 등급

중국어에서는 문장을 구성할 때 어휘가 형태 변화를 전혀 하지 않기 때문에 자유로운 운용이라는 기준만으로 등급을 구분하기는 쉽지 않을 것이다.

형태 변화가 없는 어휘 단위의 등급은 발음의 구현 형태와 각기 다른 등급의 조합 모델을 종합하여 확정해야 한다. 예를 들면 영어에서는 강세와 단어에서의 강세 모델이 다르고, 어휘 파생법과 문장 구성법이 다른데 이러한 차이에서 형태소, 어휘, 구 등의 서로 다른 등급을 구분할 수 있다. 필자는 운율의 구현과 문장 구성의 기능을 근거로 중국어의 어휘 단위를 어휘자, 표준 어휘, 개방적 합성어類詞, 구등의 네 가지 등급으로 구분한 바 있다.[25,26]

어휘자

단음절과 하나의 의미가 결합한 형태로 운율은 기본적인 성조를 나타내는 단음절.

---

25 王洪君(2000).

26 역자 주: 원문에서는 합성어가 가장 보편적인 용어임을 인정하면서도 합성어라는 용어를 사용하지 않기로 한다고 하였으나 번역문에서는 합성어로 번역하는 것이 가장 이해가 쉬우며 전문에 걸쳐 문제가 되는 내용이 없으므로 합성어라는 용어를 사용하도록 한다.

표준 어휘

화용 층위에서 폐쇄성을 가지는 문자를 제외한 교착적 2음절 조합과 2+1 형태의 3음절 조합 중 운율이 안정적이고 단일한 어휘를 말한다.

구체적으로 설명하면 중국어에서 표준 어휘는 白菜(흰색의 채소≠배추)에서와 같이 "의미+구조적 의미≠전체 어휘의 의미"류 만이 아닌, 頭髮과 같이 교착적 성분인 접사를 포함한 어휘, "의미+구조적 의미=전체 어휘의 의미"인 어휘, 油瓶(기름병), 藍天(푸른 하늘), 木桶(나무통), 鷄蛋(달걀), 聘崗(고용), 種樹(나무를 심다), 手擧(손을 들다), 圍爐(난로 주위에 모이다), 打殺(때려 죽이다) 등 두 글자가 자유롭게 결합한 어휘, 지시대명사, 인칭대명사, 수량사, 조동사, 심리동사, 부가 부사 등이 포함되지 않은 這書(이책), 我媽(우리 엄마), 倆餅(빵 두 개), 要去(가야 하다), 想說(말하고 싶다), 也去(가기도 한다), 竟說(-와 같은 말만 하다), 剛走(방금 떠나다) 등의 어휘, 我的(나의(것)), 寫得(쓰다), 吃了(다 먹다), 看着(보고 있다)와 같이 후치 조사가 포함된 어휘 등을 모두 포함한다. 사회언어학적 조사에 따르면 중국어 화자의 관념 속에 정의하는 어휘는 우리가 정의한 표준 어휘와 거의 일치하는데[27] 만약 다양한 통사 기준을 적용하여 어휘에 대해 정의를 하게 되면 각각의 정의 간에 큰 차이를 보인다.

개방적 합성어(또는 복합어)

표준 어휘와 개방적 합성의 지위를 가진 어휘자가 결합한 복합어

---

[27] 王立(2003), 『漢語詞的社會語言學硏究』, 商務印書館.

를 말한다.[28]

구조적으로는 교착적 성질을 가진 수식/피수식어, 조합으로서의 크기는 크지만 단일한 명사와 같이 기능하는 조합, 汽車駕駛執照(자동차운전면허), 中華人民共和國 등과 같이 병렬적 확장과 이동 등의 통사 변형이 불가한 단위, 접사와 유사한 성분이 부가된 多点汽油噴射式(멀티피드분사형)와 같은 구조 등이 이에 속한다. 이러한 개방적 합성어는 상위 층위에서와 표준 어휘 층위에서의 명사와 기능적으로 동일하나 내부적으로는 성분 간의 층위가 모두 파쇄기를 뜻하는 碎紙機와 紙張粉碎機에서와 같이 표준 어휘와 다르다. 개방적 합성어 등급은 사용 빈도가 극히 높은 극소수의 예외를 제외하면 한어를 사용하는 화자의 관념 속에서 저장의 기본 단위가 되지 못한다.

이러한 개방적 합성어의 운율적 특징은 내부적 휴지가 외부적 휴지보다는 작은 다음절로서 하나 이상의 운율을 가진다는 것이다.

구

구는 관형격 조사나 관형형 어미인 的, 地, 得을 포함한 수식/피수식, 부사어구, 술보 구조 등의 교착적 관계와 직접 성분이 我很好(나는 매우 좋다)나 種大蒜(마늘을 심다)와 같이 2음절을 초과하는 주술, 술목 구조는 배제된다. 중국어의 구는 다른 언어와 마찬가지로 병렬적 확장, 이동 등의 통사적 변형이 가능하고 이 점이 기타 어휘 또는 합성어와 근본적으로 다른 점이다.

---

28 王洪君·富麗(2005).

┼의 운율적 특성은 내부적 휴지가 외부적 휴지보다 길게 나타날 수 있고 운율이 단일하지 않아도 된다는 것이다.

중국어의 어휘 층위에 문장이라는 단위가 포함되는지에 대해서는 보다 신중하게 접근할 필요가 있다. 중국어에서 주어와 술어로 이루어진 구는 일치와 같은 형식적 제약을 위배하지 않으며, 주술 관계와 술목 관계, 수식어/피수식어를 나타내는 구는 서로 자유롭게 안긴 구조를 형성할 수 있다. 중국어에서 문장이 성립하는지의 여부는 주술 관계인지 아닌지가 아닌 문장을 완결하는 요소는 포함하는지 아닌지에 달려 있다. 문장을 완결하는 요소를 어휘 층위에 속한 단위들의 구조로써 결정되는 것이 아니고 더 높은 층위인 화용 단위에서 결정된다. 따라서 중국어의 문장은 화용 층위에 속한 단위, 즉 담화구로 보는 것이 적절하다.

〈표 1〉 중국어 어휘 단위 등급 및 통용 체계와의 관계[29]

	본고	통용 체계	예 또는 정의
어휘 층위	문자	단음절 형태소, 단음절 어휘	鴨, 鷄
	표준 어휘	2,3음절 형태소, 어휘, 교착적 구	馬達(모터), 白菜, 鴨頭, 粉碎機
	개방적 합성어	3음절이 넘는 다음절 형태소, 교착적 구	布爾什維克(볼세비키), 紙張粉碎機, 倒裁蔥式
	구	자유 구	倆餠, 我的, 種大蒜, 想種紫皮大蒜
화용	담화구	(문법) 구	(자, 구, 합성어, 구) +문장 완성요소

---

29 呂必松(2007), 『組合漢語知識綱要』, 北京語言文化出版社 참조.

<표 1>과 같은 분류 방식은 중국어의 어휘 단위가 더 큰 조합 중에서 보이는 통사적 특성과 운율적 특성을 반영한 것이며 보다 간결하고 합리적으로 중국어의 각급 어휘 단위의 특징을 잘 설명할 수 있다. 여기에서 문자와 어휘의 관계는 실현 관계가 아닌 조합 관계라는 점에서 어휘와 구의 관계와 동일하다. 단음절인 문자는 조합이나 변형을 통해 2음절 또는 3음절의 어휘를 생성하고 단음절의 문자와 2, 3음절의 어휘는 다시 조합을 통해 합성어를 구성한다. 문자, 어휘, 합성어는 다시 조합을 통하여 구를 구성하고 문자, 어휘, 합성어, 구에 문장 완결 성분이 더해져 담화구를 구성한다.

이와 같이 중국어의 어휘 생성의 기점은 단음절과 하나의 의미를 가지는 문자이다. 문자는 어떤 층위의 단위와도 직접적으로 결합하는 것이 가능하고 서로 다른 단위와 층위는 조합 층위의 숫자와 조합 관계에 따라 다르다. 중국어의 어휘 또한 글자의 개수와 긴밀한 관련이 있는데 문자가 어휘와 합성어에 대해 완전한 통제력을 가지는지 부분적으로만 통제력으로 가지는지도 각각 다르게 나타난다.

4.4 어휘에 대한 문자의 통제력 (3)
어휘와 문장 구성에서 보이는 단음절과 2음절의 기능 차이

중국어의 어휘와 문장 구성 과정에서 단음절과 2음절의 통사 기능은 분업 관계에 있다고 할 수 있다.[30] 예를 들어 수식어와 피수식

---

30 王洪君(2001),「音節單雙, 音域展斂與語法結構類型和成分次序」,『當代語言學』,

어 관계인 煤炭商店(연탄 가게), 煤炭店, 煤店 등의 형식은 가능하지만 煤商店는 성립하지 않는다. 또한 술목 구조에서 種植大蒜, 種大蒜, 種蒜 등은 가능하지만 種植蒜은 성립하지 않는다.[31] 이에 대한 필자의 분석에 의하면 2음절 동사는 단음절 동사보다 동사성이 약하기 때문에 수식어, 수식어와 피수식어 구조에서 피수식어, 수량 성분의 수식을 자유롭게 받을 수 있는 특징을 가지고 있으나 단음절 동사는 주로 술어 성분을 담당하게 된다. 그리고 2음절 명사는 문장을 구성하고 단음절 명사는 어휘를 구성하는 특징이 있다.

또한 단음절과 2음절은 切菜刀(채소칼)와 蔬菜加工刀에서와 같이 어휘와 합성어를 구성할 때도 그 배열순서가 다르다.[32] 주목할 것은 이와 같은 배열순서는 각 성분의 음절수에 따라 다른 것이며 형태소나, 어휘, 합성어 등의 차이로 나타난 것이 아니다. 鞋帽編織機(신발, 모자 방직기), 果汁罐裝機(캔 주스 메이커), 可樂罐裝機(캔 콜라 메이커)에서 鞋帽, 果汁, 可樂 통상적으로 합성어, 두 개의 형태소로 이루어진 어휘, 단일 형태소로 이루어진 어휘로 불리는 것들인데 모두 동사 앞에 나타난다. 그러나 이러한 어휘 요소와 후치하는 동사성 성분이 단음절이라면 어휘 내부의 배열순서는 織襪機(양말 방직기),

---

第4期.

31 Lu, Bingfu & Duanmu, San(1991), *A Case Study of the Relation between Rhythm and Syntax in Chinese,* Paper Presented at the Third North America Conference on Chinese Linguistics, Ithaca.

32 Duanmu, San(1997), Phonologically Motivated Word Order Movement Evidence from Chinese Compounds, *Studies in the Linguistic Sciences,* Vol. 27, No. 1, 49-77, Urbana.

灌汁機(캔 음료 메이커)와 같이 교체된다.

펑성리^{馮勝利}(2005) 연구에서는 현대 중국어의 단음절과 2음절의 교체 및 제약에 대해 연구하여 중국어의 문자 본위의 특징에 대해 인식하고 중국어의 구어와 문어의 문체적 특성과 규칙에 대해 밝혀낸 바 있다. 예를 들면, 加以控制(통제를 가하다)/*加以控制, 驟然下降(갑자기 하강하다)/*驟下降/*驟然降/驟降, 手持木棒一根(손에 목봉을 들다, 문어체)/~手里拿着一木棍(구어체) 등이다.

4.5 어휘에 대한 문자의 통제력 (4)
어휘 층위에서 이루어지는 각각의 조합 방식이 일치하는 것

중국어의 어휘 층위의 특징에는 앞서 설명한 단음절과 2음절의 제약 외에 가장 작은 단위인 문자로부터 가장 큰 단위라고 할 수 있는 구에 이르기까지 각 단위의 조합 방식이 모두 일치한다는 것이다. 즉, 각 단위에서 조합이 이루어질 때 몇 가지 유한한 수의 구조를 반복 사용하여 조합한다. 필자는 분포류와 어휘류의 배열 및 생성의 각도에서 접근하여 중국어의 몇 가지 구조 모델에 대해 고찰한 적이 있다.[33],[34] 다음에서는 필자가 과거에 진행했던 연구에 대해 약간의 수정을 가하려고 한다. 가장 단순한 구조로부터 복잡한 구조까지의 순서는 아래와 같다. 이때 주의할 점은 아래의 구조에서 전체 구조와

---

33 王洪君(1994).

34 王洪君(1998),

핵심 성분의 유형이 같은지 다른지를 관찰하면 구조의 유형이 더욱 확실해질 것이다.

1. 수식어와 피수식어 구조(핵심 성분이 후치하는 내심적 구조)

   어휘 의미 유형: 속성+실체→실체의 하위 개념

   분포 유형: {명사, 형용사, 상태 자동사, 구별사}+명사→명사[35]

   예: 紙老虎(종이호랑이), 白紙, 白菜, 拖鞋(슬리퍼), 大型表, 金牙(금이빨), 精制黃楊木梳子(고급 회양목 빗)

2. 병렬 구조(핵심 성분이 두 개인 내심적 구조, X는 임의의 유형을 대표함)

   어휘 의미 유형: X+X→X의 상위 개념(교착적인 2음절 구조에 한함)

   분포 유형: X+X→X'

   예: 桌椅(탁자와 의자), 鐘表(벽시계), 矛盾

3. 술보 구조(핵심 성분이 후치하는 완료 의미의 동사성 구조)

   어휘 의미 유형: 동작+완료 {위치, 방향, 상태, 성질}→동작의 완료

   분포 유형: 동사+{방향동사, 비자율성 동사, 상태 동사, 형용사}→동사

   예: 走進來(걸어 들어오다). 推倒(밀어 넘어뜨리다), 射中(쏘아 맞추다), 燜熱(가열하여 뜸들이다)

---

35 역자 주: 중국어의 구별사는 한국어 문법에서 말하는 관형어와 유사한 품사이다.

4. 술목 구조(핵심 성분이 전치하는 동사성 구조)

　어휘 의미 유형: ① 동작+실체→활동

　　　　　　　　② 실현+물화 속성→상태

　　　　　　　　③ 소유+물화 속성→성질

　　　　　　　　④ 의지/능력+통제 가능한 동작→성질

　분포 유형: ① 일반적인 2가 동사+명사→자동사

　　　　　　② 실현동사+형용사→자동사/형용사

　　　　　　③ "有"+추상명사→형용사

　　　　　　④ 조동사+통제 가능한 동사→형용사

　예: ① 跳傘(낙하산(을 타고 하강하다). 打拳(권법을 사용하다),

　　　　　買靑菜(배추를 사다)

　　　② 泛白(희어지다), 發黃(당황하다)

　　　③ 有理想(이상이 있다)

　　　④ 能說(말할 수 있다), 會溜須拍馬(아첨할 줄 알다)

5. 주술구조(비내심적인 동명사 구조)

　어휘 의미 유형: 실체+{활동, 상태, 성질}→비실현 현상(시제와 동작상이 첨가되면 실현되는 사건이 된다)

　분포 유형: 명사+{동작 자동사, 상태 동사, 성질 형용사}→자동사의 동명사 구조

　예: 駿馬 奮蹄(준마가 발을 구르다), 馬嘶(말이 울다), 鱖魚肥美(쏘가리가 살이 통통 올랐다), 魚肥(물고기로 만든 비료)

6. 부사어와 수식어 구조(핵심 성분이 후치하는 동사성 구조, 내부적 부사어구에 한함)

어휘 의미 유형: ①②{부정, 성노, 상태}+성질/동작/상태→하위
성질/동작/상태

실체+{활동, 상태, 성질}→비실현 현상(시제와 동작상이 첨가
되면 실현되는 사건이 된다)

분포 유형: ① 부사+형용사→형용사

　　　　　② {부사, 형용사}+동사→동사

예: 筆直(똑바르다), 不覺(느끼지 못하다), 很好(매우 좋다),
手擧(손을 들다), 快走(빨리 가다), 認眞學習(열심히 공부
하다)

　외층 부사어는 담화적 요소의 비선형적 관련을 중심으로 고찰해
야 하기 때문에 외층 부사어를 담당할 수 있는 내층 부사어인 접속사
連詞, 어조語氣부사, 시간부사, 포괄부사 등의 성분을 배제해야 하는데
본고에서는 다루지 않으며, 앞서 열거한 여섯 가지 유형 외에 연속
동사와 같이 조어법에 있어서 기본 구 구조와 일치하는 구조, 車輛,
灰心(낙담하다), 筆直 등과 같이 특유의 구조를 가지는 합성어가 있
으나 본고에서는 다루지 않는다.

　앞서 열거한 여섯 종류의 구조는 좀 더 간결한 규칙으로 귀결할
수 있다. 즉, 포함 관계인 내심적 구조 전체와 핵심 성분 중, 핵심 성
분이 하나일 때 등급을 강등하고 핵심 성분이 둘일 때 승격시키는
것이다. 예원시(2004)에서는 이에 대해 도표로 설명한 바 있는데 본
고에서는 예원시의 도표를 확장하여 다음과 같은 도식으로 표시하
였다. 핵심 성분은 밑줄로 표시하였고 화살표는 생성 방향을 표시

한다.[36]

어휘 단위	어휘의미층위	구조 유형	예				
핵심2문자2	상위 포함	핵심+핵심	桌椅				
↑	↑	↑	↑	↑	跳躍		
중심문자	기점 포함	핵심	桌	椅	↑↑	倒直	
↓	↓	↓	↓	↓	跳躍	倒	直
핵심1문자2	하위 포함	수식+피수식	書桌	躺椅	↓		
		술목		跳傘	↓		
		술보			打倒	↓	
		부사어+핵심				筆直	

도식에서 핵심이 둘인 구조 전체와 핵심 성분은 포함 관계이며 전체 구조는 핵심 성분에 매우 근접해 있는 상위 층위이자 포함 관계에서 등급이 상승하게 된다. 예를 들어 桌椅는 桌子와 椅子, 家具의 중간에 한 가지 층위를 추가한 것이다. 반면에 핵심이 하나인 구조 또한 전체가 핵심 성분을 포함하는 관계인데 전체가 핵심 성분의 하위 개념이고 전체는 핵심 성분이 아닌 다른 성분과 상관관계를 가진다. 예를 들면, 白菜는 일정 정도 白과 상관관계를 가지는 채소이며 謝幕 (커튼콜)은 幕과 관련된 감사 행위이며 筆直은 筆과 같은 直이며 立正(차려)는 立이라는 동작을 통해 正이라는 결과가 나타난 것이다.

본고에서 말하는 내심적 구조는 언어학계에서 통용되는 1음절의

두 글자가 조합된 복합 구조와 구조 내부 성분과의 관계를 말하는 것이다. 이는 쉬통창 선생이 말한 내심적 구조와는 다르다. 또한 우리가 동사성, 명사성, 사역성으로 나누어 내심적 구조를 분석한 것은 공시적이고 정적인 조어법 뿐 아니라 생성적이고 동적인 조어법에도 적용할 수 있다. 어휘를 생성할 때는 먼저 개괄적인 어휘 현상을 물상, 행위, 사역적 사건 등으로 크게 분류한 이후 핵심 문자를 확정해야 하며 그 이후 跳傘에서의 傘, 白菜에서의 白과 같은 핵심 문자와 관련되고 개괄적 현상에서 비교적 우선순위를 가진 부분을 선택하는 것이다. 쉬통창 선생이 제기한 "두 가지 요점으로 전체를 통제한다"는 주장은 합성 방향에 있어서 핵심의 제약에서 벗어나지 못한 것이다.

학계에서 통상적으로 논의되던 통사의 범주도 자체적인 어휘 의미를 가지고 있지만 이러한 의미는 비교적 추상적인 의미이며 구체적인 문자와 어휘가 가진 어휘 의미는 아니다. 명사, 동사, 형용사 등의 통사 범주와 수식어/피수식어와 같은 통사 구조의 유형은 반드시 비교적 추상적인 층위에서 의미를 밝힐 수 있다. 일부 학자들은 白菜(배추)≠白的菜(흰색 채소)의 예를 들어 문자로서 어휘를 통제하는 이론에 대해 의문을 제기하지만 이와 같은 예는 "배추는 일종의 채소"라는 규칙으로 설명해야 할 것이며 중국어 어휘 층위에 존재하는 2음절 어휘의 90% 이상은 조어법 층위의 조어 규칙에 부합한다.

앞서 귀납한 중국어 어휘 층위의 다섯 가지 특징들은 음절 하나에 하나의 의미가 결합하지 않는 다른 언어에는 있을 수 없는 것이며 문자 본위가 어휘 층위에 직접적으로 구현되는 특징이다.

5. 결론

　문자 본위 이론이 다른 분야에서도 나타날 수 있는지에 대해서는 더욱 심도 깊은 연구가 필요할 것이다. 졸저(1999)에서는 중국어의 음운 체계에서 문자가 본위가 된다고 설명한 바 있고 단자음 본위가 음운 층위에서 구현되는 여러 가지 특징에 대해 구체적으로 서술한 바 있다. 중국어의 문자인 한자 체계에서도 문자 본위는 다양한 특징을 드러내고 있을 것인데 과거 필자는 이에 대해 조금 소홀했고 이에 대한 연구가 부족하고 기존 학계에서 진행했던 연구에 대해서도 이해가 부족하므로 이후의 연구 과제로 남겨 두어야 할 것 같다.

　중국어의 특징에 근거한 문자 본위 이론은 일반 언어학 이론을 더욱 풍부하게 할 수 있을 것이며 중국어 교육과 중국어 정보 처리 등의 영역에도 응용할 충분할 가치가 있을 것이다.

제9장

중국어의 주관성과 중국어 문법 교육

선자쉬안(沈家煊)

1. 언어의 주관성

본고의 주제인 중국어의 주관성을 논의하기에 앞서 언어의 주관성이 무엇인지 알아보아야 할 것 같다. "주관성subjectivity"은 언어가가진 특징 중 하나로서, 화자의 발화 과정에 화자의 입장이나 태도, 감정 등 "자아"를 표현할 수 있는 주관성이 포함되며 담화에는 반드시 화자가 남긴 자아의 흔적이 존재한다는 것이다.[1] 언어의 주관성은 대략 세 가지로 나눌 수 있는데, 첫째는 화자의 시각이며, 둘째는화자의 감정, 셋째는 화자의 인식이다.[2,3] 최근 언어의 주관성에 대한 학계의 관심이 높아지고 있는 것은 언어학계에 나타난 인문주의의 부흥과 관련이 깊다. 특히 기능주의 언어학, 화용론, 인지언어학등은 오랜 시간 언어학계에서 지배적인 역할을 하던 구조주의 언어학과 형식주의 언어학의 기본 원칙인 과학주의에 도전장을 내밀고있다. 이와 같은 신흥 학파에서는 언어가 단지 객관적인 명제와 사상을 표현하는 것이 아닌 주체적인 관점과 감정, 태도 등을 표현한다고 하였다.

이러한 언어의 주관성은 운율의 변화, 어조사, 접사, 대명사, 부사, 시제와 동작상, 조동사, 어순, 중복 등으로 표현할 수 있으며 음성학, 어휘론, 통사론, 담화 구조 등 여러 분야에 걸쳐 나타난다. 아래의 예

---

1 Lyons, J.(1977), *Semantics,* Cambridge: Cambridge University Press.
2 Finegan, Edward.(1995), *Subjectivity and Subjectivisation: an introduction,* In Stein Dieter & S. Wright.
3 沈家煊(2001), 「語言的主觀性和主觀化」, 『外語教學與研究』 第4期.

를 보자.[4,5]

(1) a. 張剛打了文麗. (장강은 원리를 때렸다)

      b. 張剛打了他的太太. (장강은 아내를 때렸다)

      c. 文麗的丈夫打了她. (원리의 남편은 그녀를 때렸다)

      d. 文麗被張剛打了. (원리는 장강에게 맞았다)

      e. 文麗被她的丈夫打了. (원리는 남편에게 맞았다)

위의 예문은 모두 남편인 장강이 아내인 원리를 때린 하나의 사건에 대한 기술로 화자의 감정이 이입되는(empathized) 대상은 장강일 수도 있고 원리가 될 수도 있다. 감정 이입(empathy)는 화자가 자신과 자신이 발화한 문장이 묘사한 사건이나 상태의 참여자 중 하나를 동일시하는 현상이다. (1)a의 예문은 순수하게 정보를 전달하는 구문이나, (1)b-e의 구문에서는 화자의 감정 이입 대상이 장강으로부터 원리로 이동하는 것을 보여준다. "그의 아내"라는 표현으로 원리를 지칭하는 것은 장강에게 감정을 이입했다는 뜻이며, "원리의 남편"으로 장강을 지칭하는 것은 원리에게 감정을 이입한 것이다. 주동문에서 피동문으로 변화하는 것도 감정이 장강으로부터 원리로 옮겨가는 것을 의미하며 이때 지시 관계와 문장 구조는 모두 주관성

---

4 Tang, Tingchi.(1986), *Chinese Grammar and Functional Explanation*, Chinese World.

5 Kuho, S.(1987), *Functional Syntax: Anaphora, discourse and empathy*, Chicago and London: University of Chicago Press.

과 연관이 있다.

외국어로서의 중국어 교육이 언어의 주관성과 중국어의 주관성의 관점에서 이루어질 수 있다면 그동안 설명하기 어려웠던 문법 현상들에 대해 더욱 확실하고도 간명하게 설명하는 것이 가능하고 학습자들이 중국어의 언어적 특징과 문장 구성 규칙에 대해 지식적으로 아는 것뿐이 아닌 스스로 깨닫게 되는 것이 가능할 것 같다. 다음의 예를 보자.

주관 처치 구문[6]	怎麼把個晴雯姐姐也沒了? (어떻게 칭원 누이조차 잃을 수가 있어요?)
주관 득실 구문[7]	王冕七歲上死了父親. (왕미엔은 일곱 살 때 부친을 여의었다)
주관 인정 구문[8]	他是去年生的孩子. (그는 작년에 아이를 얻었다)

---

6 역자 주: 파자구(把字句)라고도 하는 처치 구문(處置句)는 일반적인 의미에서 중국어에서 의미적으로 피동작주(patient)에 대하여 동작주(agent)가 영향을 주거나 어떤 결과를 초래하게 하는 구문이다. 형식적으로는 전치사인 파(把)자를 동반하므로 파자구라고도 한다. 본고에서는 따로 번역하지 않고 원문의 용어를 그대로 사용하기로 한다.

7 역자 주: 본고의 저자인 선자쉬안이 제시한 용어이며 중국어 특유의 획득과 상실을 나타내는 문장을 말한다. 객관적인 획득과 상실의 의미와 함께 화자의 주관성이 개입된 획득과 상실을 나타낸다. 본고 3절 내용 참조.

8 역자 주: 본고의 저자인 선자쉬안이 제시한 용어이며 중국어 특유의 화자가 주관적으로 인정하는 사실을 나타내는 문장을 말한다. 문장의 구조는 "A는 B이다"라는 것이 기본적인 문형인데 이때 의미적으로 A≠B 관계가 성립한다. 본고 4절 참조.

2. 주관 처치 구문 – 怎麼把個晴雯姐姐也沒了?

지금까지 파자구把字句는 처치 구문處置式으로 불리어왔으며 이러한 구문에서 동사는 처치의 의미를 반드시 포함해야 한다고 하였다. 그러나 예외적으로 아래와 같은 예가 나타난다.

> (2) a. 我把他打了一頓. (나는 그를 한 대 때렸다)
>
>   b. 我打了他一頓. (나는 그를 한 대 때렸다)

> (3) a. 我把大門的鑰匙丟了. (나는 대문 열쇠를 잃어버렸다)
>
>   b. 我丟了大門的鑰匙. (나는 대문 열쇠를 잃어버렸다)

(2)의 예에서 동사인 打(때리다)는 파자 구문에서 처치의 의미를 가지고 술목 구문에서도 처치의 의미를 보인다. (3)에서 동사 丟(읽어버리다)는 술목 구문에서 처치의 의미를 가지지 않을 뿐 아니라 파자 구문에서도 처치의 의미를 가지지 않는다.

또한 혹자는 파자 구문에 나타나는 동사의 의미를 다시 사역의 의미라고 정리하였다. (4)의 예문에서 합성어인 急瘋은 파자 구문에서 사역의 의미를 나타내고 술목 구문에서도 사역의 의미를 가지고 있다. 그러나 (5)의 예문에서는 중첩형 동사 想想이 술목 구문과 파자 구문에서 모두 사역의 의미를 보이지 않는다.

(4) a. 把花姑娘**急瘋**了. (그녀는 초조함으로 미칠 지경이었다)

   b. **急瘋**了花姑娘. (그녀는 초조함으로 미칠 지경이었다)

(5) a. 你把這句再**想想**看. (이 말을 다시 한 번 생각해 봐)

   b. 你再**想想**這句看. (이 말을 다시 한 번 생각해 봐)

또 다른 의견으로는 파자 구문의 문법적인 의미는 (6)의 예문에서와 같이 동사가 가진 고도의 타동성과 피동작주가 동사의 완전한 영향 하에 있다는 것이라고 하였다.

(6) a. 他喝了湯了, 可是沒喝完. (그는 국을 마셨지만 다 마시지는 않았다)

   b. *他把湯喝了, 可是沒喝完. (그는 국을 마셨지만 다 마시지는 않았다)

(6)a에서 他喝了湯了는 국을 완전히 다 마셨는지에 대한 정보를 파악할 수 없으나 파자 구문인 (6)b에서 他把湯喝了는 국을 완전히 다 마셨다는 의미를 포함하기 때문에 복문의 뒷부분은 잉여 성분이라고 할 수 있다. 그러나 일부 파자 구문에서는 피동작주가 어떤 영향을 받았다는 것에 대한 정보를 포함하지 않는다. 예를 들어 (5)a와 같은 예문이 그러하다. 심지어 일부 파자 구문은 부분 목적어를 취하기도 하는데 이때 피동작주는 (7)-(10)와 같이 부분적으로만 영향을 받는다.

(7)   怎肯把軍情泄露了一些兒. (군사기밀을 조금이라도 누설할 수 있는가?)

(8)   小厮把銀子鑷下七錢五分. (하인이 은자에서 칠전 오분 정도를 떼어내었다)

(9)   把衣服脫了一件. (옷 하나를 벗었다)

(10)   我把一個南京城走了大半個. (나는 남경성을 반 바퀴 쯤 돌았다)

또한 일반적으로 파자 구문의 목적어는 특정적인 성분이지만 (11)-(13)과 같이 불특정한 성분을 목적어로 가지는 파자 구문도 적지 않다.

(11)   我要向他借支鋼筆, 他却把一支鉛筆遞給了我. (나는 그에게 만년필을 빌려 달라고 했지만 그가 건넨 것은 연필 한 자루였다)

(12)   忽然, 哐當一聲, 不知是誰把個凳子給撞飜了. (갑자기 쾅하는 소리가 났는데 누가 의자에 부딪혀 의자가 넘어졌는지 모르겠다)

(13)   他只顧低着頭想事, 一不留神, 把個孩子給撞倒了. (그는 고개를 숙이고 생각에 잠긴 채 걷다가 아차 하는 순간 아이와 부딪혀 아이를 넘어뜨렸다)

또한 파자 구문의 목적어는 특정 성분임에도 불구하고 (14)-(16)과 같이 일부 고유 명사 목적어는 불특정을 나타내는 (一)個(하나의)에 후치하는 경우가 흔하다.

(14) 怎麼忽然把個晴雯姐姐也沒了. (曹雪芹『紅樓夢』)

(15) 把個楮大娘忙了個手脚不閑. (저씨 아주머니는 매우 바빴다)

(16) 當下先把個鄧九公樂了個拍手打掌. (등구공은 너무 기뻐 박수를 쳤다)

그리고 파자 구문의 나타나는 동사는 반드시 전후에 수식 성분이나 보충 성분을 포함하는 복합 형태이어야 한다고 하는데 (17)과 같이 어떤 동사의 복합형은 파자 구문에 나타날 수 없기도 하다.

(17) *把中文認眞學習. (중국어를 열심히 공부하다)

(18) *把中文學習得很認眞. (중국어를 열심히 공부하다)

그 외에 동사의 복합형에 속하는 동사+了(완료), 동사+過(과거) 중 전자는 파자 구문에 사용할 수 있고 후자는 파자 구문에 사용할 수 없다.

(19) a. 他把剩飯吃了. (그는 남은 밥을 먹었다)

     b. *他把剩飯吃過. (그는 남은 밥을 먹었다)

또한 파자 구문에 나타나는 동사 중 어떤 동사는 중첩이 가능한데 어떤 동사는 그렇지 않다.

(20) a. 把衣服洗洗! (옷 좀 빨아라)

     b. *把衣服拿拿! (옷 좀 가져와라)

(21) a. 把馬刷刷! (말 목욕 좀 시켜라)

b. *把馬騎騎! (말 좀 타라)

(20)과 (21)의 예 중 b와 같은 파자 구문에서는 일반적으로 중첩형 동사를 사용할 수 없지만 문맥에 따라 중첩형 동사를 사용할 수 있는 경우도 있다. 이러한 문법 현상의 원인은 무엇일까?

(20)' 把衣服拿拿, 我掏一下鑰匙. (열쇠를 찾게 옷 좀 가져 와)

(21)' 把馬騎騎, 讓它出身汗就好了. (말이 땀이 날 때까지 말을 좀 몰아라)

이와 같이 동사의 의미 분류, 목적어의 한정성, 동사의 복합형 등으로 파자 구문이 성립되는지 그렇지 않은지 판단하려고 할 때, "거의 모두 예외가 존재한다."[9] 따라서 교사가 현행 문법 교재를 가지고 많은 시간과 노력을 들여 반복적으로 파자 구문에 대해 설명한다 해도 결과적으로 의식적으로 파자 구문을 사용하는 학생은 매우 드물며 완전히 정확하게 파자 구문을 사용하는 것은 더욱 어렵다고 할 수 있다.[10]

또한 지금까지 처치 구문이라는 용어를 다른 용어로 바꾸기 위한 노력도 있었으나 여전히 사용하고 있는 원인은 언어 직관에 의해 파

---

9 呂叔湘(1948/1984), 「把字用法研究」, 『漢語語法論集』에 수록, 北京: 商務印書館.

10 張旺熹(1991), 「把字結構的語義及其語用分析」, 『語言教學與研究』 第3期.

자 구문에 확실하게 처치의 의미가 존재한다는 것이 현재의 판단이다. 중요한 것은 서로 다른 특성이지만 연관되어 있는 2종의 처치 구문을 구별할 수 있어야 한다는 것이며 2종의 처치 구문이란 객관적 처치 구문과 주관적 처치 구문을 말한다.

객관적 처치 구문: 동작주는 의식적으로 피동작주에 대하여 실질적인 처치를 가한다.

주관적 처치 구문: 화자는 A(동작주가 아닐 수도 있다)가 B(피동작주가 아닐 수도 있다)에게 어떤 처치(실질적이지 않을 수도 있다)를 가한다.

선자쉬안(2002)에 의하면 "파자 구문의 문법적 의미는 주관적인 처치이다."[11] A가 B에게 처치를 가하는 것을 객관적으로 서술하는 것이 하나이고, A가 B에게 처치를 가하는 것을 주관적으로 인정하는 것이 다른 하나이다. 두 가지 처치 구문은 연관성을 가지고 있으나 주관적 처치 구문은 넓은 의미의 처치와는 다르며 주관적 처치 구문의 핵심 내용은 화자가 인정하는지 여부에 달려 있다.

(22) 那賈薔一面走, 一面拿眼把小紅一溜; 那小紅只裝着和墜兒說話, 也把(=拿)眼去一溜賈薔. (가운은 지나가면서 소홍을 힐끗 보았고 소홍도 추아와 얘기하는 척 하며 가운을 힐끗 보았다)

---

11 沈家煊(2002),「如何處置處置式? - 論把字句的主觀性」,『中國語文』第5期.

(22)는 홍루몽 26회의 한 장면으로 소홍이 정원에서 가운을 만나는 장면인데 가운이 "소홍을 힐끗 보는" 문장은 일반적인 술목 구조가 아닌 파자 구문으로 나타나고 소홍이 가운을 보는 장면은 파자 구문이 아닌 술목 구조로 나타난다. 이에 대한 원인이 바로 감정 이입이다. 홍루몽의 26회는 두 사람이 봉요교蜂腰橋에서 만나 눈짓으로 정을 주고받는다는 내용인데 이때 소홍은 주인공이며 주인공은 일반적으로 작자가 감정을 이입하는 대상이다. 객관적으로 볼 때 가운은 소홍에게 마음이 있고 소홍도 그러하지만 작자는 소홍에게만 감정을 이입하고 소홍을 가운이 힐끗 본 것에 대한 피해자, 즉 작자의 동정의 대상으로 생각한다.

(23) 意大利隊把德國贏了. (이탈리아 팀이 독일 팀을 이겼다)

(23)의 예는 스포츠 뉴스의 제목인데 파자 구문이기도 하다. 일반적으로 뉴스는 객관성을 고려하므로 술목 구조를 사용하는 것이 상례이다. 본문 내용을 자세히 살펴보면 이탈리아 팀은 독일 팀과 비기거나 져 주기로 했는데 실수로 우연히 이기게 된 것이다. 따라서 이 기사를 쓴 기자는 이탈리아 팀을 책임 소재, 독일 팀을 피해자로 간주한 것이다. 이와 같이 파자 구문을 사용한 것은 把자에 책임을 묻는다는 의미가 포함되어 있기 때문이다.

화자는 피동작주에게 감정을 이입하고 피동작주는 화자가 동정하는 대상이 된다. 피동작주는 또한 화자가 선호하는 대상이 되기도 한다.

(24) 先把這個派了我罷, 果然這個辦得好, 再派我那個. (제게 먼저 이 일을 맡겨 주십시오. 이 일을 제가 잘 해내면 다른 일도 맡겨 주시면 됩니다)

(24)는 홍루몽 24회에서 가운이 봉鳳 누이에게 하는 말이다. 가운은 봉 누이에게 열심히 정원을 관리하는 일을 맡겨 달라고 하였으나 봉 누이는 내년에 있을 축제의 불꽃놀이와 관련된 일을 핑계로 슬쩍 넘어간다. 가운은 불꽃놀이를 준비하는 일이 중요한 일임을 알고 있지만 어쩌면 그림의 떡일지도 모른다는 생각에 바로 눈앞에서 벌어지고 있는 정원 관리 일을 하고 싶었던 것이다. 즉, 파자 구문에 포함된 "이 일"이라는 대상은 화자가 선호하는 일이며 "그 일"은 화자가 선호하는 대상이 아니므로 일반적인 술목 구조 중의 목적어로 나타난다. (24)와 아래의 (24)'에서 이 일과 저 일의 위치가 바뀐다면 상황은 아주 달라질 것이다.

(24)' 先派我這個罷, 果然這個辦得好, 再把那個派我. (제게 먼저 이 일을 맡겨 주십시오. 이 일을 제가 잘 해내면 다른 일도 맡겨 주시면 됩니다)

(24)'는 가운이 어쩔 수 없이 "이 일"을 맡게 된 것이며 마음속으로는 "저 일"을 원하고 있다는 의미를 포함한다.

화자가 객관적인 사건이나 상태에 대해 관찰하는 각도나 서술하는 출발점을 화자의 시각이라고 한다. 객관적이고 같은 양에 대하여

_ 333

다양한 시각에서 출발하여 주관적인 경험이 형성되는데 파자 구문
은 이러한 양에 대한 주관적인 판단을 포함한다.

  (25) 將些衣服金珠首飾一擄精空. (吳敬梓『儒林外史』) (옷과 금은보
     화를 모두 약탈했다)

  (26) 把几個零錢使完了. (文康『兒女英雄傳』) (몇 푼 안 되는 돈을 다
     써버렸다)

 (25)와 (26)에 나타난 파자 구문의 목적어 중 些와 几는 영어의
little 또는 *few* 와 비슷하다. 영어에서 화자의 주관적 판단으로 적은
양은 *little* 또는 *few* 로 표시하고 주관적으로 적지 않은 양은 *a little*
또는 *a few* 로 표시하는데 중국어의 하나를 표시하는 一은 일반적으
로 적은 양을 표시하지만 (27)-(29)와 같이 때로 많은 양을 표시하기
도 한다.

  (27) 他還是把一肚子的話可桶兒的都倒了出來. (文康『兒女英雄傳』)
     (그는 하고 싶은 말을 남김없이 털어 놓았다)

  (28) 這堂客有見識. 豫先把一匣子金珠首飾, 一總倒在馬桶里. (吳敬
     梓『儒林外史』) (아내는 눈치가 아주 빠른 사람이다. 상자에 가
     득 찬 금은보화를 미리 꺼내서 똥통에 모두 쏟아 버렸다)

  (29) 有一個四川同學家里寄來一件棉袍子, (중략) 几個讒人, 一頓就
     把一件新棉袍吃掉了. (汪曾祺『落魄』) (사천에서 온 친구가 집에
     서 솜옷을 보내왔다. (중략) 잘 먹는 우리 친구들은 솜옷을 팔아

음식을 사 먹었고 결국 그 솜옷을 단번에 모두 다 먹어치워 버린 셈인 것이다)

주로 구어에서 사용되는 크다의 大와 작다의 小는 (30)-(31)에서 와 같이 매우 주관적인 의미로 나타난다.

(30) 看把個大小伙子傷心得! (누가 다 큰 청년을 마음 아프게 했어!)
(31) 把個小處長樂的屁顛屁顛的. (한낱 처장을 좋아 죽게 만들었다)

파자 구문에서 나타나는 양에 대한 판단은 동작이나 성상에 대해서도 나타날 수 있다. 주더시 선생은 상태형용사가 표현하는 속성은 모두 일종의 양적 개념 또는 화자가 이러한 속성에 대해 주관적으로 평가하는 것과 관련되어 있다고 하며 모두 화자의 감정을 포함한다고 하였다.[12] 아래 예문은 상태형용사와 성질형용사가 나타난 파자 구문의 예이다.

(32) a. 把馬路照得又光又亮. (도로를 환하게 비추었다)
b. 把馬路照亮. (도로를 환하게 비추었다)
(33) a. 把那件東西抱得緊緊的. (그것을 꼭 안고 있었다)
b. 把那件東西抱緊. (그것을 꼭 안고 있었다)

---

12 朱德熙(1956),「現代漢語形容詞研究」,『語言研究』第1期.

(32)과 (33)에서 a는 모두 서술하는 구문이 아닌 묘사하는 구문이
며 강한 주관성을 나타낸다. b는 청유형 문장으로 만약 서술문으로
본다면 구문이 완료되지 않은 것이다. 청유형 문장에서 주어가 해야
하는 일은 화자가 주어에게 청유하는 일이거나 화자 자신이 하고 싶
은 일이며 청유 구문에서는 화자와 주어 간에 일종의 동의가 담보되
어야 한다. 청유문의 주어는 화자 주어(speaker subject)라고도 하며
청유문은 일반적인 서술문에 비하여 강한 주관성을 가지고 있다.

파자 구문은 그에 대응되는 술목 구조와 비교할 때 동작이나 사건
의 의외성을 표현한다. 특히 파자에 후치하는 목적어가 의문사나 부
정사일 때 더욱 그러하다. 의외성이란 화자에게 의외인 일이나 화자
의 생각에 청자에게 의외인 일을 포함한다. 인식의 관점에서 보면
화자는 문장에 나타난 명제가 참일 가능성이 극히 낮다고 인식하는
것이다. 다음은 그 예이다.

(34) 小張把個孩子生在火車上了. (샤오장은 기차에서 아이를 낳았다)

(35) 你**總不能**把房子蓋到別人家地裏去吧. (다른 사람의 땅에 집을
지으면 안 되지)

(36) **忽然**, 哐當一聲, 不知是誰把個凳子給撞翻了. ((12)와 같음)

(37) 怎麼公公樂的把個煙袋遞給婆婆了? (文康『兒女英雄傳』) (할아
버지는 무엇 때문에 그렇게 즐거워져서 할머니에게 담배까지 주
었어?)

(38) **誰聽說過**把個抱來的閨女嬌慣得像個娘娘似的. (老舍 『四世同
堂』) (데려온 딸을 마마처럼 예뻐하는 집이 어디에 있어?)

위의 예문에서 忽然(갑자기), 怎麼(어찌), 誰廳說過(들어 본 적 없다) 등은 모두 의외성을 보충할 수 있는 어휘이다. 또한 동작이 이루어지기 전에는 존재하지 않다가 동작이 이루어진 후 존재하게 되는 대상은 원칙적으로 파에 후치하는 목적어가 될 수 없다. 즉, 객관적으로 아직 존재하지 않는 대상에 대해 어떠한 처치를 가할 수 없는 것인데 동사에 부가 성분을 더하여 동작에 의외성을 부여하면 파자 구문이 가능하다. 그 이유는 객관적 처치가 주관적 처치로 바뀌었기 때문이다.

앞서 파자 구문의 목적어가 되는 고유 명사에 하나라는 의미의 (一)個가 붙는 경우가 많다고 하였는데 이는 파자의 목적어가 일반적으로 특정 명사라는 규칙과 모순된다. 예문 (14)에서 동사는 沒(사라지다)로서 자동사이기 때문에 처치를 가할 수 없는 동사이기도 하다. 이에 대하여 주더시 선생은 칭원 누이가 특정 인물이기는 하지만 화자인 보옥은 다른 사람도 아닌 칭원 누이가 죽었다는 사실을 예상하지 못한 것이라고 해석하였다. 이때 의외로 죽은 칭원 누이는 원래 알던 칭원 누이가 아닌 미지의 사실에 존재하는 칭원 누이가 되는 것이며 하나(一個)라는 수량사를 부가해도 되는 것이다. 이러한 파자 구문에는 의외성을 표시하는 偏偏(하필), 怎麼(어찌), 忽然(갑자기), 竟(뜻밖에)와 같은 어휘를 부가하게 된다. 이와 같이 파자 구문의 목적어가 특정성을 가진다는 말은 문제의 본질을 벗어나는 것이다. 한정적 성분은 화자가 청자가 식별 가능하다고 생각하는 사물이며 지시성(deixis) 관련이 있다. 지시성은 또한 본질적으로 주관성을 가지게 된다.

정리하면 파자 구문의 문법적 의미는 주관적인 처치라고 생각된다. 이로써 서로 관련이 없어 보이는 여러 종류의 파자 구문이 가진 문법적 의미의 특징을 연결할 수 있게 된다. 이러한 문법적 의미의 특징은 (1) 파자 구문의 목적어는 일반적으로 특정성을 가지며, (2) 동사는 반드시 복합형이어야 한다. (3) 의외성 또는 화자의 뜻대로 되지 않는 것을 함의하며, (4) 처치를 가하는 대상 또는 동작의 양과 관련이 있다는 것이며, 이러한 특징에 위배되는 반례도 합리적인 해석이 가능하다. 외국어로서의 중국어 교육에서 파자 구문은 여전히 어려운 문제에 속하는 이유는 학습자들이 파자 구문의 문법적 의미를 전체가 아니라 각각의 독립적으로 파악하는 것과 무관치 않다.

3. 주관 득실 구문 – 王冕七歲上死了父親

王冕七歲上死了父親에서 동사 死(죽다)는 결합가가 1인 동사로서 하나의 명사성 성분만을 가질 수 있는 공인된 자동사인데 이 문장에서는 동사 전후로 두 개의 명사성 성분이 나타나고 있다. 만약 영어에서라면 *John died his father* 이라는 구문은 허용되지 않겠지만 중국어에서는 이와 유사한 문장을 어렵지 않게 찾아볼 수 있으며 이러한 문형은 의미상 아래와 같이 두 가지 종류로 분류해 볼 수 있다.

    A. 王冕死了父親. (왕미엔은 부친을 여의었다)

        他爛了五筐苹果. (그의 사과 중 다섯 바구니가 썩었다)

他飛了一只鴿子. (그의 비둘기 한 마리가 날아가 버렸다)

  B. 他家來了客人. (그의 집에 손님이 왔다)

      他跑了一身汗. (그는 땀투성이가 되도록 달렸다)

      他長了几分勇氣. (그는 용기를 조금 냈다)

위의 예문에서 A는 상실의 의미를 B는 획득의 의미를 가진다. 혹자는 자동사를 두 종류로 나누며 한 부류는 病(아프다)와 笑(웃다)를 대표적인 어휘로 보고 다른 부류는 死(죽다)와 來(오다)를 대표적인 어휘로 한다고 하며 이중 死來를 대표로 하는 두 번째 분류만이 아래의 예문과 같이 동사의 전후에 두 개의 명사성 성분을 가질 수 있다고 하였다.

  (39) a. 王冕死了父親. (왕미엔은 부친을 여의었다)

        b. 王冕來了一個客人. (왕미엔에게 손님이 왔다)

  (40) a. *王冕病了父親. (왕미엔의 아버지께서 아프셨다)

        b. *王冕笑了一個客人. (왕미엔이 손님을 보고 웃었다)

또 다른 학자는 여러 종류의 통사 이론을 적용하여 王冕死了父親이라는 문장은 王冕的父親死了(왕미엔의 부친이 돌아가셨다)나 死了王冕的父親(돌아가신 분은 왕미엔의 부친이다), 王冕, 父親死了(왕미엔은 아버지께서 돌아가셨다) 등과 같은 문장에서 성분의 이동, 병합, 삭제 등의 통사 규칙을 통하여 생성되었다고 하였다. 그러나 이러한 해석은 복잡할 뿐 아니라 이론 간에 서로 모순되는 점을 쉽게 찾을 수 있다. 더구나 *王冕病了父親(왕미엔의 아버지께서 아프셨다)의 문장은 비문이지만 王冕家病了一個人(왕미엔의 집에 어떤 한 사람이 아프다), 王冕病了一個工人(왕미엔의 집에 일꾼 한 사람이 아프다)는 문법적인 문장에 속하는데 이에 대해 어떻게 설명하는 것이 좋을까? 또한 최근 한 학자에 의해 발견된 病笑를 대표로 하는 동사 부류가 목적어를 가지는 아래과 같은 예가 대량 출현하는 것은 또 어떻게 설명할 것인가?

(41) (非典的時候)小李也病了一個妹妹. (사스 시기에) 샤오리의 동생도 감염되었다)

(42) 郭德綱一開口, 我們仨就笑了倆. (궈더강이 만담을 시작하자마자 우리 셋 중 둘이 웃었다)

(43) 在場的人哭了一大片. (현장에 있던 사람들이 모두 울었다)

(44) 不到六點, 那群孩子就起了天天和鬧鬧兩個. (여섯 시도 되지 않았는데 아이들 중에 텐텐과 나오나오 둘만 일어났다)

(45) 當年那儿對小情侶現在就分手了小趙和小李一對. (당시 사귀던 연인들 중 샤오자오와 샤오리만 헤어졌다)

(41)-(43)의 예문에서 동사구에 후치하는 NP는 비한정적이며, (44)-(45)에서 동사에 후치하는 명사는 한정적인데 이때 동사 앞에는 부사 就가 부가되는 경우가 많다. 한정적인 명사를 취하는 문장에서는 동사에 후치하는 NP가 수량을 나타내는 성분과 반드시 공기관계를 이루어야 하는 것이 가장 큰 공통점이다.

또한 아래의 예문과 같이 死來류의 동사도 목적어를 취할 때 대부분 수량을 나타내는 성분과 공기한다.

(46) a. 他爛了五筐苹果. (그의 사과 중 다섯 바구니가 썩었다)

b. ?他爛了苹果. (그의 사과가 썩었다)

(47) a. 她又長兩根白頭髮. (그녀는 흰 머리 두 가닥이 더 자랐다)

b. *她又長白頭髮. (그녀는 흰 머리가 더 자랐다)

이와 같이 死來류와 病哭류의 차이는 다시 한 번 모호해질 수밖에 없다. 이렇게 되면 혹자는 다시 한 번 왜 아래 예문과 같은 대립이 발생하는지에 대해 의문을 가지게 될 것이다.

(48) a. 王冕七歲上死了父親.

b. ?王冕七十歲上死了父親. (왕미엔은 칠십 세에 부친을 여의었다)

(49) a. 他終于來了兩個客人. (드디어 손님이 두 사람 왔다)

b. ?他終于來了兩個債主. (빚쟁이 두 명이 찾아 왔다)

이중 b 문장은 절대적으로 허용되지 않는 것은 아니지만 특수한 언어 환경이나 맥락이 있을 때에만 사용할 수 있다. 졸고(2006)에 따르면 이러한 문장을 획득과 손실을 의미하는 문장인 "득실구"라고 칭할 수 있다.[13] 王冕死了父親은 왕미엔이 손실을 입은 것이고 他來

---

13 沈家煊(2006), 「王冕死了父親的生成方式-兼說漢語糅合造句」, 『中國語文』 第4期.

了兩個客人은 주어가 획득한 것이다. 王冕死了父親에 대해 혹자는 반드시 손실을 의미하는 것은 아니며 他死了這麼多的對頭, 心中很是高興(이렇게 많은 적들이 죽었기 때문에 그는 아주 기뻤다)와 같이 획득의 의미를 가질 수도 있다고 하였다. 마찬가지로 我來了個病人, 進門就跟我要錢(환자 하나가 찾아와 문에 들어서자마자 돈을 요구했다)를 근거로 득실의 의미에 대해 수정을 가하는 것이 필요하다고 하였다.

이에 대한 본고의 의견은 다음과 같다. 첫째, 우리는 범주(type)과 개체(token)을 구별할 수 있어야 한다. 타입에 있어서 득실을 의미하고 개체에 있어서는 획득 또는 상실을 의미할 수 있는 것이다. 둘째, 일반적인 것과 특수한 것을 구분할 수 있어야 한다. 일반적인 상황은 (50)에서와 같이 來가 획득을 走(가다)가 상실을 무표지 형태로 나타내며 맥락을 가능한 배제한 상태에서도 쉽게 이해할 수 있는 의미를 가진다.

(50) a. 他門隊來了一個人. (획득의 의미, 그의 팀에 한 명이 가입했다)

b. 他門隊走了一個人. (상실의 의미, 그의 팀에서 한 명이 탈퇴했다)

來와 得은 의미적으로 연관되고 去와 失 또한 자연스럽게 관련을 가지는데 특수한 상황에서 來가 상실의 의미를 走가 획득의 의미를 가지는 것 또한 자연스러운 일이다. 우리가 살아가면서 얻는 것으로 인해 손실을 입고 손실로 인해 얻을 수 있는 塞翁失馬, 焉知非福과 같은 일은 비일비재하다. 동일한 사건에 대해서도 획득으로 생각하는 사람이 있고 상실로 생각하는 사람도 있다. 중요한 것은 우리가 어떤 문장에 대해 획득과 상실을 논하는 것은 화자의 인식 속에서 획득인지 상실인지를 논하는 것이다.

王冕死了父親은 문법적인 문장이고 王冕病了父親은 비문이며, 王冕七歲上死了父親은 자연스러운 문장인 반면 王冕七十歲上死了父親은 이상하게 느껴지는 이유는 득실의 크기와 관련이 있다. 아버지가 돌아가신 손실은 아버지가 아프신 손실보다 커야 하며 7세에 아버지가 돌아가신 손실은 70 세에 아버지가 돌아가신 손실보다 커야 한다. 혹자는 득실의 크기만으로는 王冕家病了一個人(왕미엔의 집에 누군가 하나가 아프다)의 문장을 설명할 수 없으며 아버지가 우는 것과 손실은 관련이 있다고 할 수 없는데 (廳完報告), 王冕家哭了他老父親一個(보고를 듣고 나서 왕미엔의 집에서 아버지 한 분만 우셨다)의 문장은 문법적으로 인정되는지에 대해 의문을 가진다.

그것은 득실의 크기를 화자가 결정해야 하기 때문이다. 객관적으로 왕미엔이 70 세일 때 아버지를 잃은 것은 그다지 큰 손실이 아니다. 그리고 다음의 예와 같은 경우도 고려해야 한다.

(51) a. ?王冕七歲上才死了父親. (왕미엔은 일곱 살 때에야 아버지가 돌아가셨다)

     b. 王冕七十歲上才死了父親. (왕미엔은 칠십 세에야 아버지가 돌아가셨다)

(51)에서는 부사 才(-에야, 가까스로)를 부가하자 b는 문법적인 문장이 되고 a가 비문이 된다. 이와 함께 王冕二十歲死了父親(왕미엔은 20 세에 아버지를 여의었다)라는 문장이 성립하는지 성립하지 않는지는 화자가 왕미엔이 손실을 입었는지 그렇지 않은지에 대한 판단에 달려 있다.

(52) a. 王冕二十歲就死了父親, 張冠的父親七十歲才死呢. (왕미엔은 20 세에 아버지를 여의었지만 장관의 아버지는 70 세가 되어서야 돌아가셨다)

b. 王冕二十歲才死了父親, 張冠的父親七歲就死了呢. (왕미엔은 20 세에 아버지를 여의었지만 장관의 아버지는 장관이 일곱 살 때 이미 돌아가셨다)

부사 就와 才는 각각 주관적인 양의 크기를 나타내는데 (52)의 a는 화자가 생각할 때 손실이 크다는 의미이고 (52)의 b는 화자가 판단하기에 손실이 작다는 의미이다. 여기에서 강조할 것은 문법적인 문장인지 비문인지는 객관적으로 손실이 큰지에 달려 있지만 결국은 화자의 인식 속에서 비교되는 손실이 큰 지 작은 지와도 결부되어 있다. 즉, 계량적 손실보다 비교했을 때의 손실이 더욱 중요하다. 이때 계량은 객관적인 지표이며 비교는 주관적인 것이다.

그런데 (41)-(45)와 같은 病笑류 동사는 목적어에 수량을 나타내는 성분을 부가해야 이러한 득실구를 구성할 수 있다. 이에 대한 이유는 死走류와 病笑류의 차이가 통사적인 것에 있다기 보다는 다음과 같이 의미적인 것에 있다는 것이다.

死/走 [+득실]

病/笑 [?득실]

위의 死走류에 속하는 동사는 본래 득실의 의미를 가지나 病笑류 동사는 득실의 의미를 가지지 않으므로 病笑류 동사 구문에서는 수량 성분을 부가하여 계량한 이후 화자에 의해 득실을 비교해야 득실의 의미가 생성된다.

(53) a. 小班的孩子哭了兩個. (어린이반의 아이 두 명이 울었다)

　　 b. 小班的兩個孩子哭了. (어린이반의 아이 두 명이 울었다)

(54) a. 郭德綱一開口, 我們仨就笑了倆. ((42)와 같음)

　　 b. 郭德綱一開口, 我們仨的兩個就笑了. ((42)와 같음)

(53)과 (54)에서는 a와 b 두 문장이 서로 다른 문형을 취하였다. 따라서 모두 계량적 성분인 "둘"을 사용했으나 a는 득실을 비교하는 구문인데 반하여 b는 득실을 비교하는 구문이 아니다. 득실은 보이지 않게 함의할 수 있으며 死와 來는 직접적으로 득실을 표현하고 哭과 笑는 간접적인 득실을 표현한다. 웃는 것(笑)를 좋아하고 우는 것(哭)을 싫어하는 것은 인지상정이기 때문에 무표지일 때 笑는 得을 哭은 失은 나타내며, 老爸死了, 家里才哭了一個兒子(아버지가 돌아가셨을 때 집에서 아이 하나만 울었다) 또는 我說錯一句話, 他們居

然笑了一大片(말 한 마디 실수했다고 그렇게 웃다니)와 같은 문장은 유표적 문장이다.

정리하면 王冕死了父親과 他來了客戶(그에게 손님이 두 명 찾아 왔다)는 문장은 주관적인 득실구에 속하며 주관적인 득실구를 사용하는 조건은 화자가 득실에 대해 비교할 때이며 이때 화자는 득실의 주체에 감정을 이입하는 것이다.

4. 주관 인정 구문 - 他是去年生的孩子

他是去年生的孩子(그는 작년에 아이를 낳았다)는 구문은 중의성을 가지고 있다. 즉, 그가 아이를 지칭하는 경우와 아이의 아버지를 지칭하는 경우이다. 그가 아이를 지칭할 경우에는 "작년에 낳은"이라는 성분이 아이를 수식하는 경우이며 그가 아이의 아버지를 지칭하는 경우, "작년에 낳은"은 형식적으로는 수식어이지만 의미적으로는 아이를 수식하지 않고 있다. 혹자는 이에 대해 준수식어 또는 가수식어라는 명칭을 붙이기도 한다. 영어의 He is a child born last year 에는 중의성이 없으나 중국어에는 이와 같이 통사 관계와 의미 역할이 서로 일치하지 않는 경우를 자주 볼 수 있으며 이 또한 두 가지로 분류할 수 있다.

A. 他是去年生的孩子.

他是昨天進的醫院. (그는 어제 입원했다)

他是北外學的英語. (그는 북경외국어대학에서 영어를 배웠다)

他是國外得的學位. (그는 외국에서 학위를 받았다)

B. 他是學校付的工資. (그는 학교에서 급여를 지급받는다)

他是室友偷的電腦. (그의 룸메이트가 컴퓨터를 훔쳤다)

他是毒蚊叮的腦癱. (그는 모기에 물려 뇌염에 걸렸다)

他是保安打的癱腿. (그는 청경에게 맞아 다리에 장애를 얻었다)

A에서 주어 他는 동사의 동작주이며 B에서 주어 他는 동사의 피동작주 또는 여격을 표시한다. 이러한 구문에 대하여 혹자는 전치했던 목적어가 후치된 목적어 후치라고 설명한다.

(55) a. 他是去年生孩子的.

b. 他是去年生的孩子.

혹자는 (56)과 같이 원래의 구문은 주술 관계를 안은 주술 관계 문장이며 주어 후치라는 것으로 설명하기도 한다.

(55)' a. 他, 孩子是去年生的.

b. 他是去年生的孩子.

우리가 학습자에게 이러한 통사적 이동으로 문법을 설명한다면 문제는 해결되지 않는다. 먼저 목적어 이동인 목적어 후치설에 대해 살펴보자.

_ 347

(56) a. 他是學校付工資的.

      b. 他是學校付的工資.

(56)a에서 的자 구조인 學校付工資的와 주어인 他는 조직과 구성원의 관계를 이룬다. 즉, 그는 학교가 급여를 지급하는 대분류의 구성원이다. 그러나 (56)b에서 그의 급여는 학교가 지급한 비용 중의 일부가 된다. (56)a에서 지급 관계는 그가 학교에서 급여를 지급받는다는 사실이 일정한 반면 (56)b에서의 지급 관계는 일회성 지급 또는 일시적인 관계일 수도 있다. (56)b가 명제의 진리값에 있어서 참이라고 하여 (56)a이 반드시 참이 되지는 않는데 만약 이동으로써 설명을 하게 되면 이동은 의미의 변화를 일으키지 않는 것이 원칙이므로 진리값이 다른 두 문장을 이동으로 설명하는 것은 타당하지 않게 된다. 또한 목적어 후치설에는 문제가 하나 더 존재한다. 즉, 어떤 구문은 목적어 후치 이전의 구문으로 환원이 불가능하거나 거의 불가능하다.

(57) ?他是室友偷電腦的. (그의 룸메이트가 컴퓨터를 훔쳤다)

(58) *他是毒蚊叮腦癱的. (그는 모기에 물려 뇌염에 걸렸다)

(59) *他是保安打瘸腿的. (그는 청경에게 맞아 다리에 장애를 얻었다)

(59)는 분석에 따라 비문 여부가 결정된다. 즉, 打丨瘸腿일 경우 비문이고 打瘸丨腿일 경우는 비문이 아니다.

주어 후치설 또한 (60)-(61)과 같은 환원의 문제가 발생한다.

(60) a. 他是去年結的婚. (그는 작년에 결혼했다)

　　　b. ?他婚是去年結的. (그는 작년에 결혼했다)

(61) a. 他是去年改的良. (그는 작년부터 착하게 살기로 했다)

　　　b. *他良是去年改的. (그는 작년부터 착하게 살기로 했다)

그밖에 (62)-(63)과 같이 이동으로 설명할 수 없는 어휘 선택 문제도 존재한다.

(62) a. 他是去年生的兒子. (그는 작년에 아들을 보았다)

　　　b. ?他是去年生的外甥. (그는 작년에 외조카를 보았다)

(63) a. 他是昨天出的醫院. (그는 어제 퇴원했다)

　　　b. ?他是昨天出的藥房. (그는 어제 약국에서 나왔다)

(63)b는 그가 일하던 약국으로부터 사직했다는 의미로는 문법적인 문장이 된다. 선자쉬안(2008)에서는 위에서 설명한 문장들에 대해 일종의 화자의 감정 이입이 개입된 주관적 인정 구문이라고 하였다.[14] 즉, (64)-(65)에서 a구문은 b구문과 기본적으로 동일한 의미 구조를 가진다.

---

14 沈家煊(2008), 「移位還是移情? - 析"他是去年生的孩子"」, 『中國語文』, 第5期.

(64)　a.　他是去年生的兒子.

　　　b.　他是美國太太, 我是日本太太. (직역: 그는 미국 아내이고 나
　　　　　는 일본 아내이다. 의미: 그는 아내가 미국인이고 나는 일본
　　　　　아내를 가졌다)

(65)　a.　他是昨天出的醫院.

　　　b.　他是協和醫院, 我是同仁醫院. (직역: 그는 세허의원이고 나
　　　　　는 통렌의원이다. 의미: 그는 세허의원에서 치료를 받고 나
　　　　　는 통렌의원에서 치료를 받는다)

　　(64)-(65)에서 b와 같은 문장은 중국어에 있어서 결코 특수한 문
장이 아니다. 그것은 중국어에서 我是炸醬面(나는 자장면), 人家是
豊年(그 집은 올해 풍년이네), 他是兩個男孩子(그는 아들만 둘이다)
와 같은 문장이 보여주는 바와 같이 주어와 술어의 관계가 다른 언어
에 비해 긴밀하지 않기 때문이다.[15] (64)-(65)에서 a 구문을 설명할
때 형식과 의미가 불일치를 보인다고 하는 것은 주어와 술어가 동등
하거나 동일하지 않기 때문인데 실제로 "작년에 낳은"은 아이를 수
식하며 "어제 입원한"은 병원을 수식하고, "일본"은 아내를 수식하
며 "세허"는 병원을 수식하는 것으로 a와 b는 통사 구조와 의미 구조
가 일치한다고 할 수 있다. 이때 주관적 인정이라는 것이 본연의 역
할을 하게 되므로 비록 객관적으로 그는 아이가 아니며(64a) 나는 아

15　趙元任(1968/1979), 『漢語口語語法』, 『中國語的文法』, 呂叔湘 譯, 北京: 商務印
　　書館.

내가 아니지만(64b) 화자의 주관에서는 나와 아내를 동일시하며 그를 아이와 동일시하게 되는 것이다. (65)에서도 마찬가지로 그는 객관적으로 병원이 아니지만 주관적으로는 동일시할 수 있다. 따라서 (64)-(65)의 a와 b 구문은 모두 주관적인 인정 구문이라고 할 수 있다.

먼저 我是日本太太에 대해 살펴보자. 이 문장은 我太太是日本人(내 아내는 일본인이다) 또는 我娶的是日本太太(내가 결혼한 사람은 일본 아내이다)라는 문장에 비해 훨씬 단순하지만 단순함에서 나오는 힘은 결코 단순하지 않다. 즉, 화자는 이 단순한 문장을 이용하여 강력하게 아내에게 감정 이입을 하여 자신과 아내를 동일시하는 것이다. 他是美國太太의 문장에서는 화자가 먼저 주어인 그에게 감정을 이입하고 그의 입장이 되어 다시 그의 아내에게 감정을 이입하고 그와 그의 아내를 동일시하는 것이다. 또한 感時花濺淚, 恨別鳥驚心(때가 되니 꽃을 보아도 슬프고 이별하니 새소리도 안타깝다)는 두보杜甫의 시와 같이 화자는 사람 뿐 아니라 물상에도 감정을 이입할 수 있으며 나는 통렌병원이고 그는 세허병원이라는 것이 그 예가 된다. 필자는 요즘 북경청년보北京靑年報라는 신문의 헤드라인에서 "나는 ipod(아이팟)"이라는 문장을 발견했는데 내용을 읽어 보니 다수의 미국인들이 아이팟을 맹신하여 신제품이 출시되기만 하면 무조건적으로 소유하려 한다는 것이었다.

또한 나는 일본 아내이다라는 문장은 자연스럽지만 我是日本嫂子(나는 일본 형수님이다)라는 문장이 이상하게 느껴지는 이유는 화자가 아내에게 감정을 이입하고 자신을 아내와 동일시하는 것은 자연스럽지만 형수에게 감정을 이입하고 형수를 자신과 동일시하는 것은 어렵기 때문이다.

개념적 은유의 관점에서 본다면 나는 일본 아내이다에서는 일본 아내를 통하여 일본 아내를 얻은 화자를 은유적으로 표현한 것이 된다. 그는 세허병원이라는 문장에서는 세허병원을 통하여 병원에 입원한 환자를 은유한 것이다.[16,17] 같은 이치로 나는 자장면에서는 나를 내가 원하는 음식과 동일시한 것이며 자장면을 이용하여 자장면을 먹는 사람을 은유한 것이라고도 할 수 있다. 이러한 은유는 일상 생활에서 흔히 볼 수 있는 것이다.

> (66) (모임에서) 美國太太的丈夫已經來了, 日本太太(的)呢? (미국 아내의 남편은 벌써 왔는데 일본 아내(의 남편)은?)
>
> (67) (가족이 입원한 동료에게) 最近醫院那邊怎麼樣了? (요즘 병원은 어때?)
>
> (68) (음식점 직원 간의 대화) 那個炸醬面還沒有結賬呢. (저 자장면 (먹은 사람) 아직 계산 안 했어)

같은 이치로 他是去年生的孩子의 문장에서는 화자가 강력한 주관성이 드러내며 그와 아이를 동일시한 것이며 他是去年生孩子的의 문장에서는 그와 아이를 분리하여 인식하고 있는 것이다. 개념적 은유의 관점에서 보면 아이를 통하여 아이의 부모를 은유한 것이다.

---

16 Lakoff, George.(1987), *Women, Fire, and Dangerous Things*, Chicago: University of Chicago Press.

17 沈家煊(1999),「轉指與轉喻」,『當代言語學』, 第1期.

이러한 은유 또한 일상생활에서 흔히 접할 수 있다.

(69) (학부모회의에서 선생님의 질문) 張小嫻的家長已經來了, 王小丫
(的)呢? (장샤오한의 부모님은 오셨는데 왕샤오야(의 부모님)은?)

우리는 일상생활에서 반려동물과 친밀한 관계를 구축하고 있으
며 고양이는 그 대표적인 동물이다 아래의 예문에서는 화자의 고양
이에 대한 사랑과 인정이 부각되어 나타난다.

(70) 我是去年生的小猫. (나는 작년에 고양이를 얻었다/내 고양이는
작년에 태어났다)

그럼 (63)의 예문에서 他是昨天出的醫院은 문법적이고 他是昨天
出的藥房은 부자연스러운 이유는 무엇일까? 이는 병원과 환자 사이
에 개념적으로 긴밀한 관계가 성립되기 때문이며 약국에서 나오는
사람과 약국은 병원과 환자에 비해 관계가 느슨하기 때문이다. 그러
나 약국에서 일하던 사람이 약국으로부터 사직했다는 의미로 해석
하면 이 문장은 약국과 직원이라는 긴밀한 관계가 성립되어 매우 자
연스러운 문장이 된다.

이제는 他是去年生的孩子 중의 去年生的가 가수식어라는 말은 틀
리며 준수식어라는 말도 다소 맞지 않는다는 것을 알게 되었다. 去年
生的는 가수식어가 아니며 준수식어도 아닌 완전한 수식어이다. 그
리고 이러한 문장은 이동이 아닌 감정 이입 문장이다. 우리는 是자

구문이 술어가 될 때 문장은 예속 관계와 동일 관계의 두 종류로 나
뉜다는 것을 알고 있다.[18]

    (71) 他是外科醫生. (그는 외과 의사이다: 외과 의사는 대분류이며 그
             는 대분류의 구성원이다)

    (72) 曹雪芹是『紅樓夢』的作者. (조설근은 『홍루몽』의 작가이다)

    他是去年生的孩子에서 他是去年生的孩子는 예속 관계를 표시하
며, 他是去年生孩子的는 我是日本太太와 같이 동일 관계를 나타낸
다. 이때 동일 관계는 주관적인 동일성에 대한 인정을 나타내는 것
으로 (72)와 같은 객관적인 동일 관계와는 다른 것이 특징이다.

5. 중국어의 주관성과 중국어 문법 교육

    언어유형론의 관점에서 보면 어떤 언어는 주관성이 비교적 강하
다. 예를 들어 일본어 같은 경우 존경법 체계가 매우 발달해 있는데
이는 일본어를 말할 때 화자의 발화 내용과 청자에 대한 태도와 감
정을 반드시 명확한 형식적인 요소를 통하여 표현해야 한다는 것을
의미한다. 중국어를 포함한 동북아시아의 언어에서 피동문은 어쩔
수 없이 피해를 입었다는 의미를 포함하는데 이 또한 강한 주관성의

---

18 朱德熙(1982), 『語法講義』, 商務印書館: 北京.

표현이다.

앞서 우리는 중국어의 怎麼把個晴雯姐姐也沒了?와 같은 파자 구
문이 주관적인 처치의 문법적 의미를 나타낸다고 하였고, 王冕七歲
上死了父親와 같이 목적어를 취하는 자동사는 주관적인 득실을 나
타낸다고 하였으며 他是去年生的孩子와 같은 형식과 의미가 불일치
를 보이는 구문은 주관적인 인정을 나타낸다고 하였다. 이 모든 것
을 종합해 볼 때 영어와 같은 언어와 비교하면 중국어는 주관성이 매
우 강한 언어라고 할 수 있다. 이외에도 어떤 언어의 표현 형식, 그
표현 형식의 사용 빈도 등으로 그 언어가 가진 주관성이 높은지 낮은
지도 판단해 볼 수 있다.

우리가 외국어 교육을 진행함에 있어 어떤 문형과 그에 대한 용법
을 설명할 때 여러 가지 규칙에 대해 설명하고 문형의 의미에 대한
감성적 이해가 부족하게 되면 학습자는 숲을 보지 못하고 나무만 보
게 되거나 맹인이 코끼리를 만지는 식의 결과를 낳는 것을 자주 볼
수 있다. 동차오董橋 선생의 산문에는 "人心是肉做的, 文字也是肉做
的. 現代文明世界漸漸淡忘文字的這一層工能, 總是想把文字凝固成
鋼鐵, 成塑膠, 鑲進冷冰冰的軟件硬件之中. (인간의 마음은 살과 피
로 이루어졌다라고 하였는데 문자 또한 인간의 살과 피로 이루어져
있다고 할 수 있다. 현대 문명 세계에서는 점점 문자의 이러한 특징
과 기능을 잊어가며 문자를 플라스틱이나 강철과 같은 물질로 인식
하고 차가운 하드웨어와 소프트웨어의 규격에 맞춘 채 살고 있다)"
라고 하였다. 선생은 또한 "문법 규칙은 이성을 연역하는 프로세스
이지만 감성적 스펙트럼까지 연역하는 것은 부족하다. "櫻桃紅了,

_355

芭蕉綠了.(앵두는 붉고 파초는 푸르다)”는 이성적인 서술이며 “紅了 櫻桃, 綠了芭蕉”는 감성적인 창작물이다. 중국어 교육에 있어서 학습자에게 중국어 문법의 특징을 잘 파악하게 하려면 학습자에게 중국어의 중요한 문형이 함의하고 있는 화자의 감성 스펙트럼을 느낄 수 있는 교육적 환경을 조성해야 할 것이다. 혹자는 또 우리가 과거에 행했던 교육법이 틀린 것이 아닌지 질문을 할 수도 있다. 이에 대해 다시 동차오 선생의 산문에 등장하는 말로 대답하고자 한다. 수호지의 내용을 보면 많은 부분을 할애하여 서문경西門慶이 어떻게 반금련潘金蓮과 내통하여 무대랑武大郞을 죽이고 무송武松이 돌아왔을 때 반금련이 어떻게 해서든 이 일을 숨기려고 하는 것에 대해 설명한다. 경극『獅子樓』에서는 상복을 입은 반금련이 상복 속으로 붉은 의상을 입은 것을 보여주는 것만으로 반금련의 정체를 폭로하는 장면이 나온다. 동차오 선생은 이에 대해 상세한 이야기를 전달하는 것을 학술이며 상복 속의 붉은 의상은 보여주므로써 이야기의 핵심을 짚는 것은 학문이라고 한다고 하였다. 우리가 중국어 교육에 임할 때 학술 뿐 아니라 학문도 염두에 두어야 한다.

본서 초출일람

제1장 중국어 품사의 특징은 무엇인가?
陸儉明(2015),「漢語詞類特點到底是什麼?」,『漢語學報』, 第3期.

제2장 내가 생각하는 중국어의 품사
沈家煊(2009),「我看漢語的詞類」,『語言科學』, 第1期.

제3장 중국어 품사 분류에 대한 연구
郭銳(1999),『現代漢語詞類研究』, 北京大學 中文科 博士學位 論文.

제4장 의미의 개념화와 단어화
蔣紹愚(2014),「詞義和槪念化-詞化」,『語言學論叢』, 第50輯.

제5장 중국어 발화 동사의 통시적 변천 및 공시적 분포
汪維輝(2003),「漢語說類詞的歷時演變與共時分布」,『中國語文』, 第4期.

제6장 언어로부터 화행으로 - 화행류 어휘의 의미 변천에 대하여 -
李明(2004),「從言語到言語行爲-試談一類詞義演變」,『中國語文』, 第5期.

제7장 연속적 시간 순서와 중국어의 어순
戴浩一·葉蜚聲(1988),「時間順序和漢語的語序」,『國外語言學』, 第1期.
본 논문은 Temporal Sequence and Chinese Word Order(1985), *Typological Studies in Language*, Vol 6.을 黃河가 중역한 논문을 한역한 번역문임. 중역본에서 원문 내용을 정리했다고 밝힘.

제8장 언어의 층위와 문자 본위의 층위
王洪君(2008),「語言的層面與字本位的不同層面」,『言語教學與研究』, 第3期.

제9장 중국어의 주관성과 중국어 문법 교육
沈家煊(2009),「漢語的主觀性和漢語語法教學」,『漢語學習』, 第1期.

저자 소개

루젠밍(陸儉明)

北京大學 中國語文學科 敎授, 博士生 導師, 國家語委諮詢委員會 委員.

선자쉬안(沈家煊)

中國社會科學院 語言硏究所 硏究員, 中國社會科學院文史哲學部委員, 博士生 導師.

궈루이(郭銳)

北京大學 中國語文學科 敎授, 博士生 導師, 北京大學 漢語語言學 硏究中心 專職硏究員.

장샤오위(蔣紹愚)

北京大學 中國語文學科 敎授, 北京大學 古代漢語 敎硏室 主任, 漢語史 博士生 導師, 北京大學 漢語語言學 硏究中心 副主任, 國家級 有突出貢獻傳家, 劉殿爵 中國古籍硏究中心 學術顧問.

왕웨이후이(汪維輝)

浙江大學 中國語文學科 敎授, 博士生 導師, 前 延世大學校 中文科 客座敎授.

리밍(李明)

中國社會科學院 語言硏究所 硏究員.

다이하오이(戴浩一)

國立中正大學 語言學硏究所 敎授, 人社中心主任.

예페이성(葉蜚聲)

北京大學 中國語文學科 敎授, 全國術語標準化技術委員會 委員, 全國自然科學名詞審定委員會 委員.

왕훙쥔(王洪君)

北京大學 敎授, 北京大學 中文係 語言學敎硏室 主任, 語言學與應用語言學 博士点理論語言學方向 博士生 導師, 中國語言學會 理事.

편역자 소개

조서형曹瑞炯

고려대학교 언어학과 학부 및 북경대학 중문과 석사과정을 거쳐 중국사회과학원에서 박사학위를 취득했다. 북경외국어대학교 아시아아프리카대학에서 외국인 교수를 지내고 중국어 통사론, 한어사, 외국어로서의 언어교육에 관심을 가지고 연구에 임하고 있다. 주요 저역서로『몽고자운연구蒙古字韻研究』(2013, 中國民族出版社),『어언유형학語言類型學』(2017, 中華書局),『유럽 언어의 변화』(2017, 박이정) 등이 있다. 현재 국민대학교 교양대학에 재직 중이다.

중국 현대언어학 대표논문집
中國 現代言語學 代表論文集

초 판 인 쇄	2020년 08월 14일
초 판 발 행	2020년 08월 24일
저　　　자	루젠밍, 선자쉬안, 궈루이, 장샤오위, 왕웨이후이, 리밍, 다이하오이, 예페이성, 왕훙쥔
편 역 자	조서형
발 행 인	윤석현
발 행 처	박문사
책 임 편 집	최인노
등 록 번 호	제2009-11호
우 편 주 소	서울시 도봉구 우이천로 353 성주빌딩 3층
대 표 전 화	02) 992 / 3253
전　　　송	02) 991 / 1285
전 자 우 편	bakmunsa@hanmail.net

ⓒ 조서형 2020 Printed in KOREA.

ISBN 979-11-89292-68-3　93700　　　　　　　　정가 21,000원